PENG

ICH KANN ~~KEINE~~ KATZEN ZEICHNEN

DUMONT

INHALT

KAPITEL III

KATZEN

SIND EIGENSINNIG UND FRECH,
WITZIG UND UNBERECHENBAR,
RAUB- UND KUSCHELTIERE ZUGLEICH.

DU KANNST MIT IHNEN LEBEN,
SIE FÜTTERN, STREICHELN UND VERWÖHNEN,
UND DIESE WUNDERBAREN WESEN
AUCH ZEICHNEN!

GLAUBST DU NICHT?
DU WIRST SCHON SEHEN!

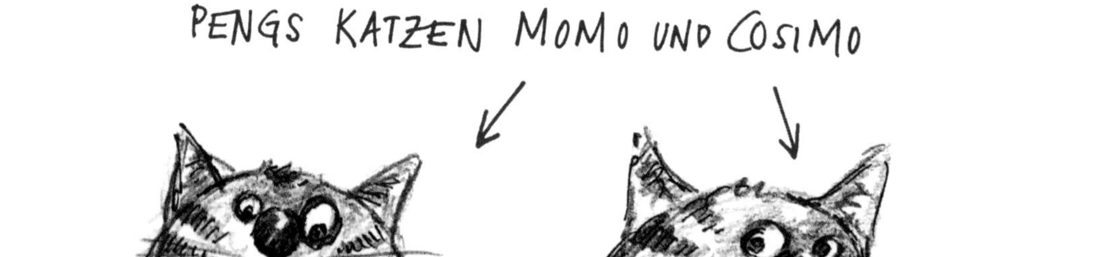

GEBRAUCHSANWEISUNG
FÜR DIESES BUCH

GRUNDSÄTZLICH:

<u>ALLES IST ERLAUBT!</u>

- REINKRITZELN, WO PLATZ IST
- DRÜBERZEICHNEN ODER ANMALEN
- KOPIEREN, SKIZZIEREN, ERFINDEN
- SEITEN EINKLEBEN
- EIGENES ENTSTEHEN LASSEN

WAS DU AUS DEN VIELEN ANREGUNGEN, ANGEBOTEN UND TIPPS MACHST, IST DIR ÜBERLASSEN. DEINE ZEICHNUNGEN KÖNNEN GANZ EINFACH, NATURNAH ODER AUFWENDIG SEIN.

DU ENTSCHEIDEST!

MACH DIESES BUCH ZU <u>DEINEM</u> BUCH!

UNSER WERKZEUG

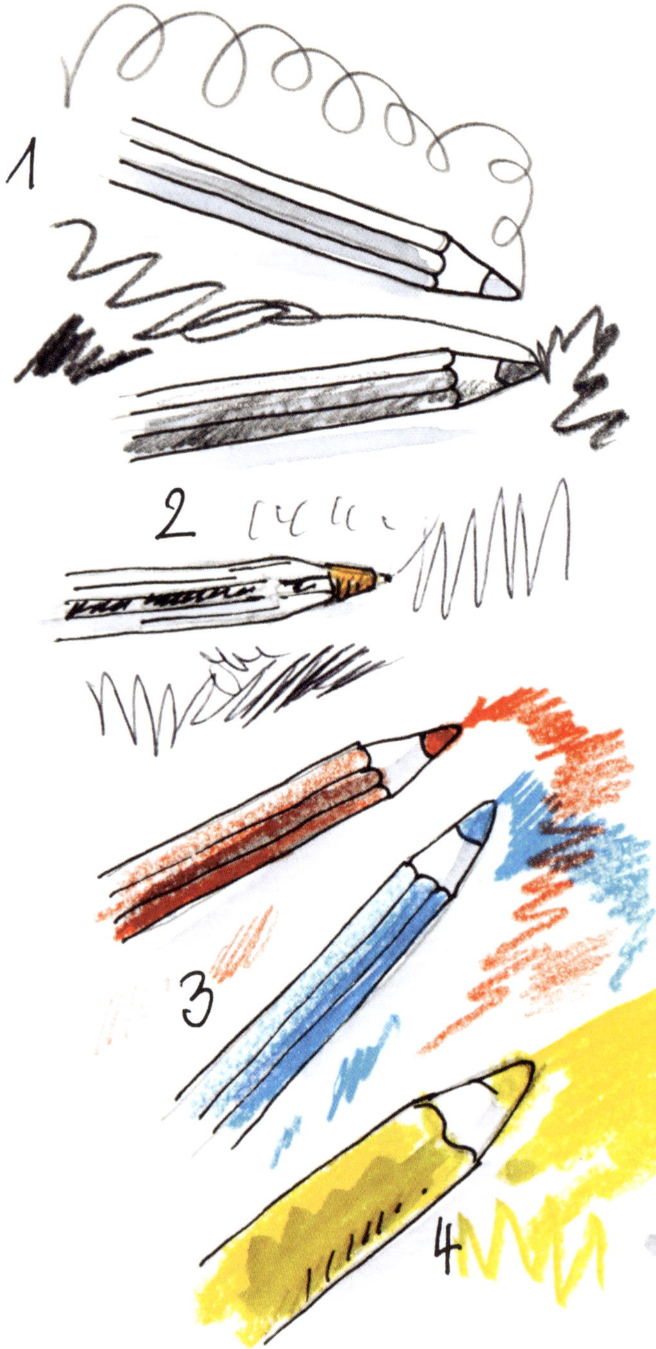

STARTERSET:

1 BLEISTIFTE (4B/6B)

2 KUGELSCHREIBER (SCHWARZ)

3 BUNTSTIFTE

4 JUMBOSTIFT (GELB, VERWISCHBAR)

5 RADIERGUMMI

6 SPITZER

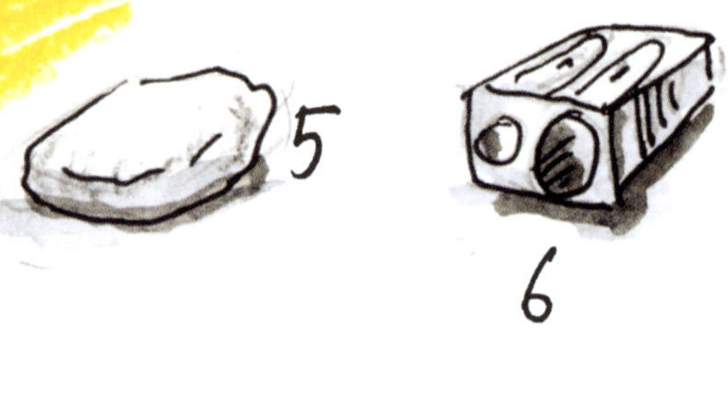

ERWEITERUNG:

7 GRAPHITSTIFT (VERWISCHBAR)

8 FINELINER (0,5 MM)

9 AQUARELLFARBEN

10 BORSTENPINSEL (#4)

11 HAARPINSEL (#6, #8)

12 ACRYLFARBEN

13 TUSCHE (SCHWARZ)

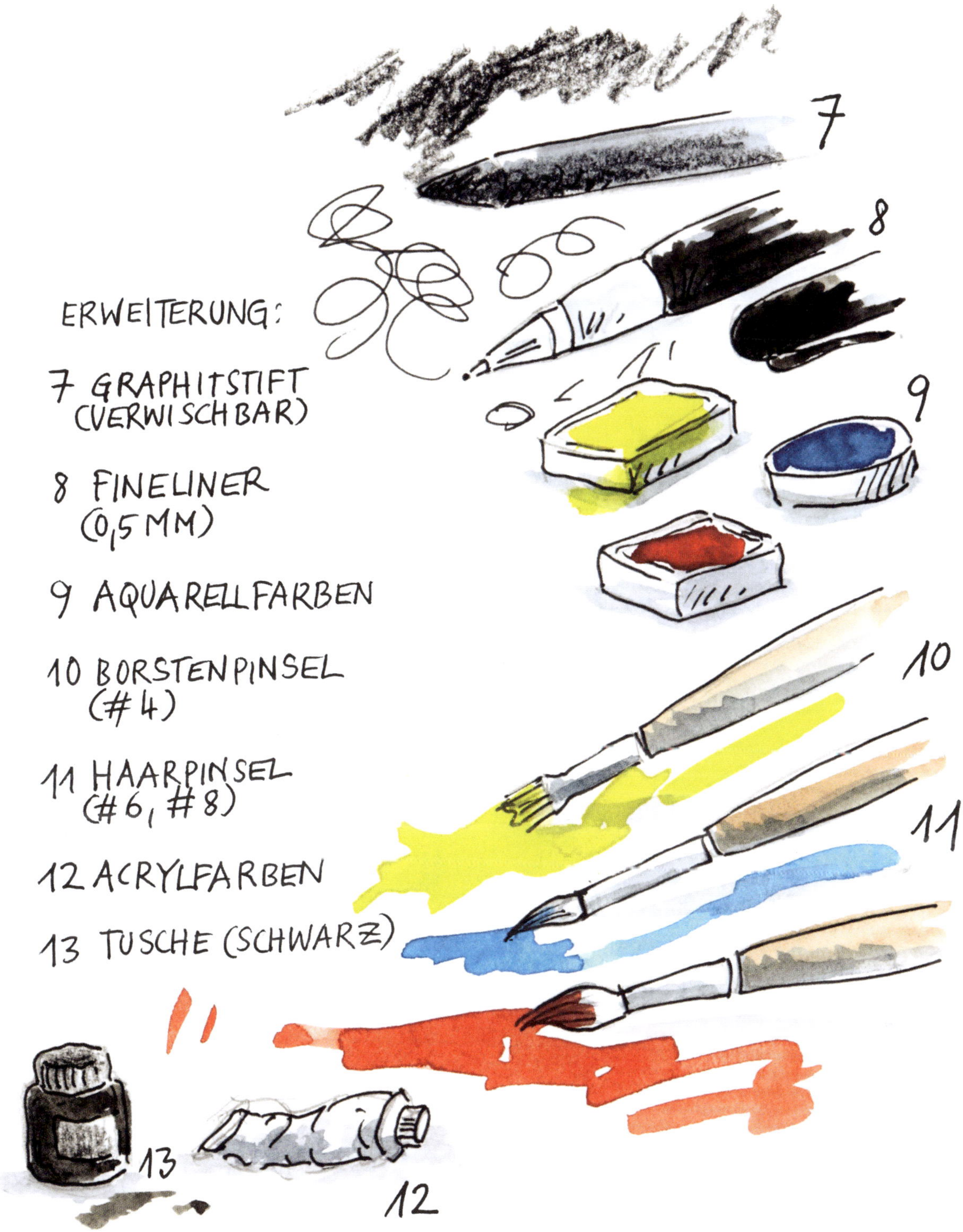

KAPITEL I

BASICs

KATZEN VON KOPF BIS SCHWANZ

OHREN NASE FELL
SCHNAUZE
AUGEN
KÖRPER ...

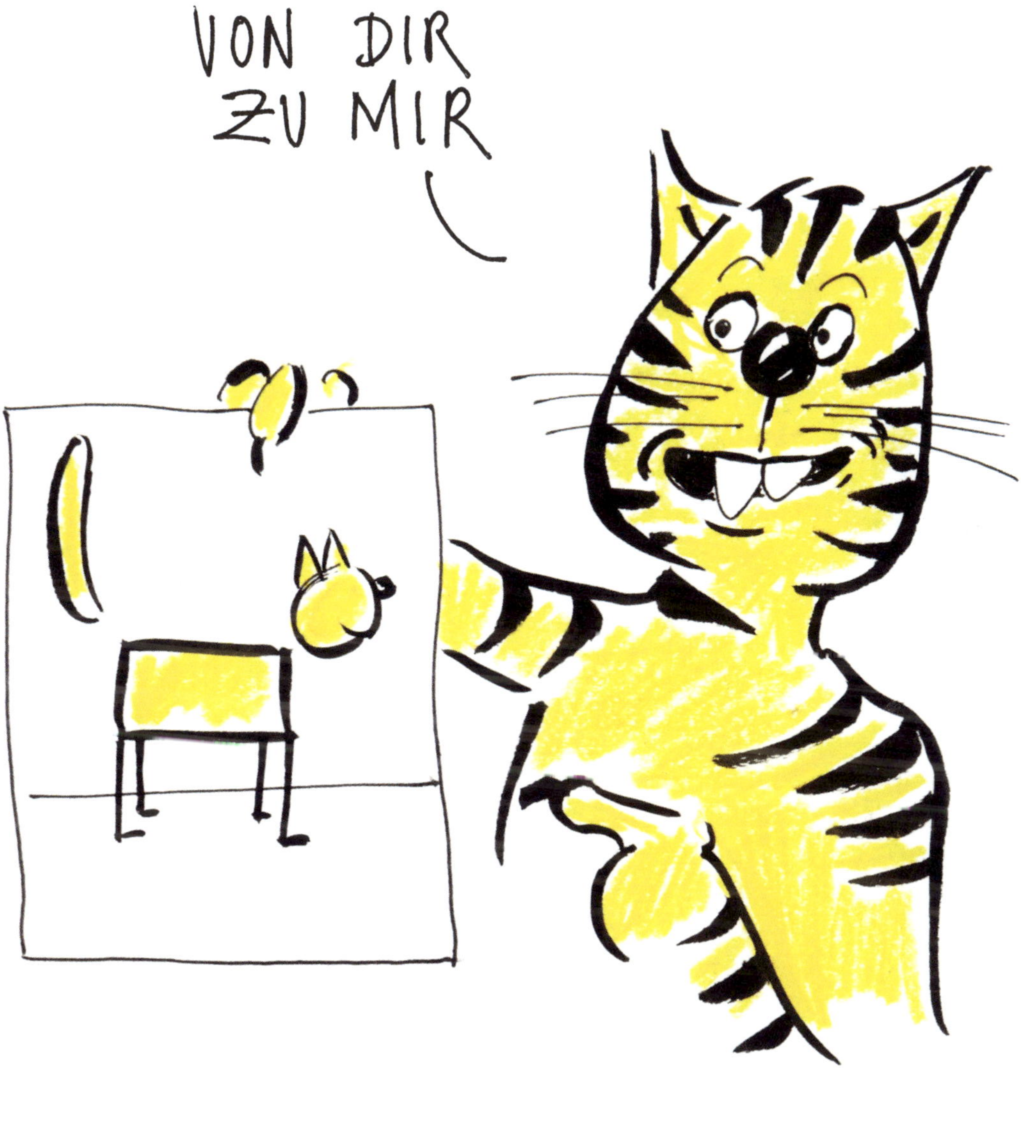
VON DIR
ZU MIR

LOS GEHT'S MIT DEM
KATZENKOPF-BAUSATZ

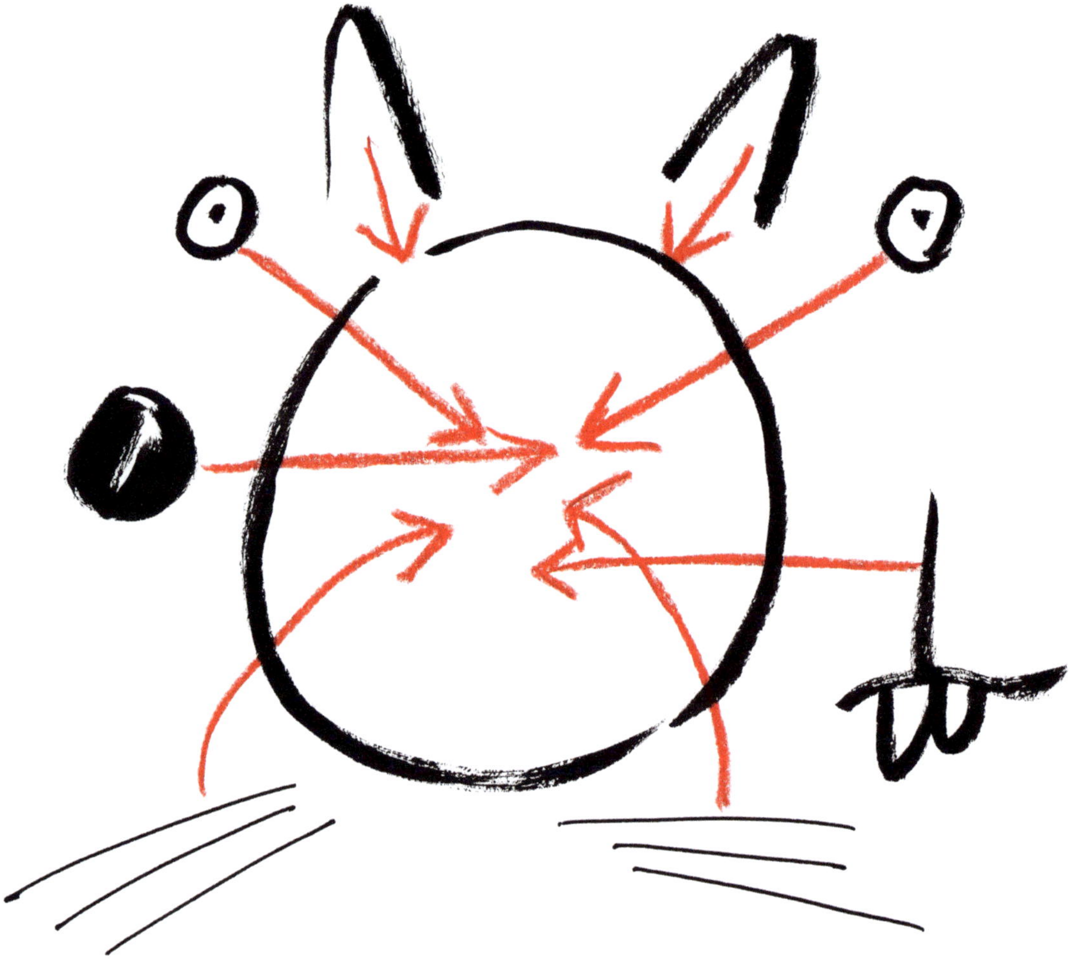

VERWIRRT?
KEIN STRESS!

IST GANZ EINFACH!

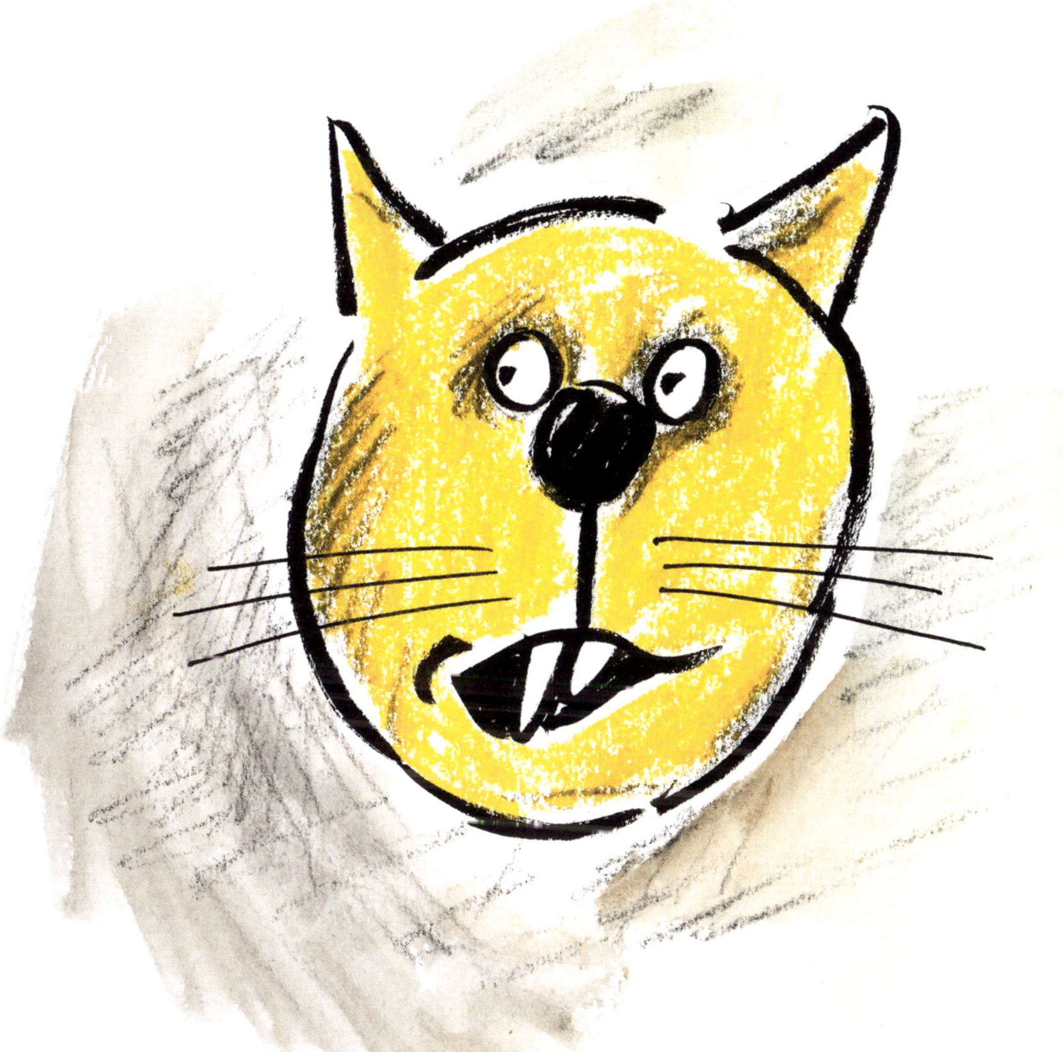

AB JETZT DER REIHE NACH, MIT
WICHTIGEN DETAILS UND
EINER SEHR SIMPLEN KATZE

WENN **OHREN** UND **NASE** ZUSAMMENSPIELEN …

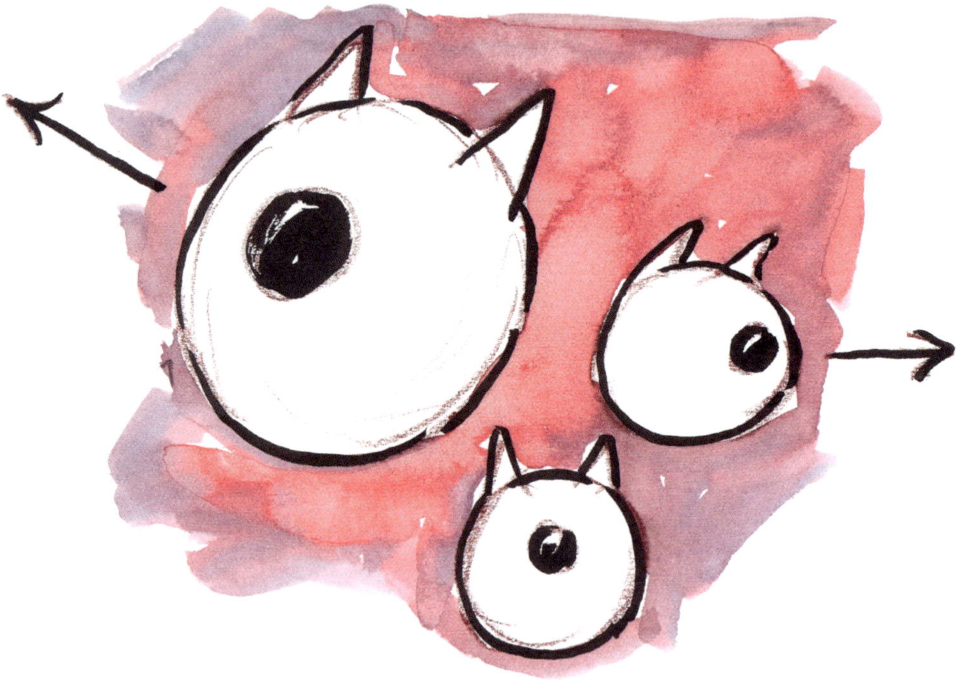

BEKOMMT DER KOPF EINE RICHTUNG

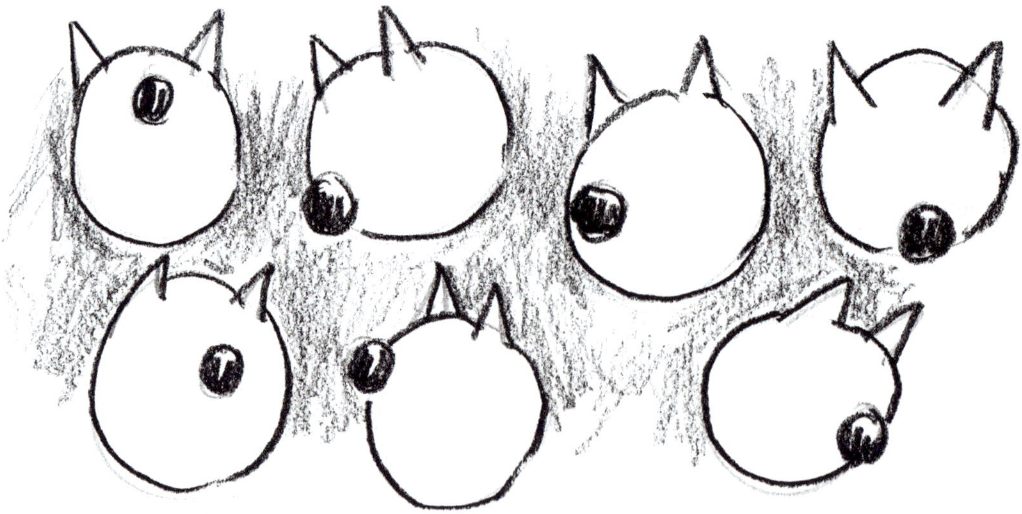

ZEICHNE HIER DIE OHREN DAZU

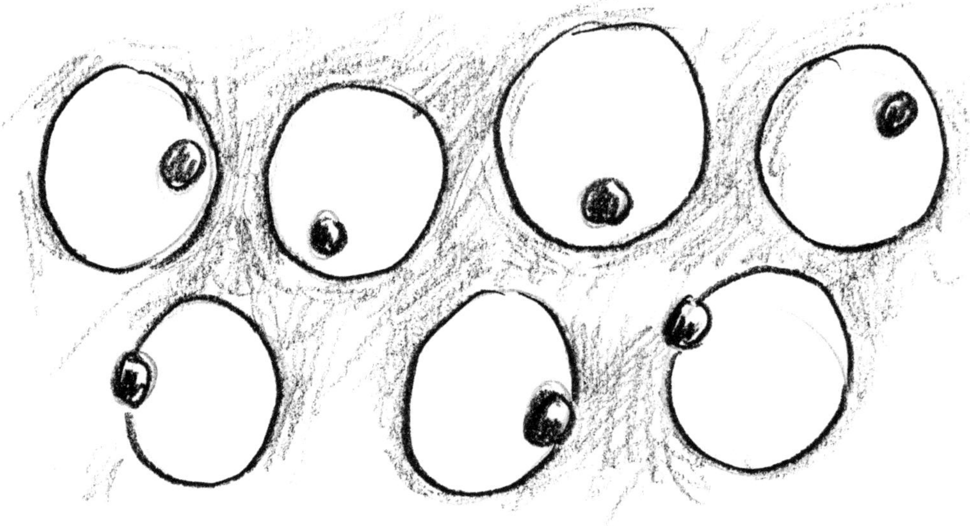

UND HIER DIE NASE!

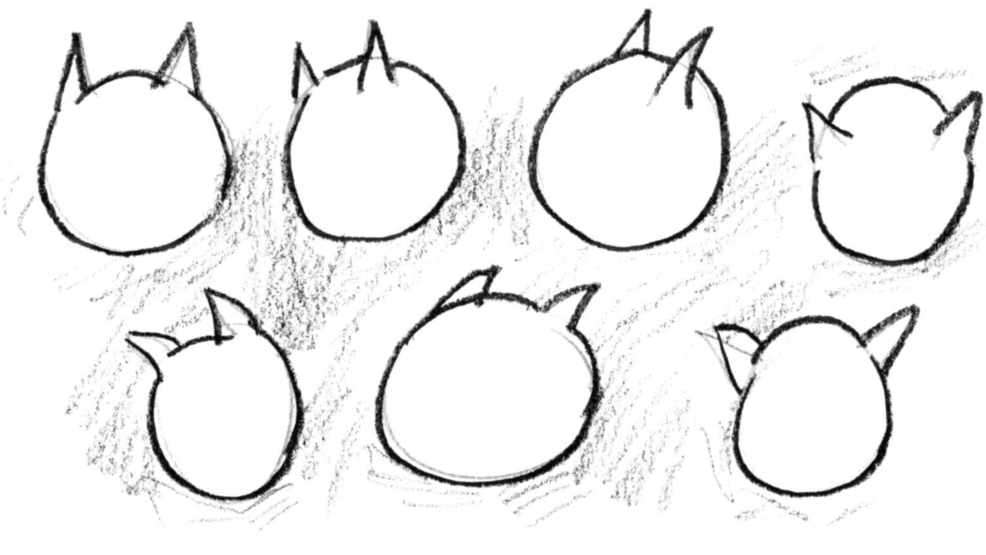

GAR NICHT SO SCHWER, ODER?

ZUM KOPF EIN **BOGEN**

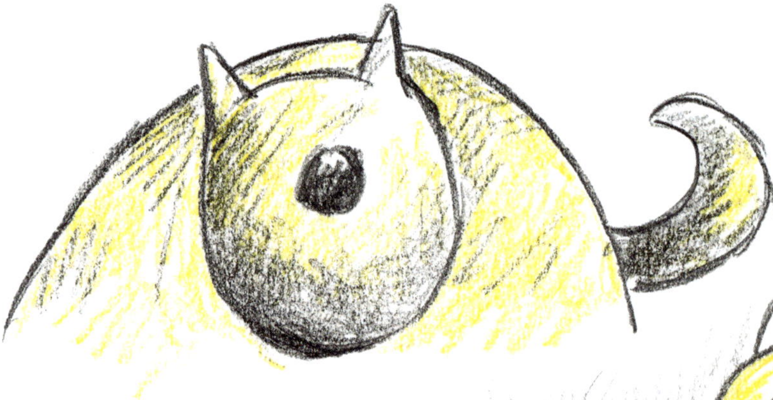

SO WIE HIER ↑

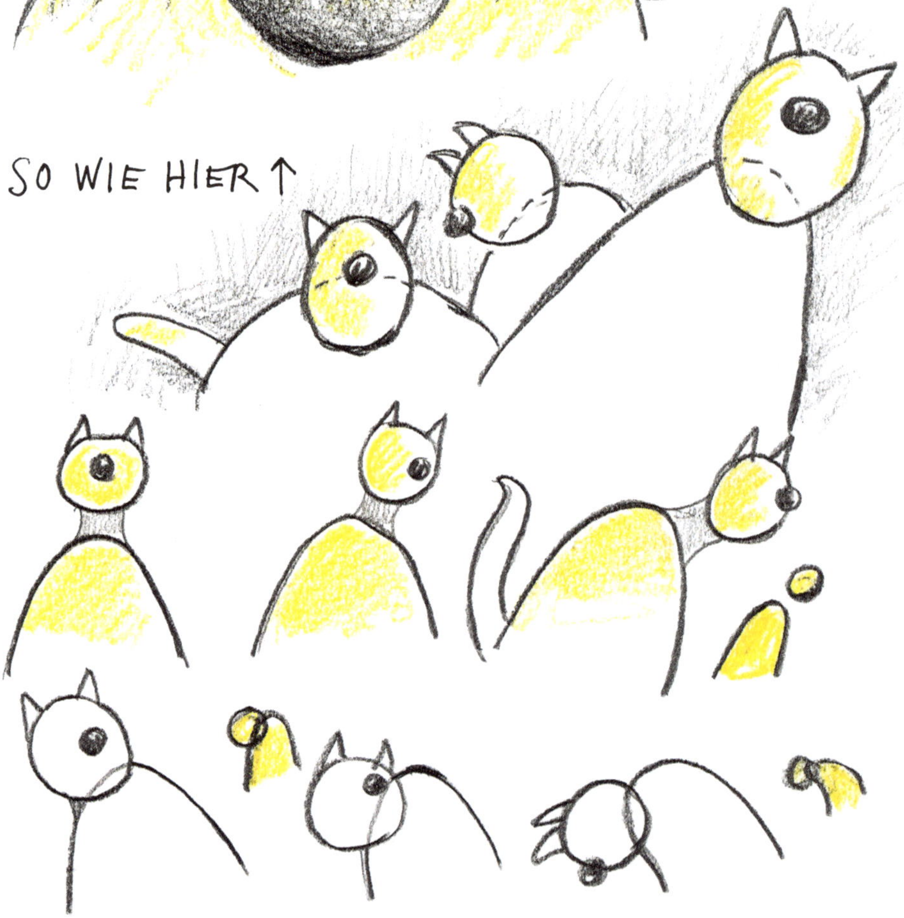

SCHAU MAL, WIE BEWEGLICH DIE
KATZE PLÖTZLICH IST!

PLATZ ZUM AUSPROBIEREN ↓

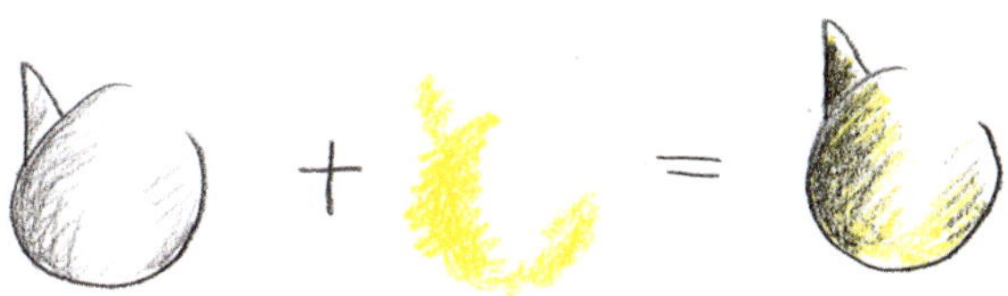

KOMBINIERE BLEISTIFT UND BUNTSTIFT

MIT DER **SCHNAUZE** KANN
MAN ERSTE EMOTIONEN DARSTELLEN

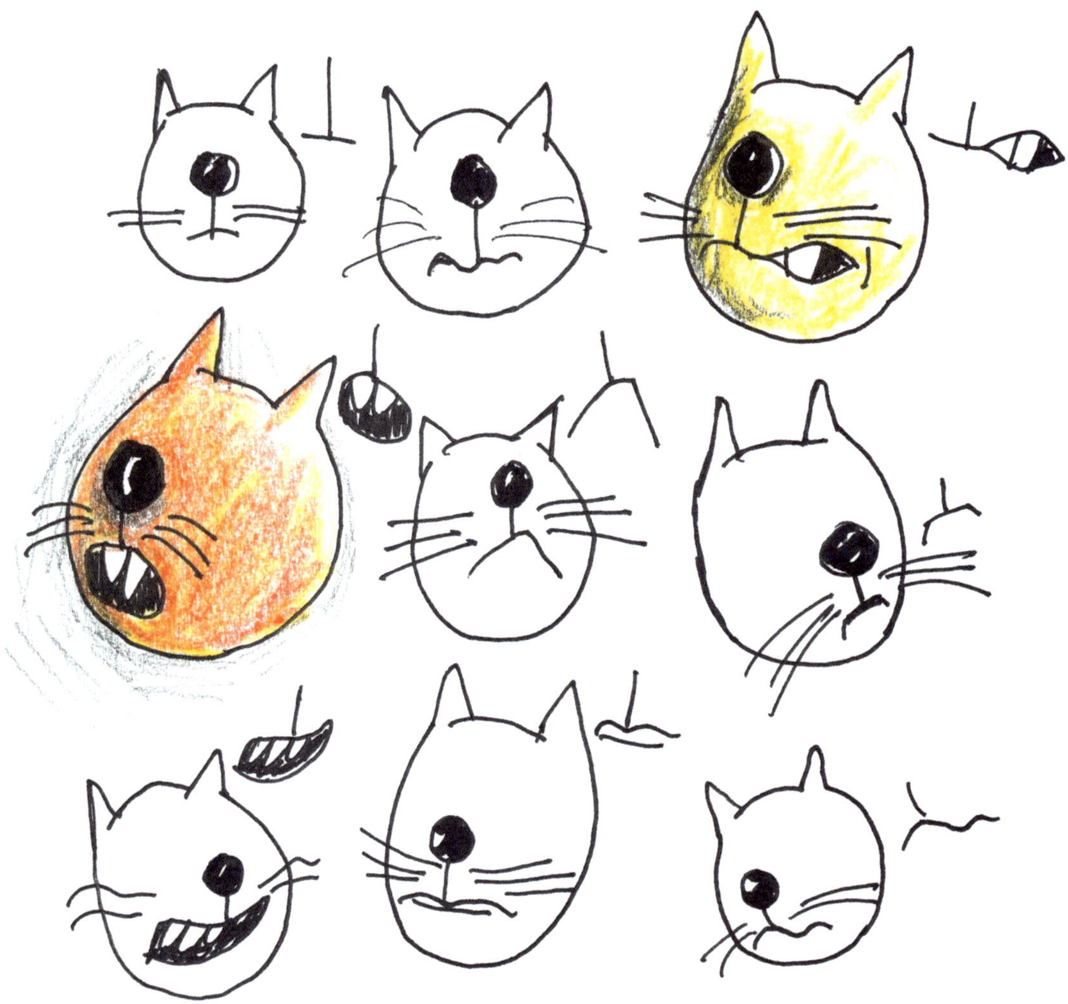

UND JETZT DU!

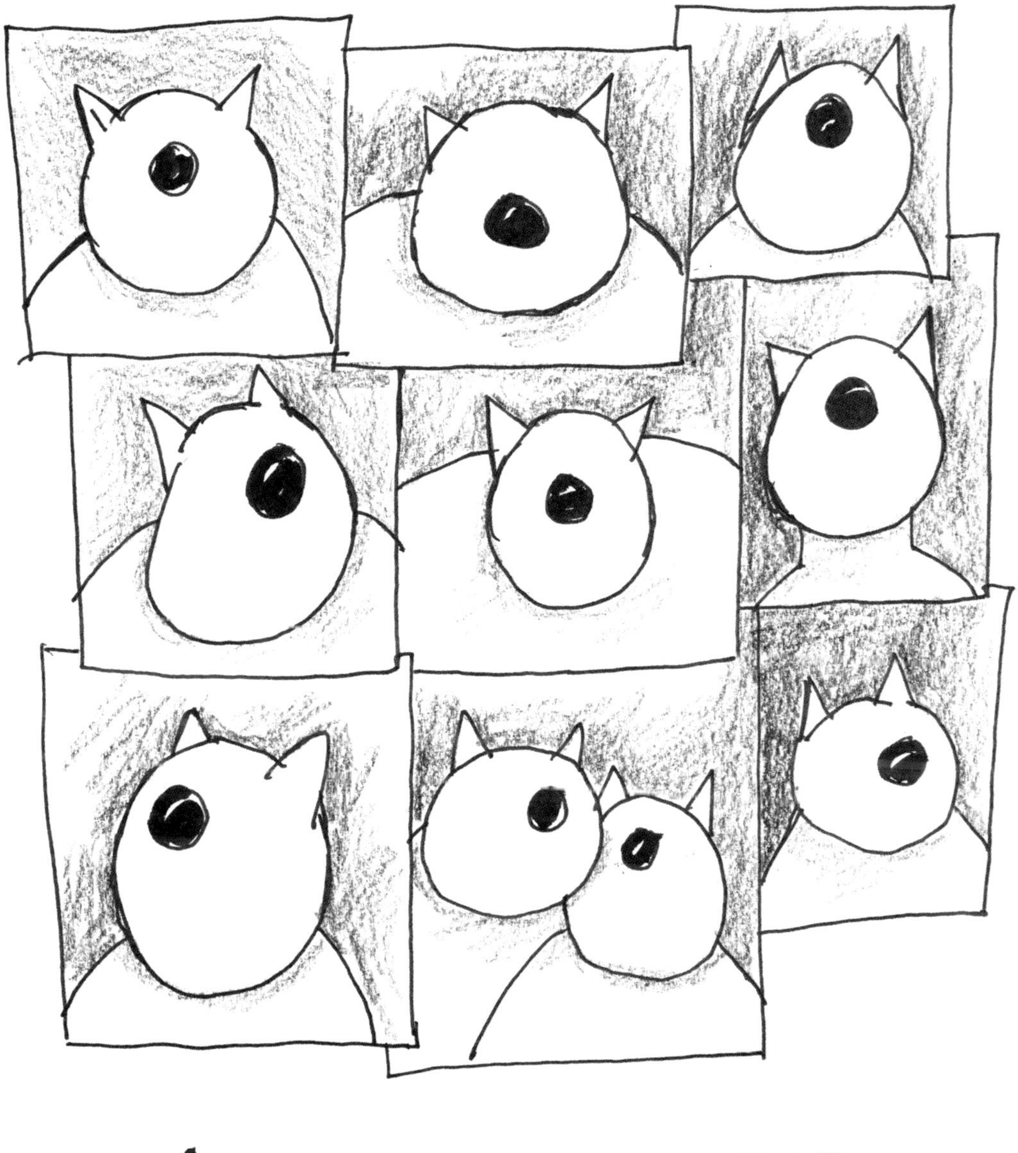

↑ FINELINER UND 4B-BLEISTIFT

AUCH AUGEN UND BRAUEN SIND FÜR DIE MIMIK WICHTIG

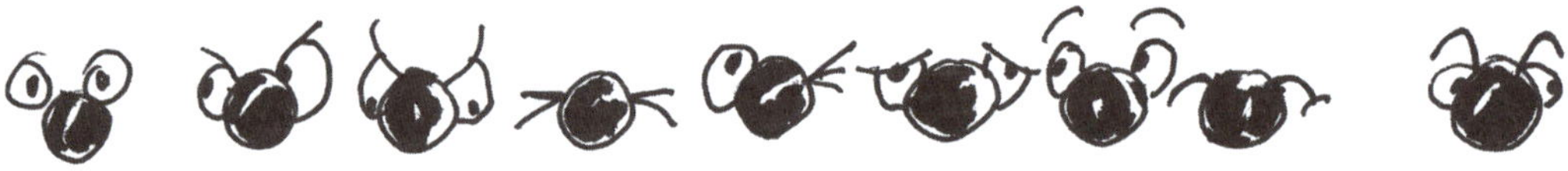

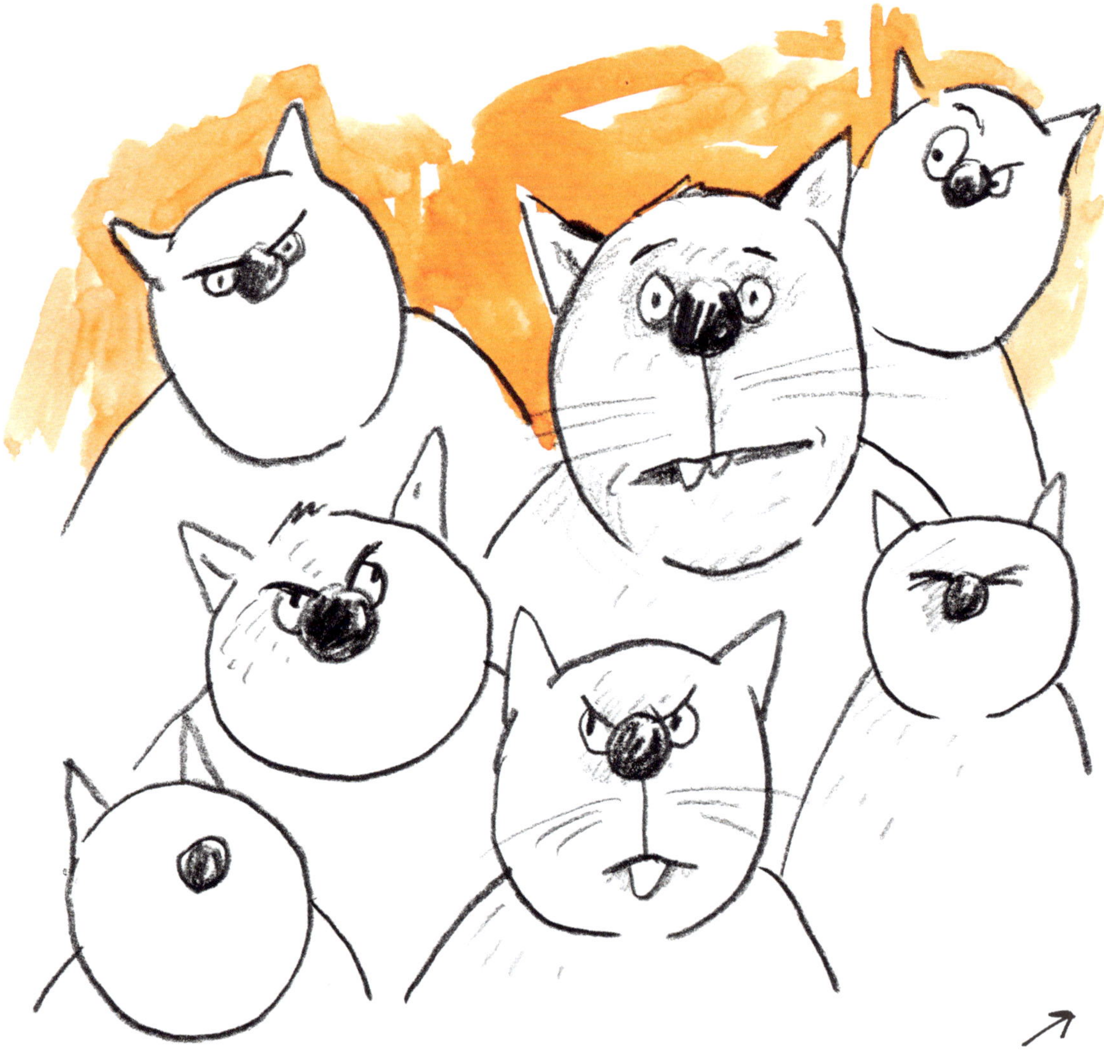

↗

HIER KANNST DU DAMIT EXPERIMENTIEREN

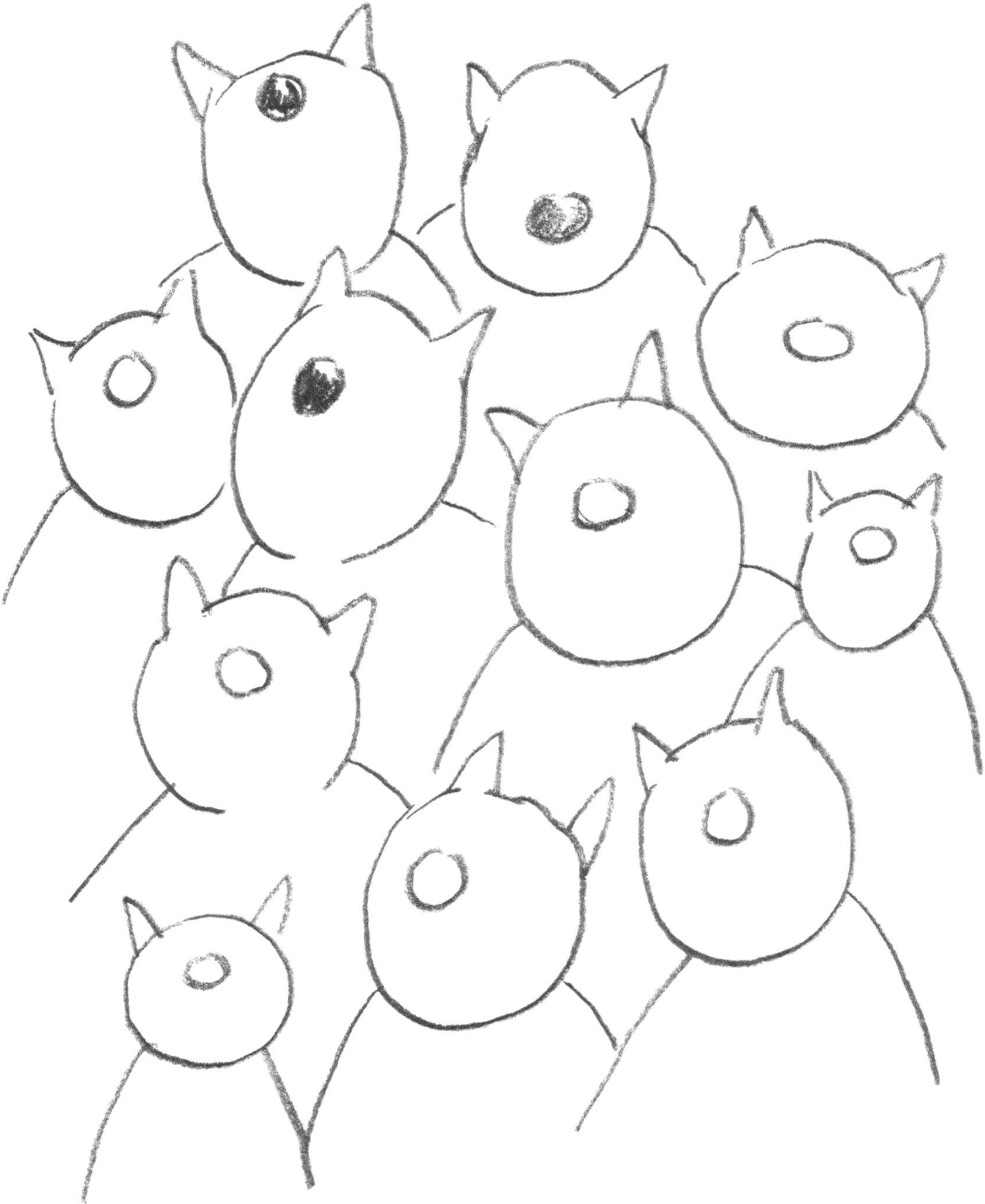

SCHNAUZE NICHT VERGESSEN!

ANREGUNGEN FÜR DAS SPIEL MIT DER **MIMIK**

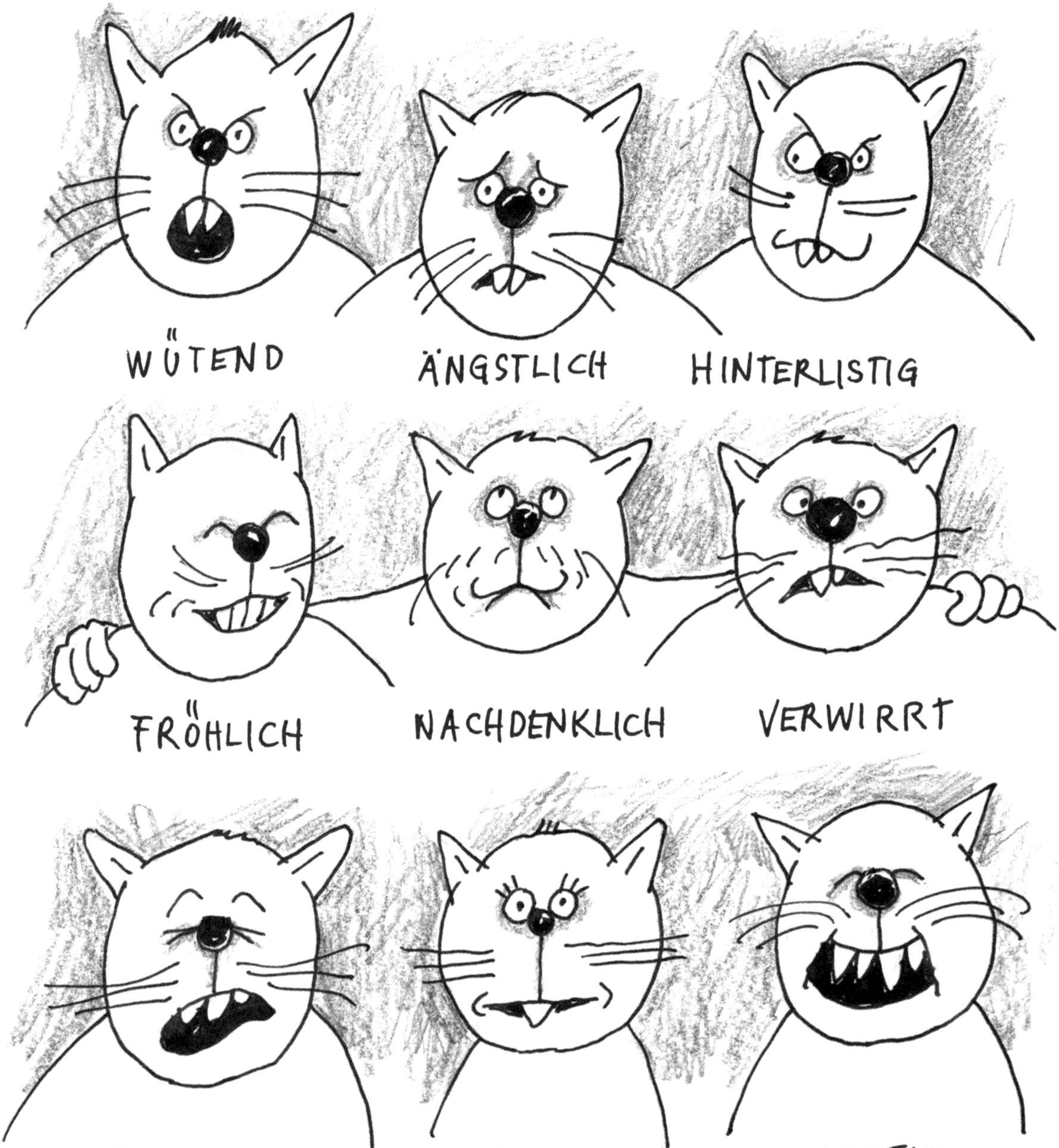

PLATZ FÜR DEINE VERSUCHE

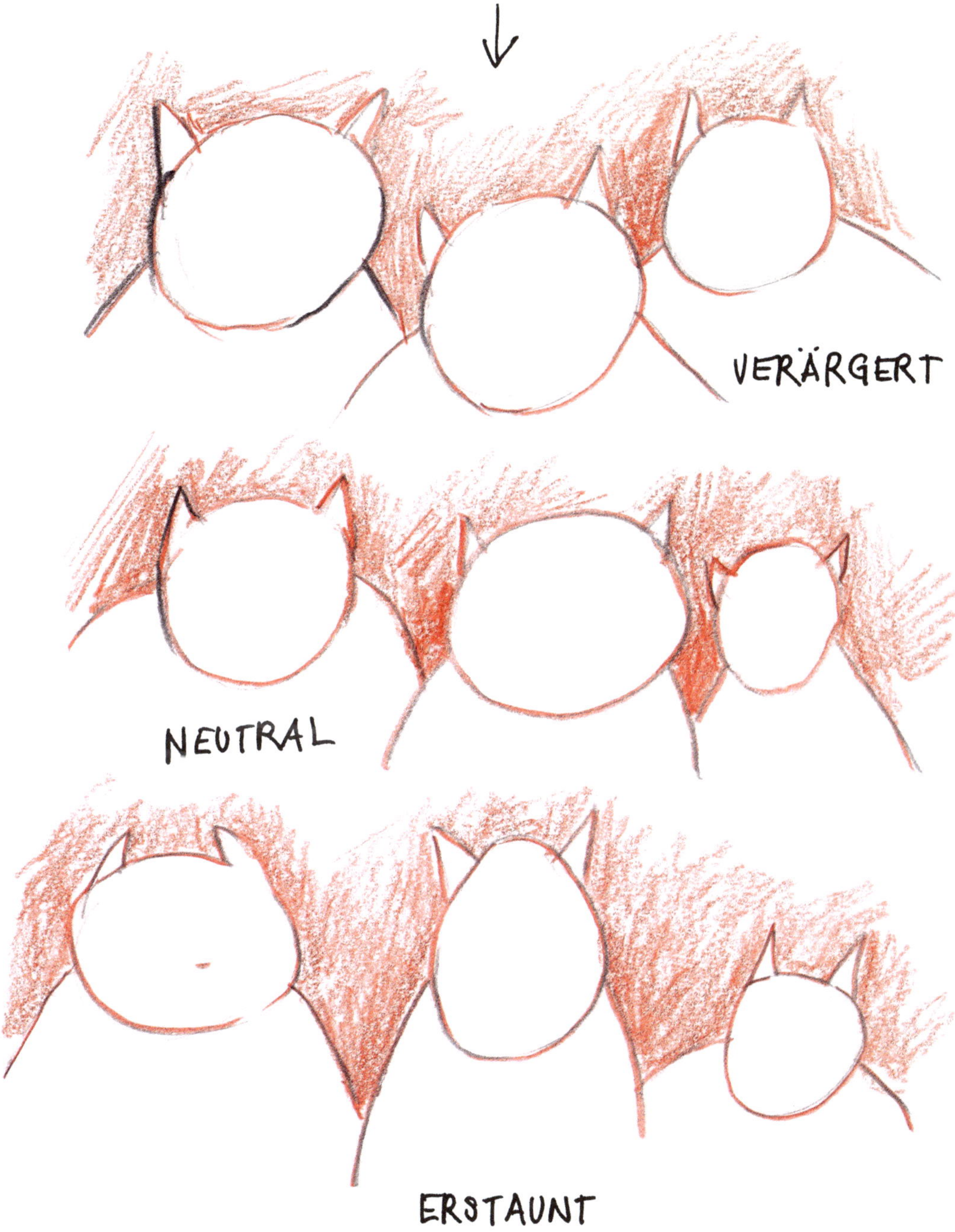

ABER NUN ZUR

GANZEN KATZE

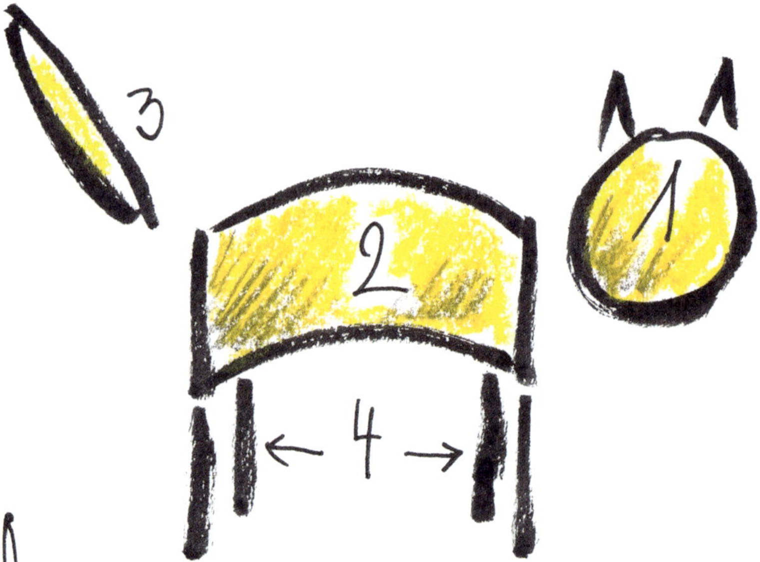

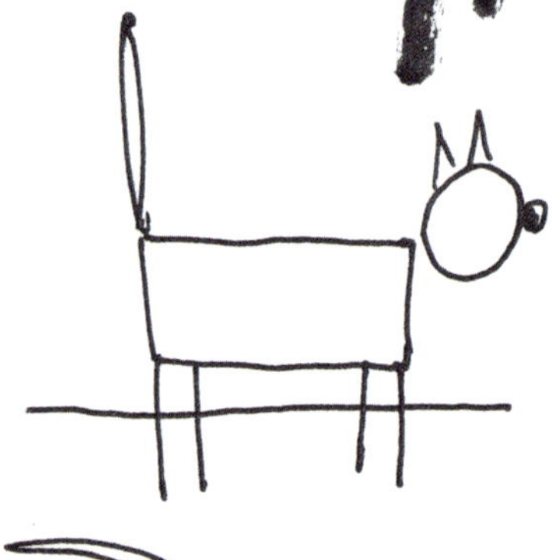

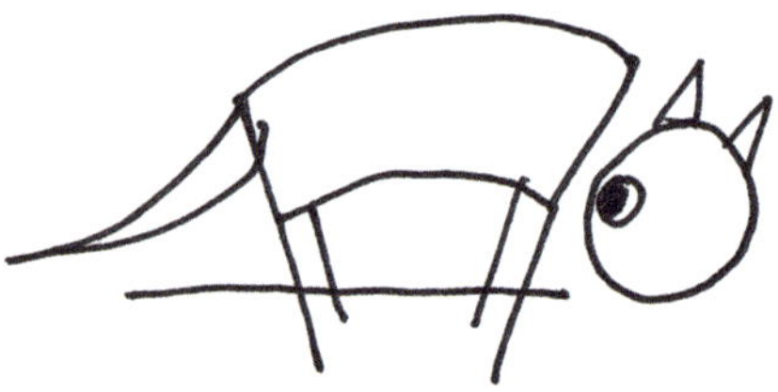

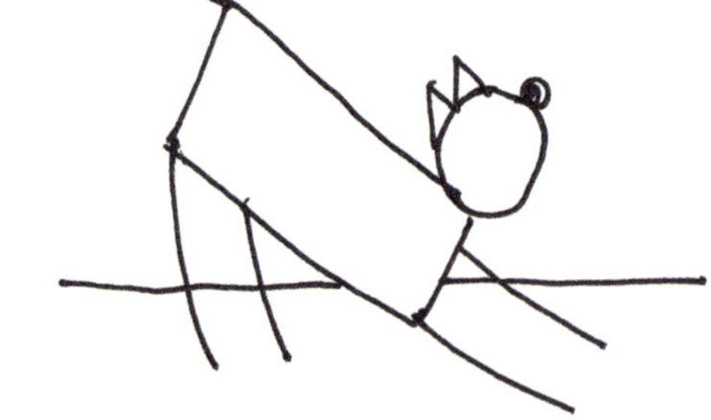

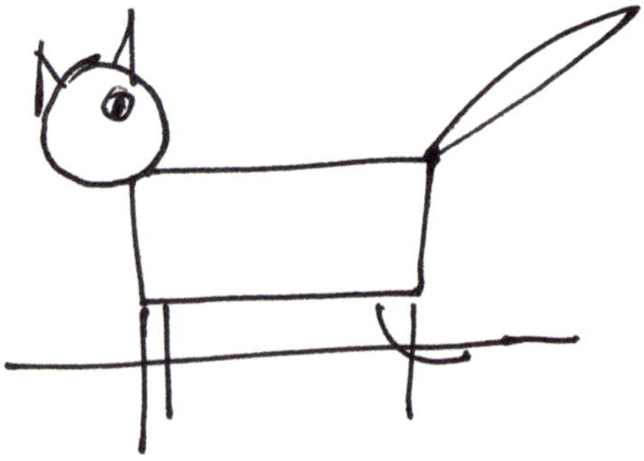

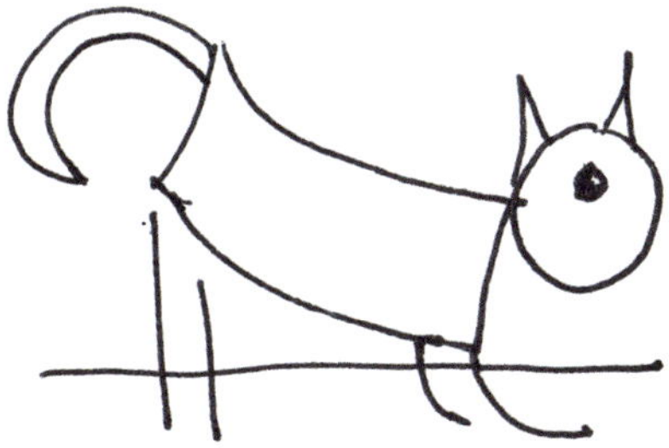

SIE KANN STEHEN, SICH STRECKEN,
IN ALLE RICHTUNGEN BLICKEN!

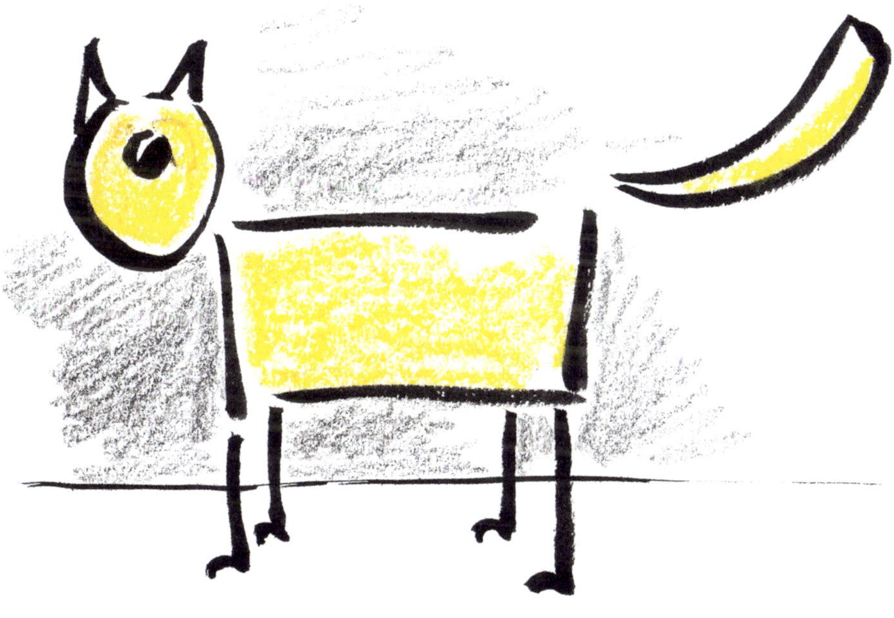

IST DAS NICHT GENIAL?

ZUM ÜBEN

ZUERST ZEICHNEN, DANN AUSMALEN ...

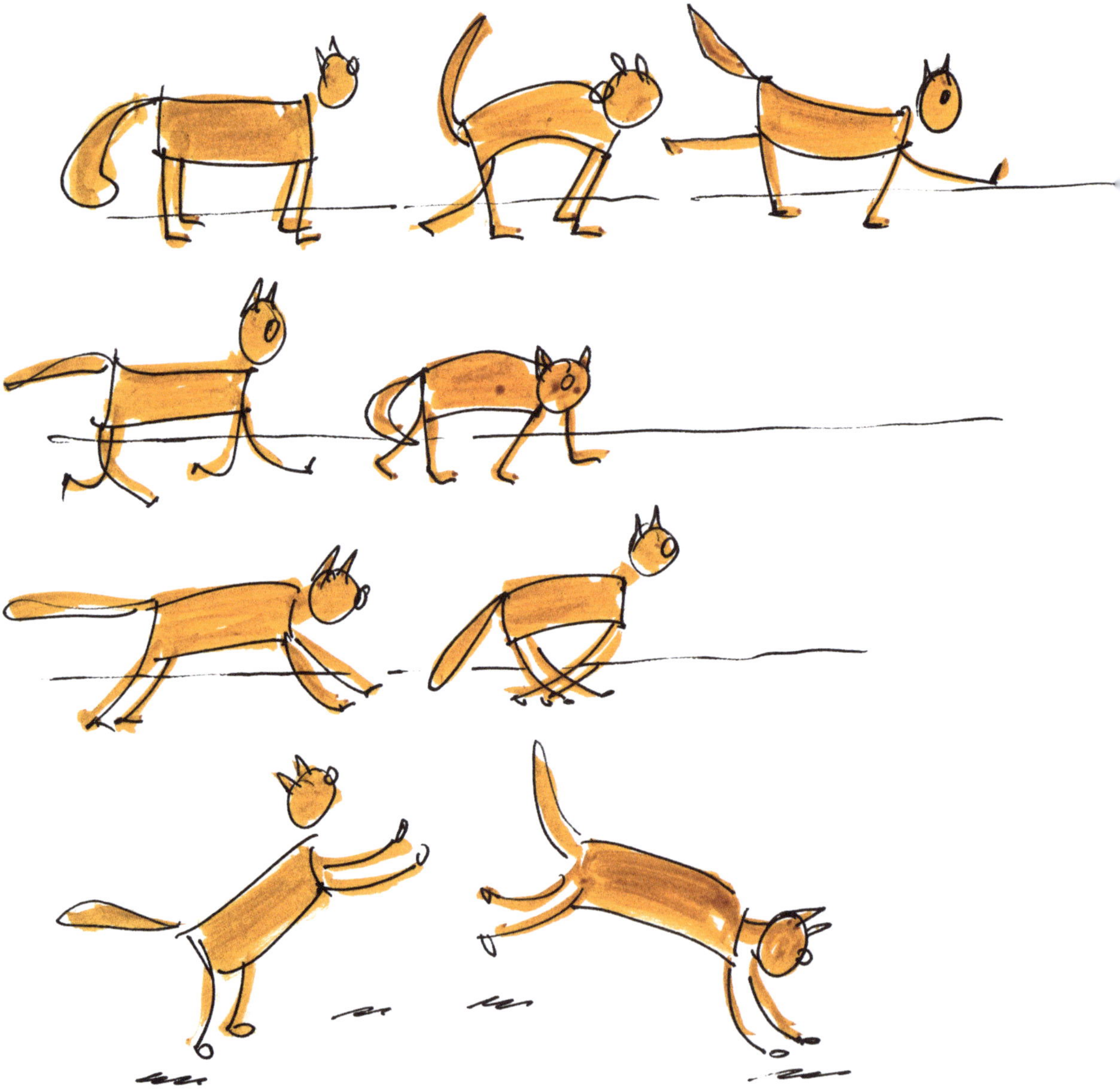

LOS GEHT'S!

UND JETZT EINE **SITZENDE KATZE** VON HINTEN UND VON VORNE

EIGENTLICH SIEHT SIE AUS WIE EINE SPIELFIGUR...

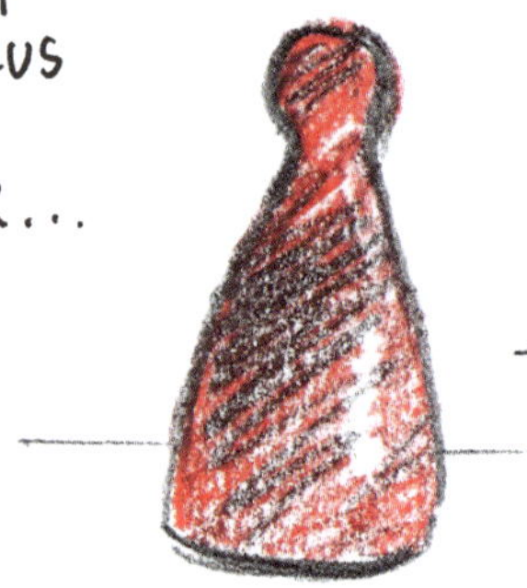

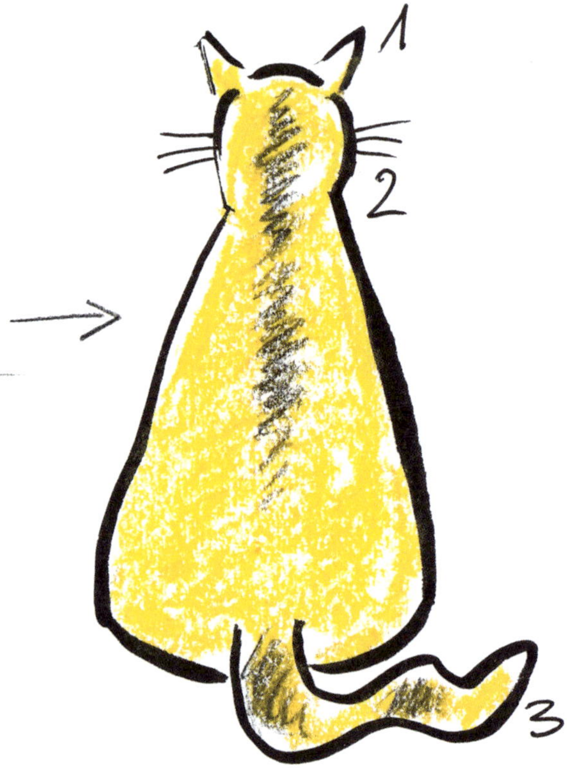

...NUR MIT OHREN (1), BARTHAAREN (2) UND SCHWÄNZCHEN (3)

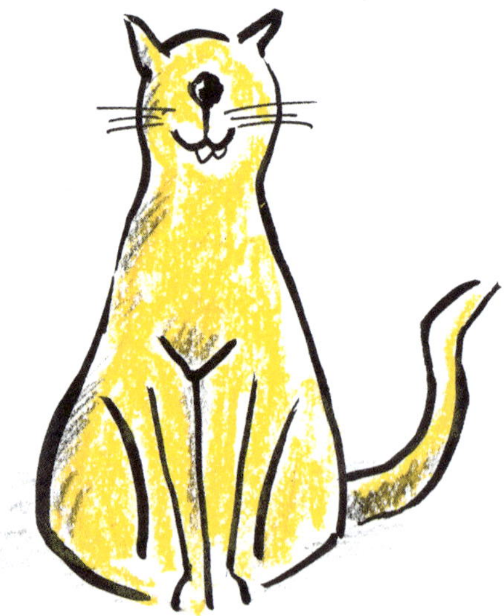

BEINSTELLUNGEN

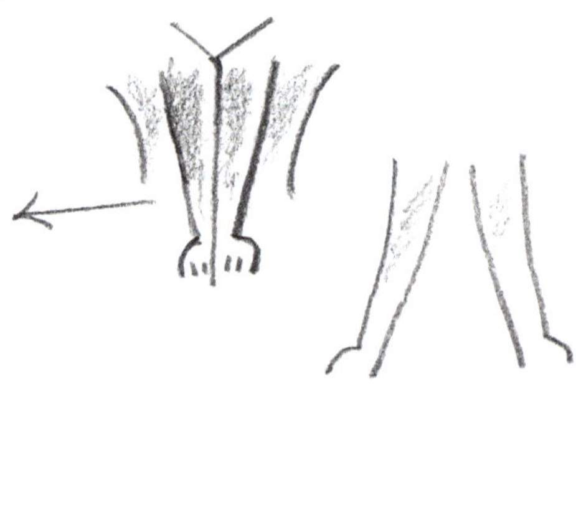

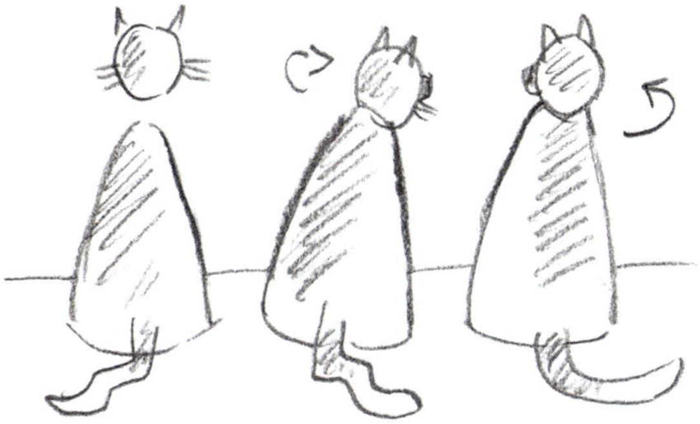

SIE KANN IN VERSCHIEDENE RICHTUNGEN BLICKEN – PROBIERE ES AUS!

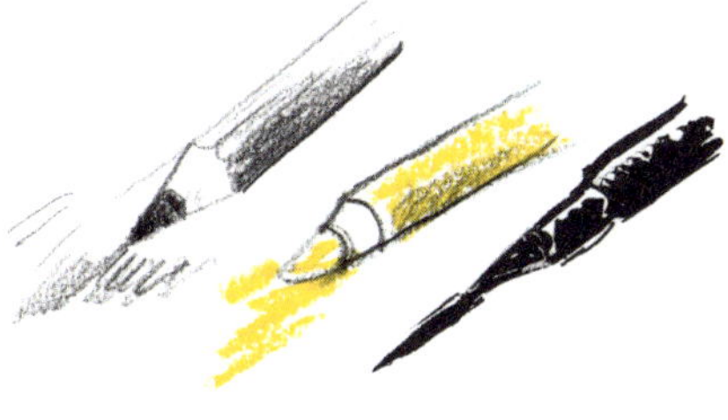

DIE SITZENDE KATZE
VON DER SEITE

IST WIE EINE SPIELFIGUR
AUS GUMMI !

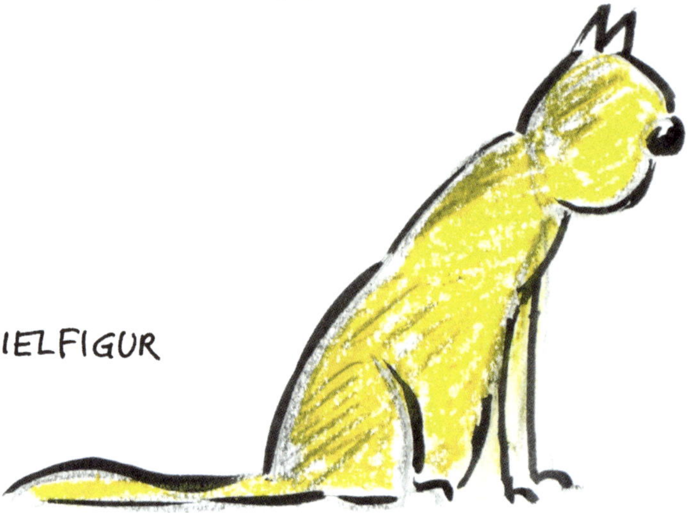

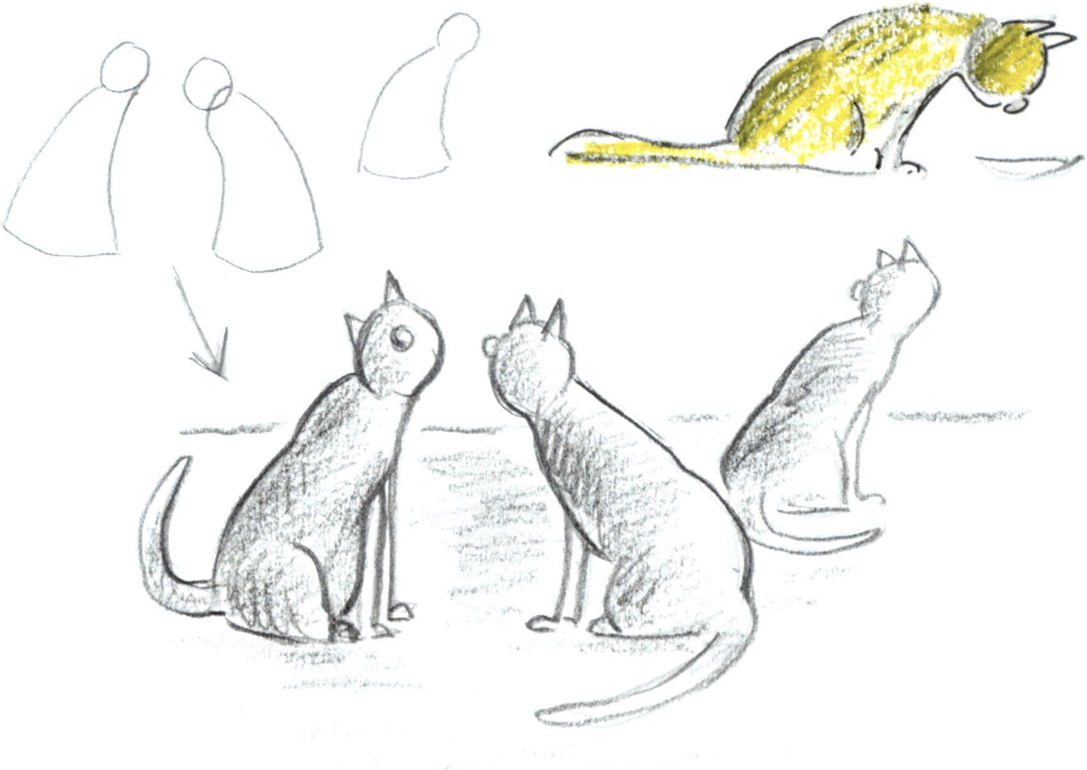

DU BIST DRAN!

ZEICHNE NOCH MEHR SITZENDE KATZEN

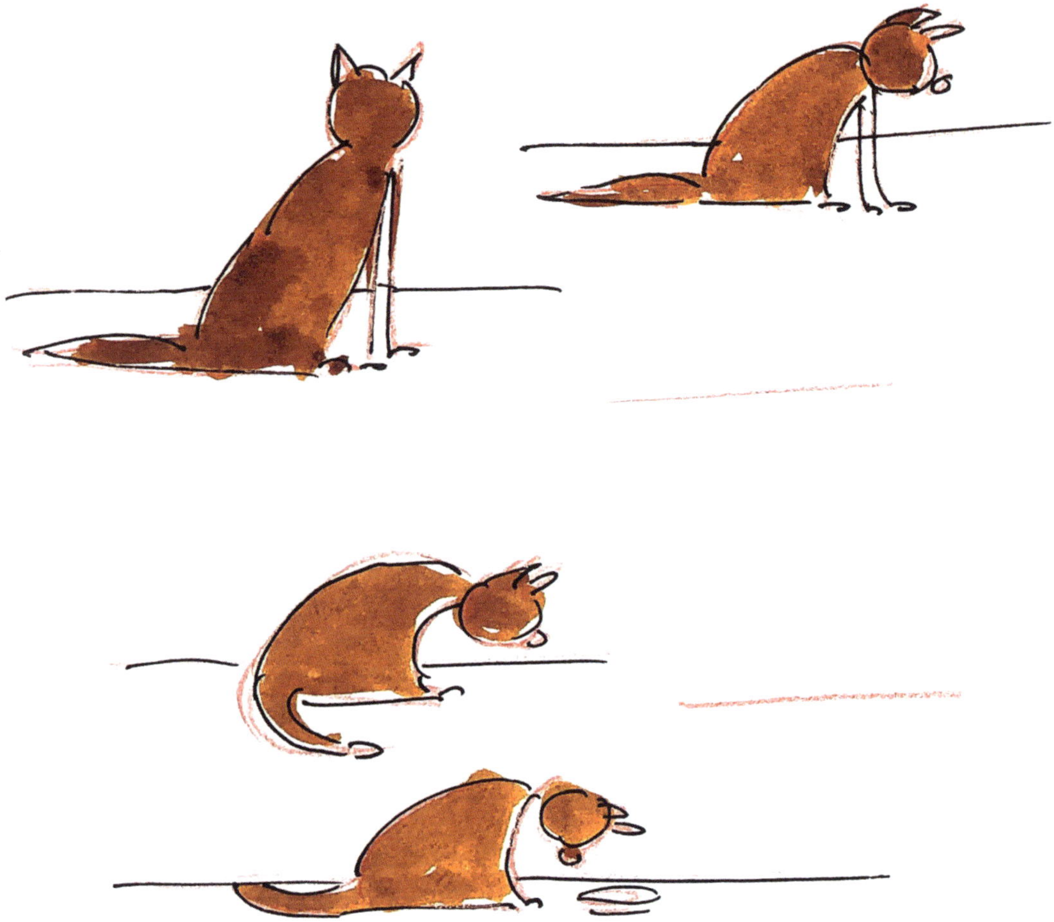

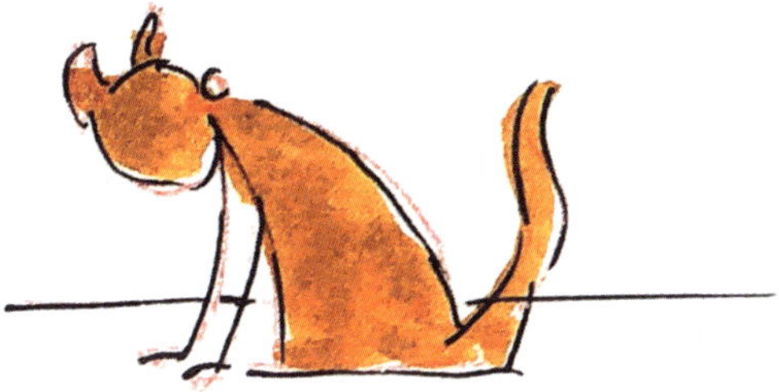

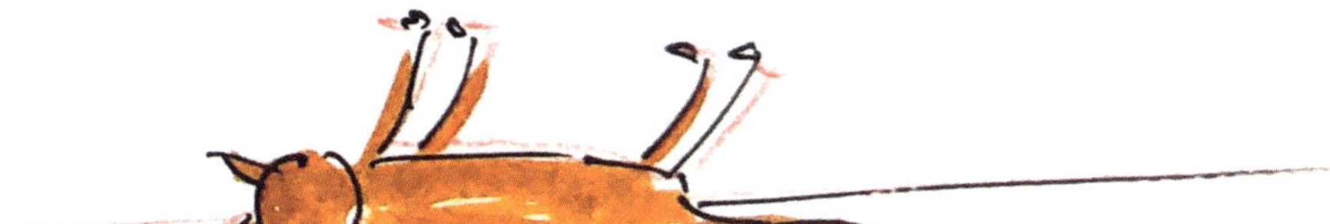

ZEIT FÜR YOGA!

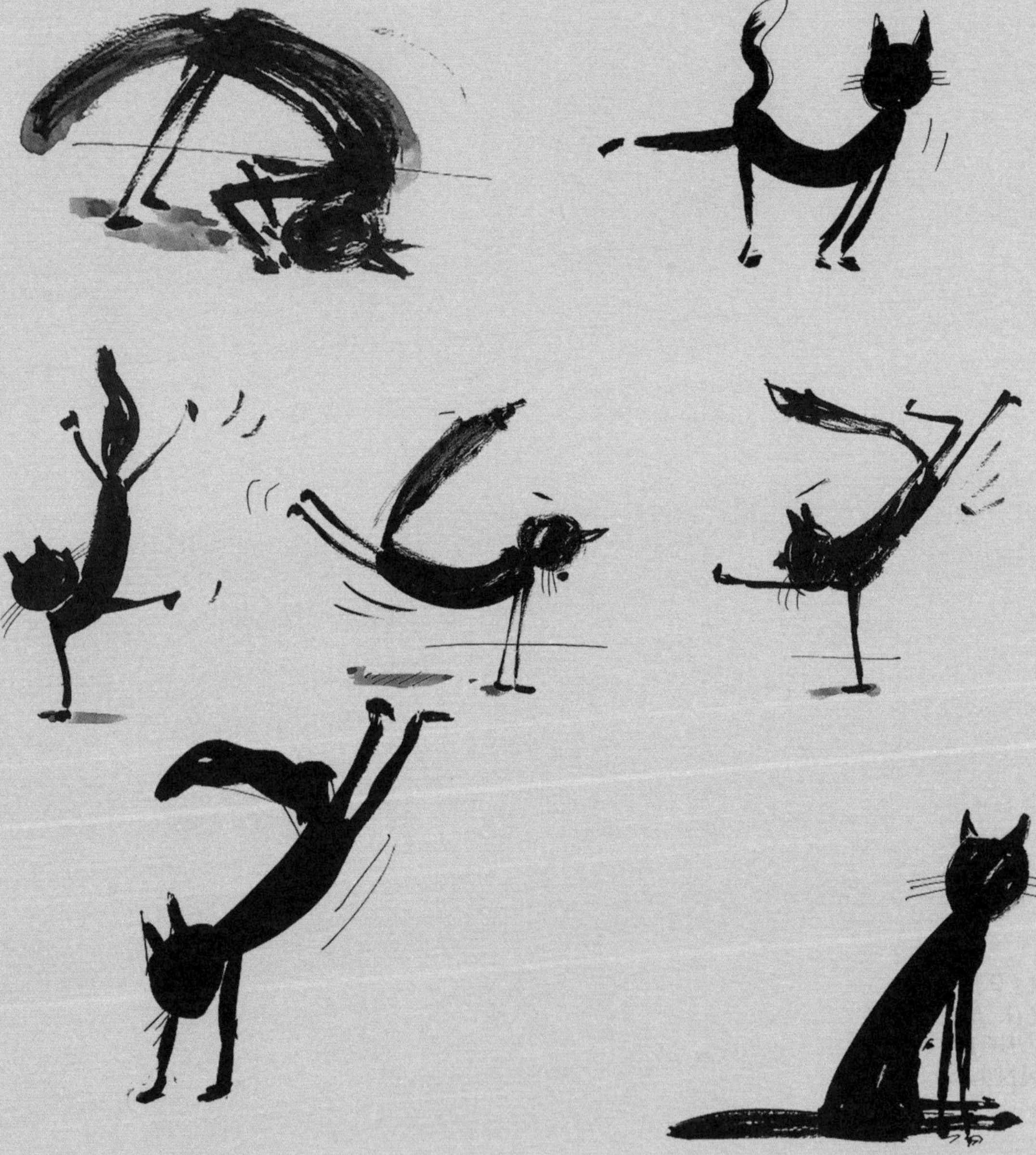

FALLEN DIR
NOCH ANDERE
ÜBUNGEN EIN?
DANN LOS!

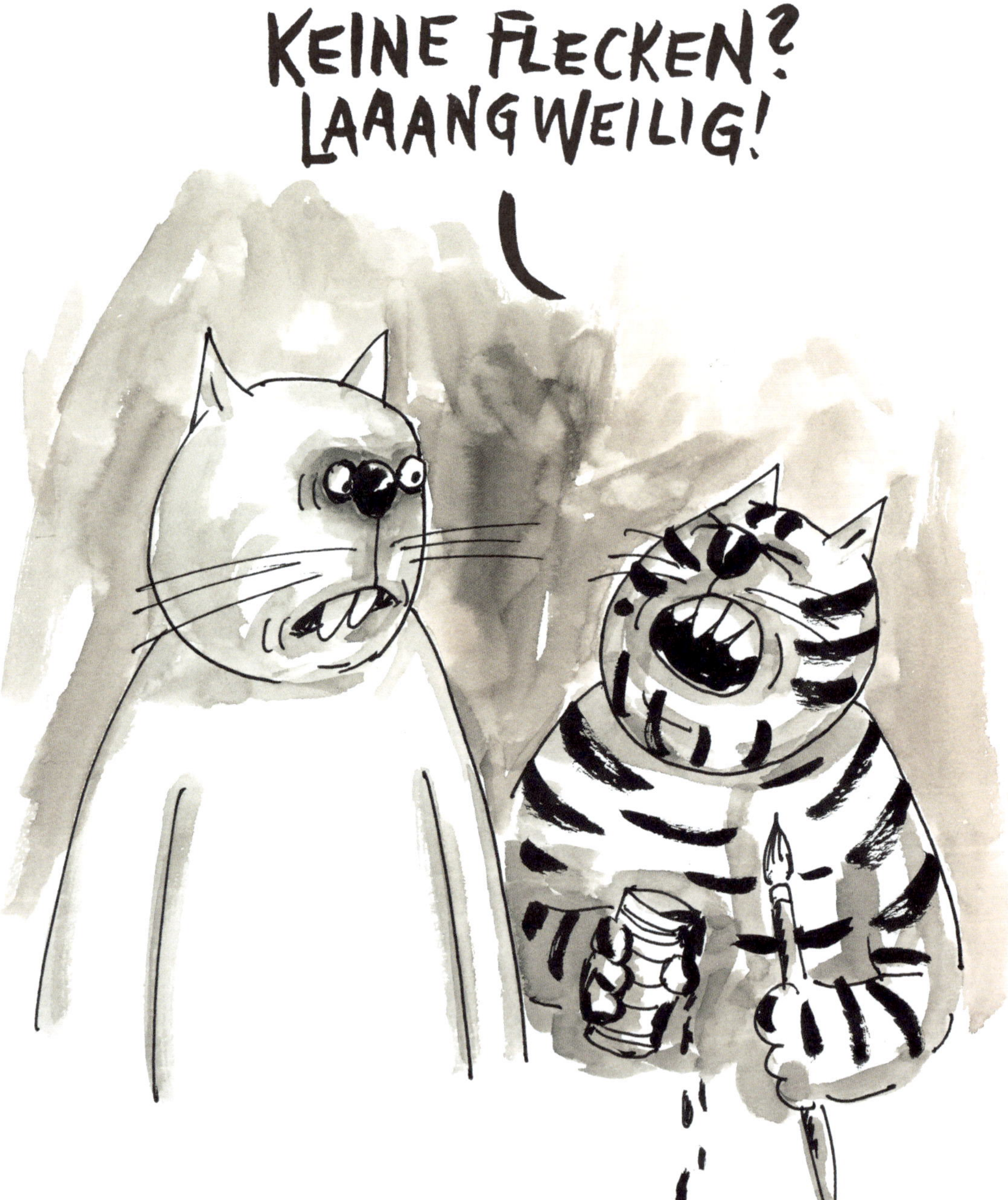
KEINE FLECKEN?
LAAANGWEILIG!

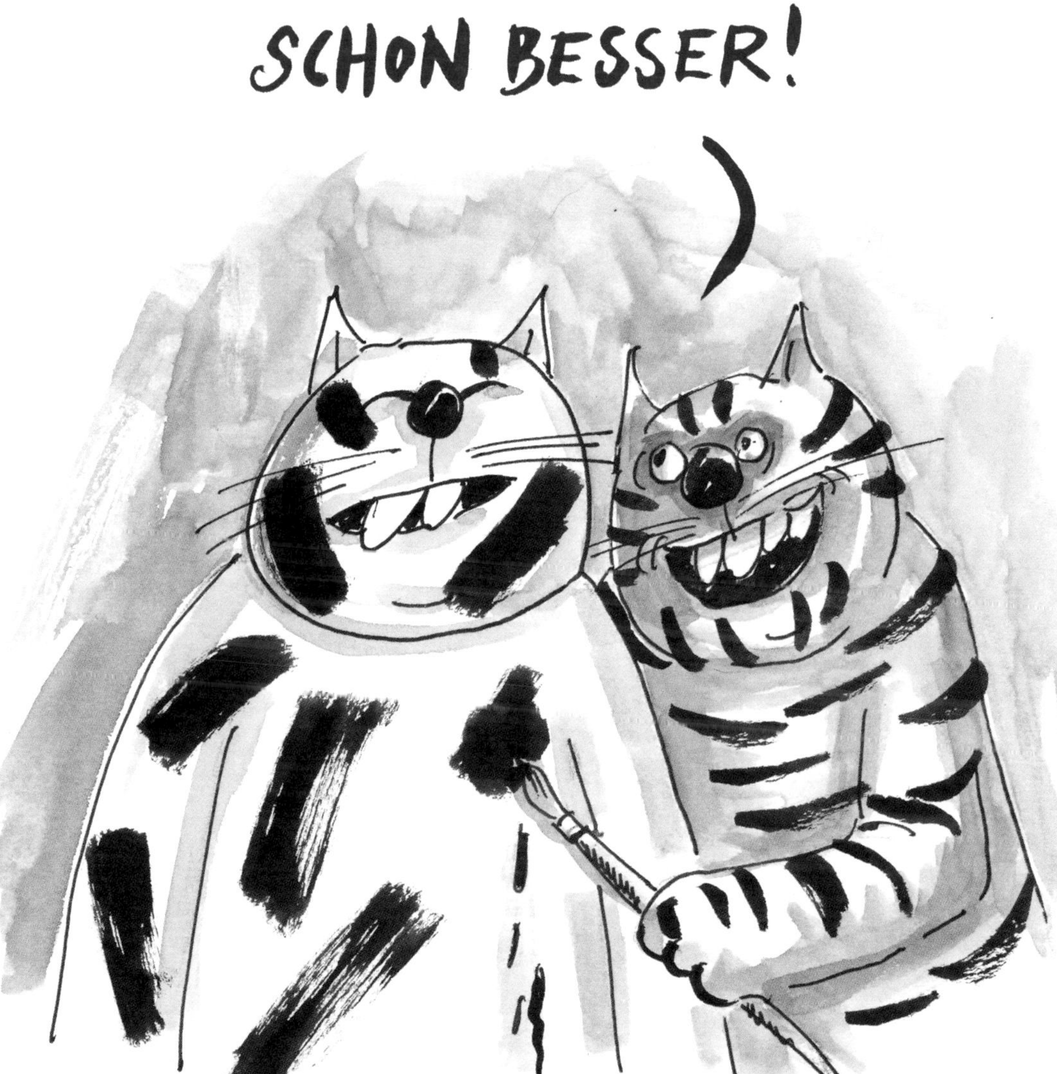
SCHON BESSER!

FELLZEICHNUNGEN

MIT VERSCHIEDENEN WERKZEUGEN

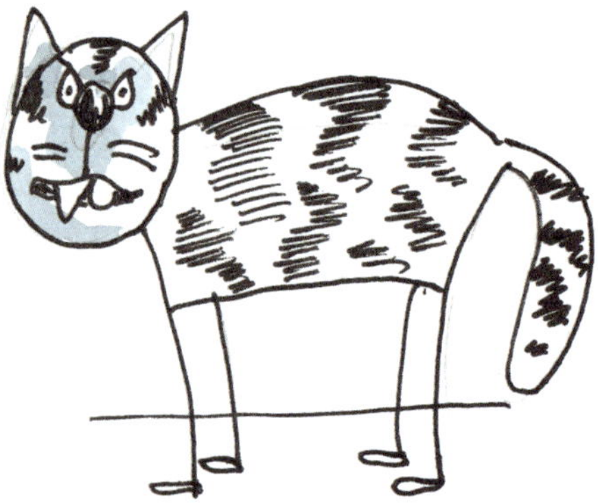

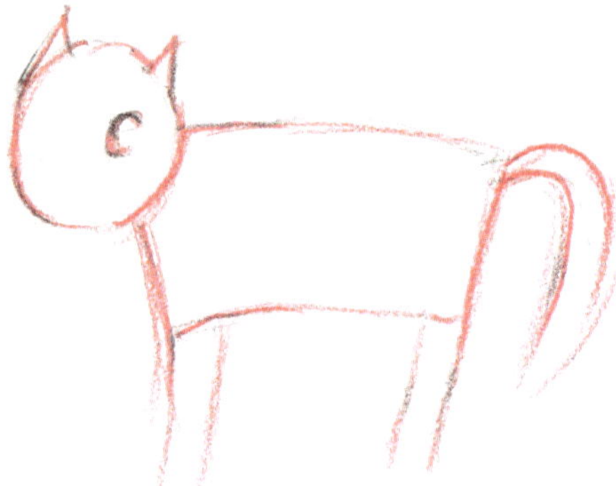

FINELINER

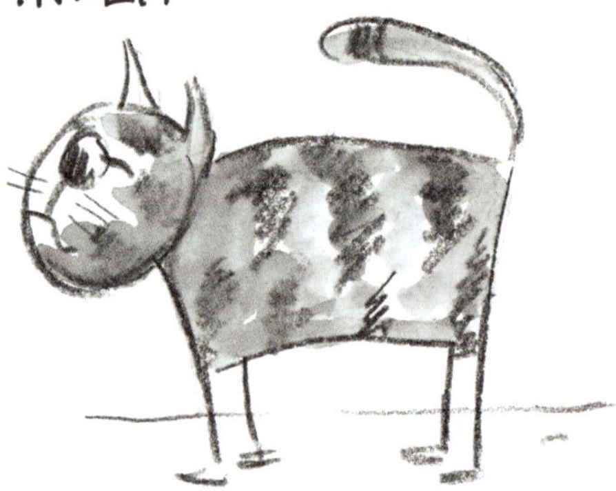

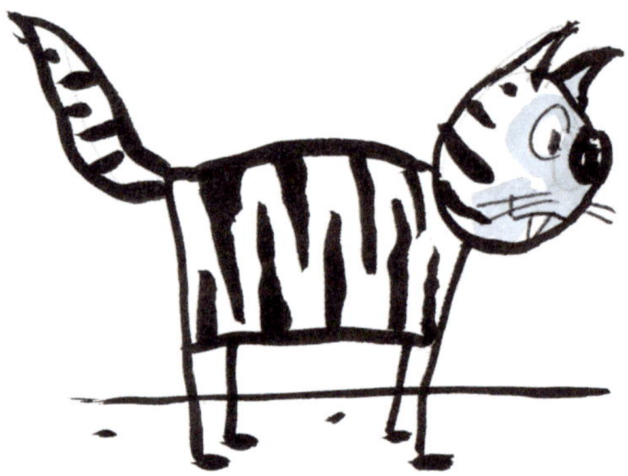

GRAPHITSTIFT

PINSEL UND TUSCHE

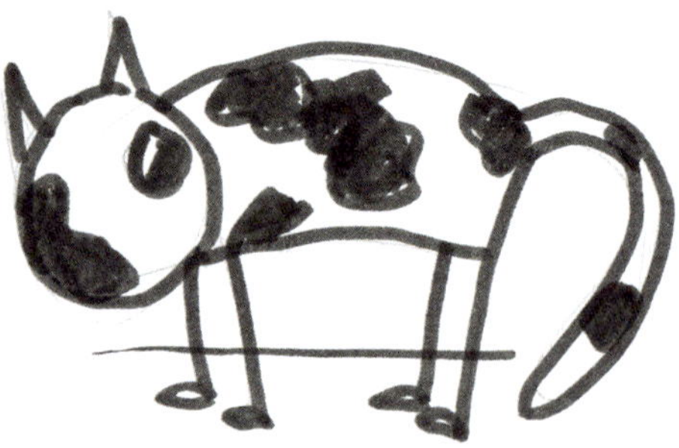

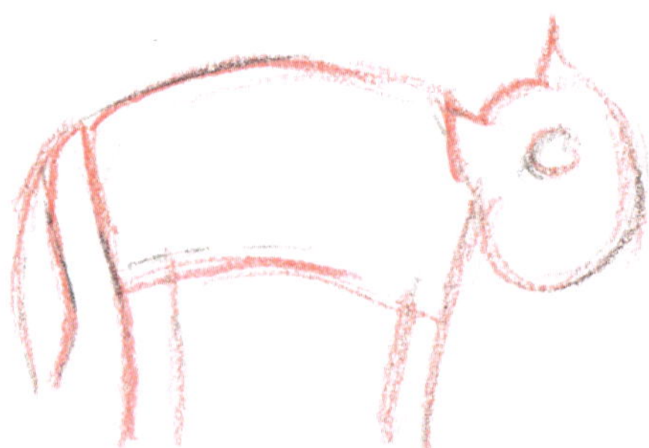

FILZSTIFT

HIER IST PLATZ FÜR EXPERIMENTE MIT ANDEREN STIFTEN UND PINSELN!

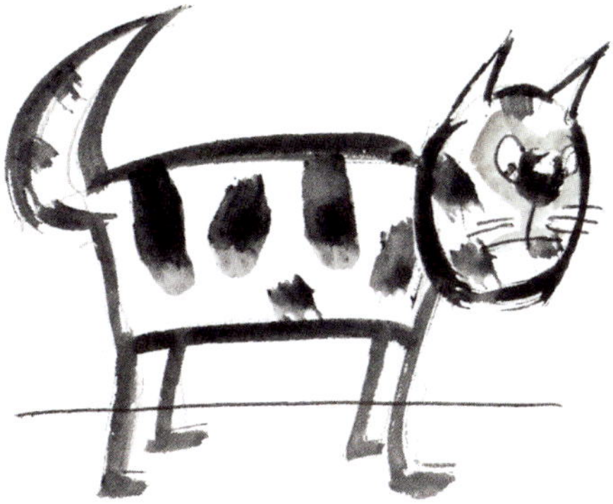

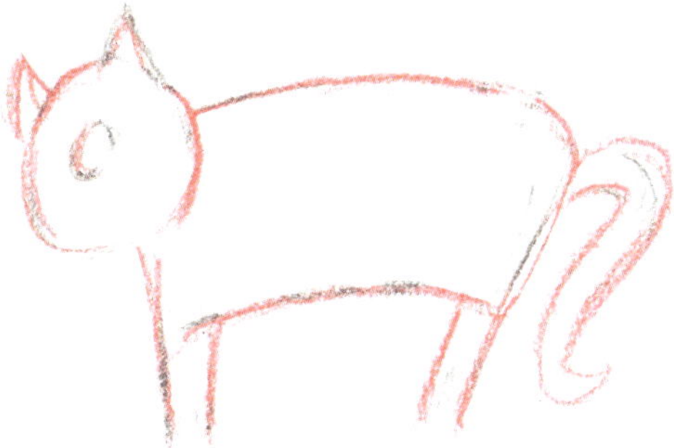

BORSTENPINSEL

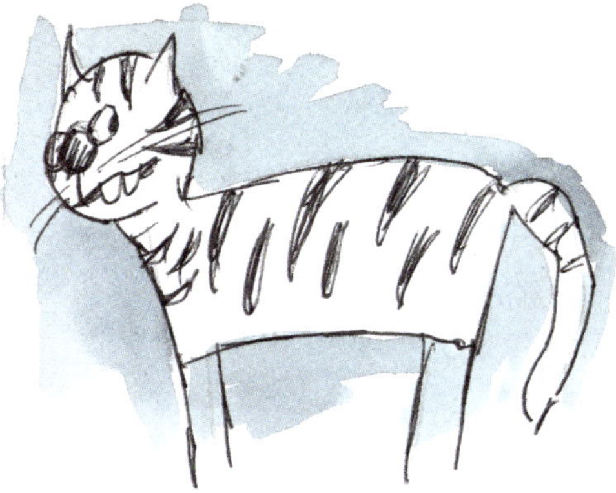

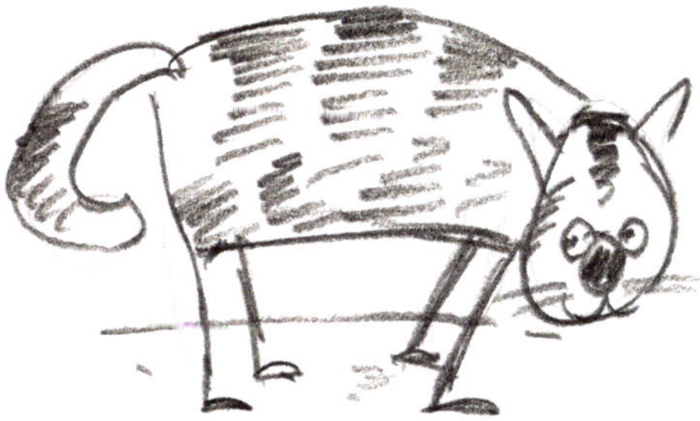

BLEISTIFT (4B)

KULI + PINSEL

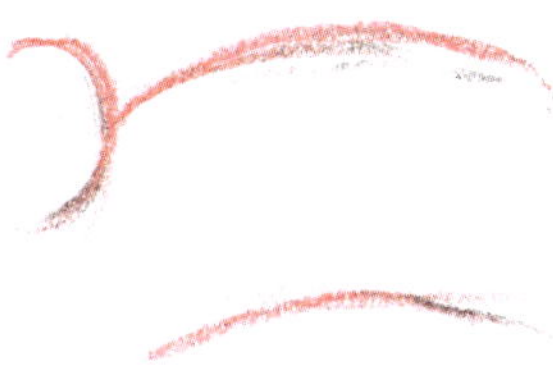

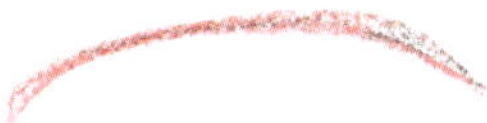

ERFINDE WEITERE **FELLMUSTER**

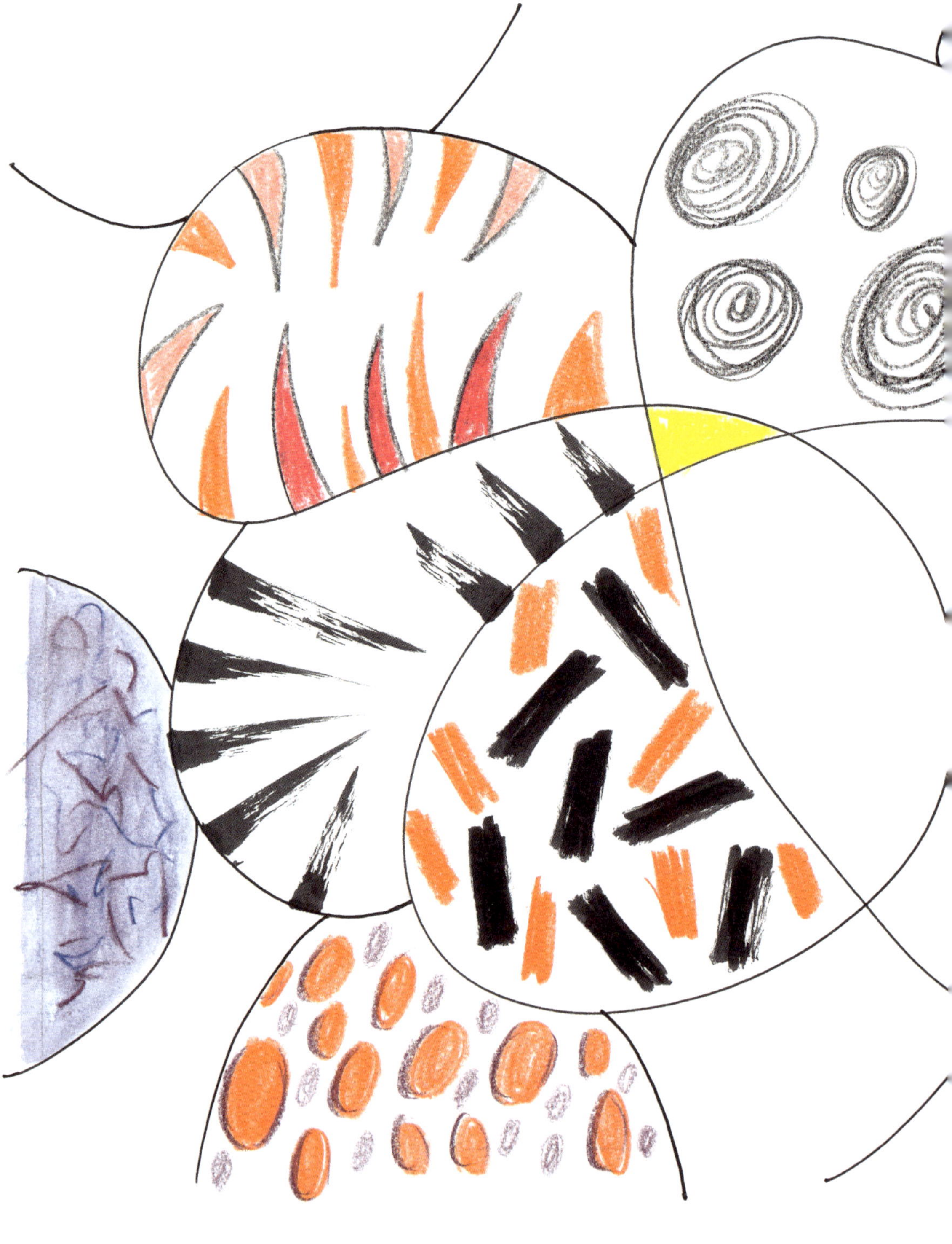

DU WEISST JA, ALLES IST ERLAUBT!

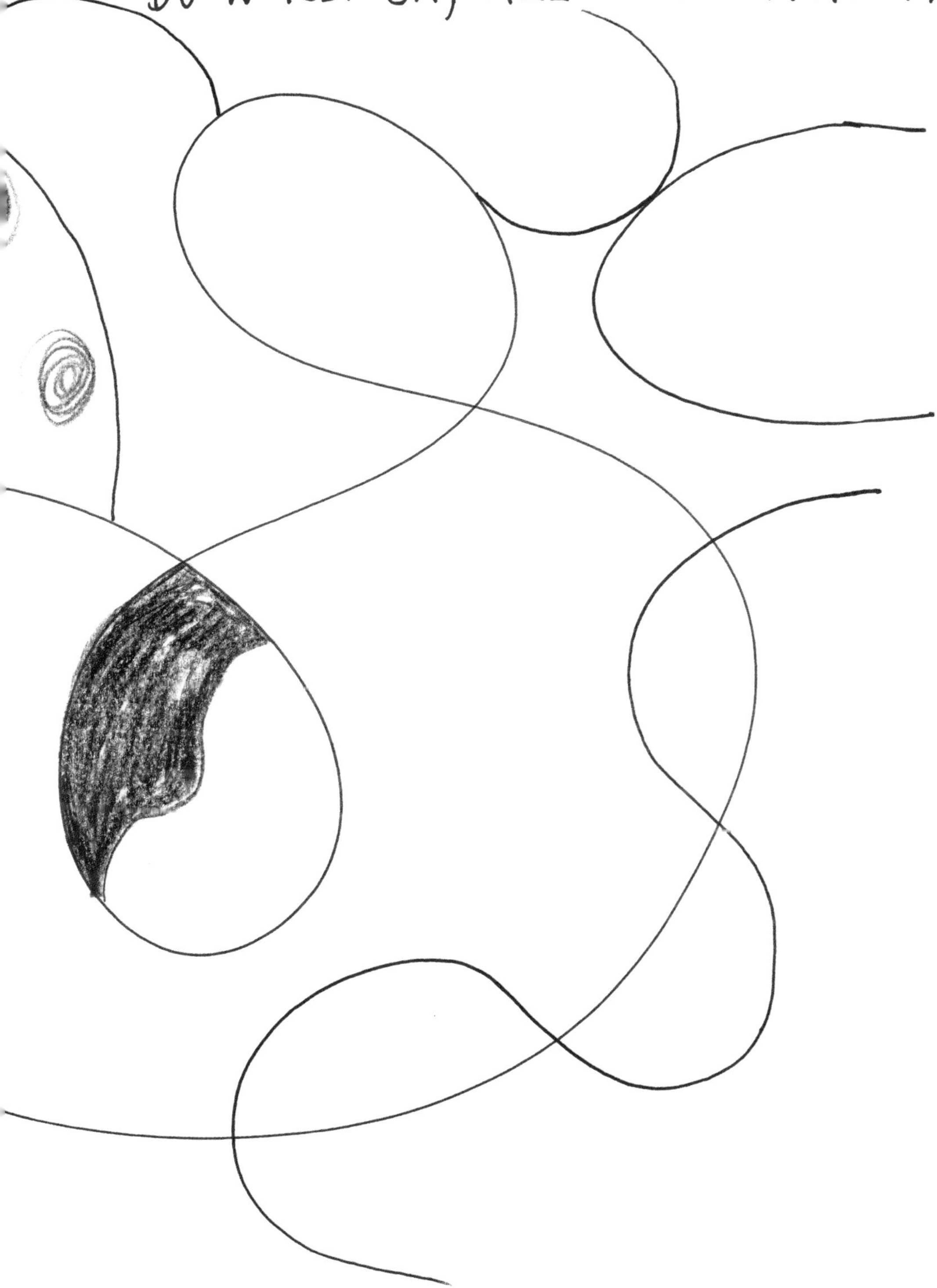

WEITER GEHT'S! DIESE KATZEN WARTEN SCHON AUF IHRE FELLKLEIDER

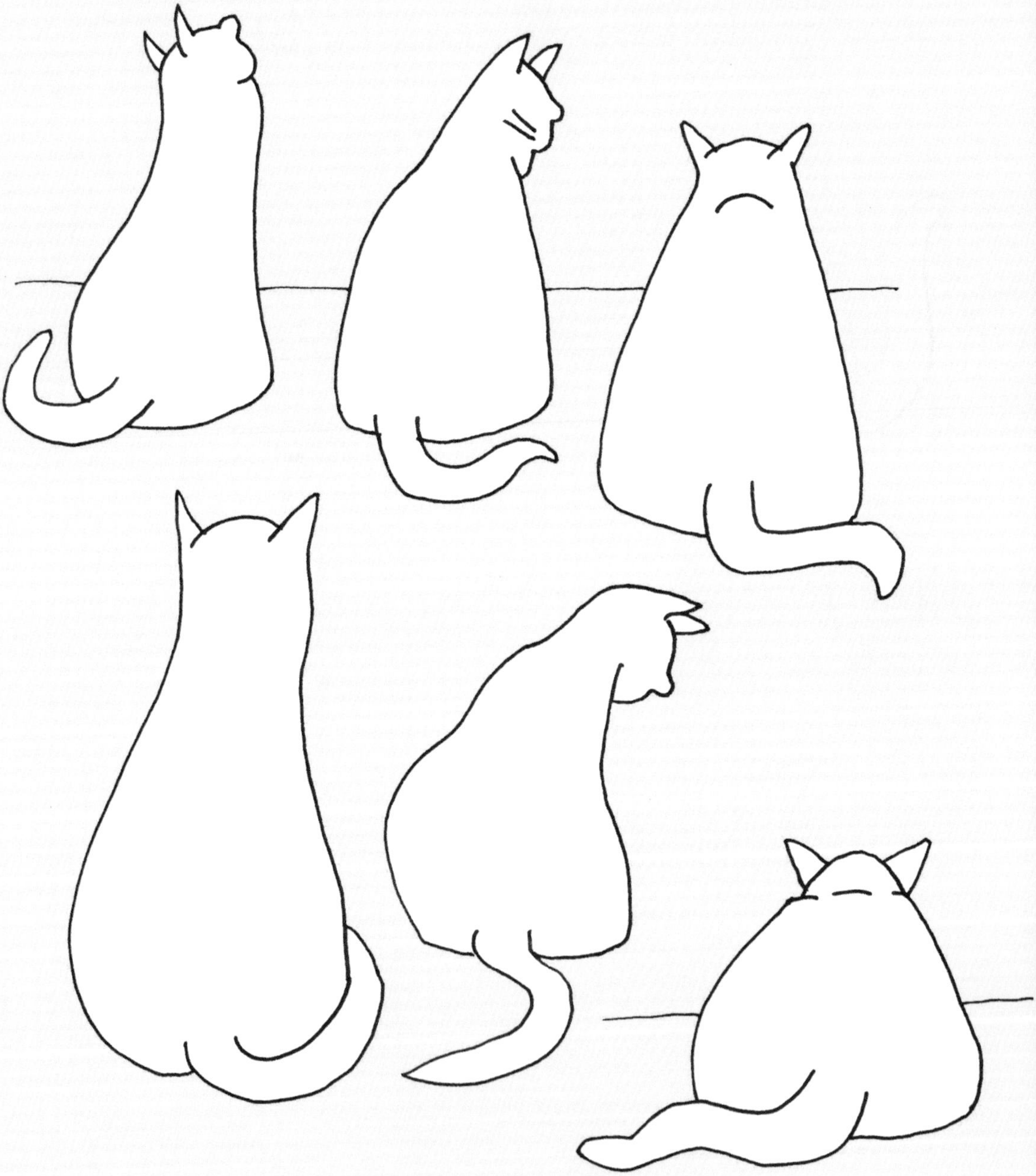

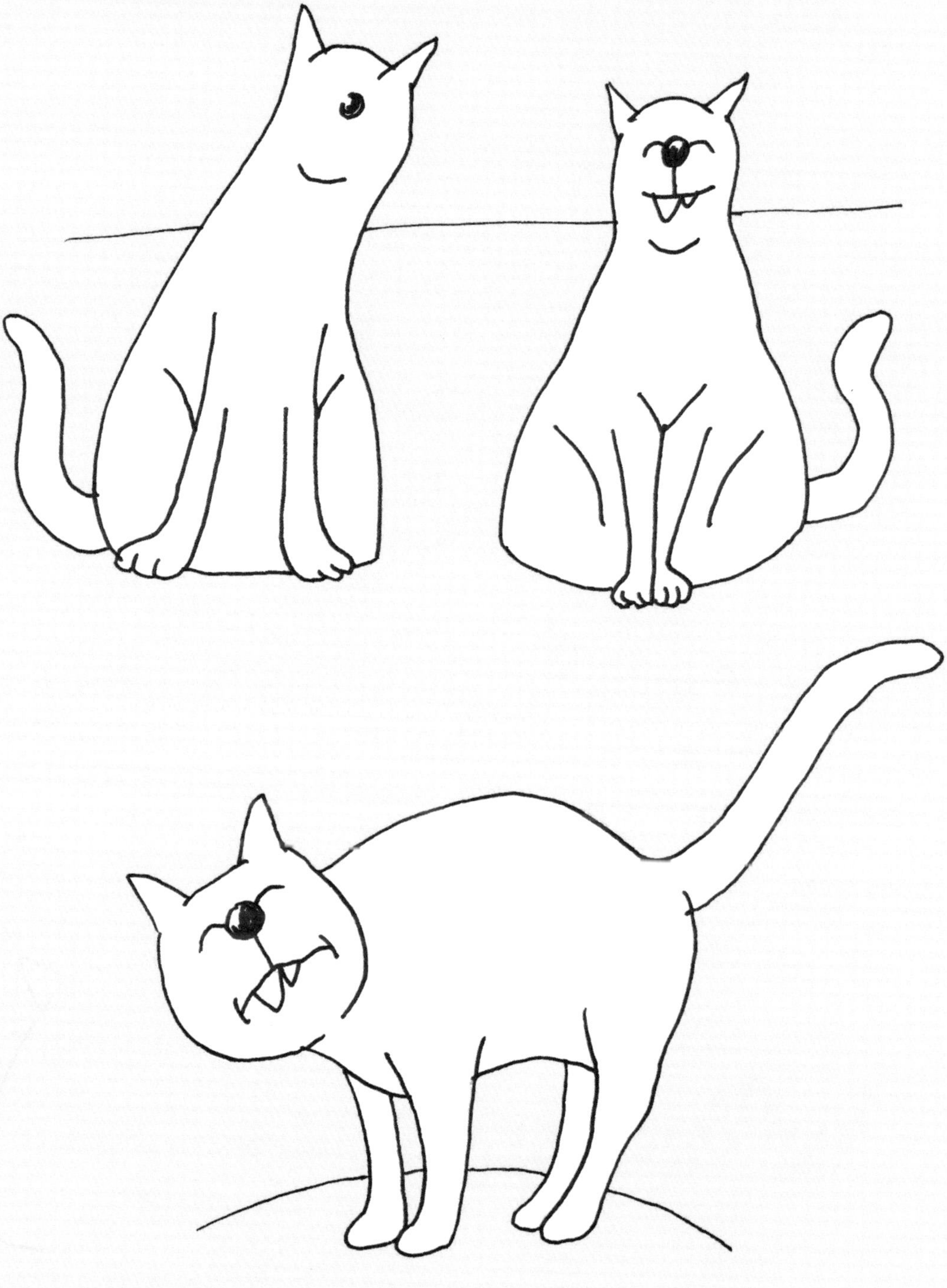

SCHWÄNZCHEN-PARADE

EINES SCHÖNER ALS DAS ANDERE

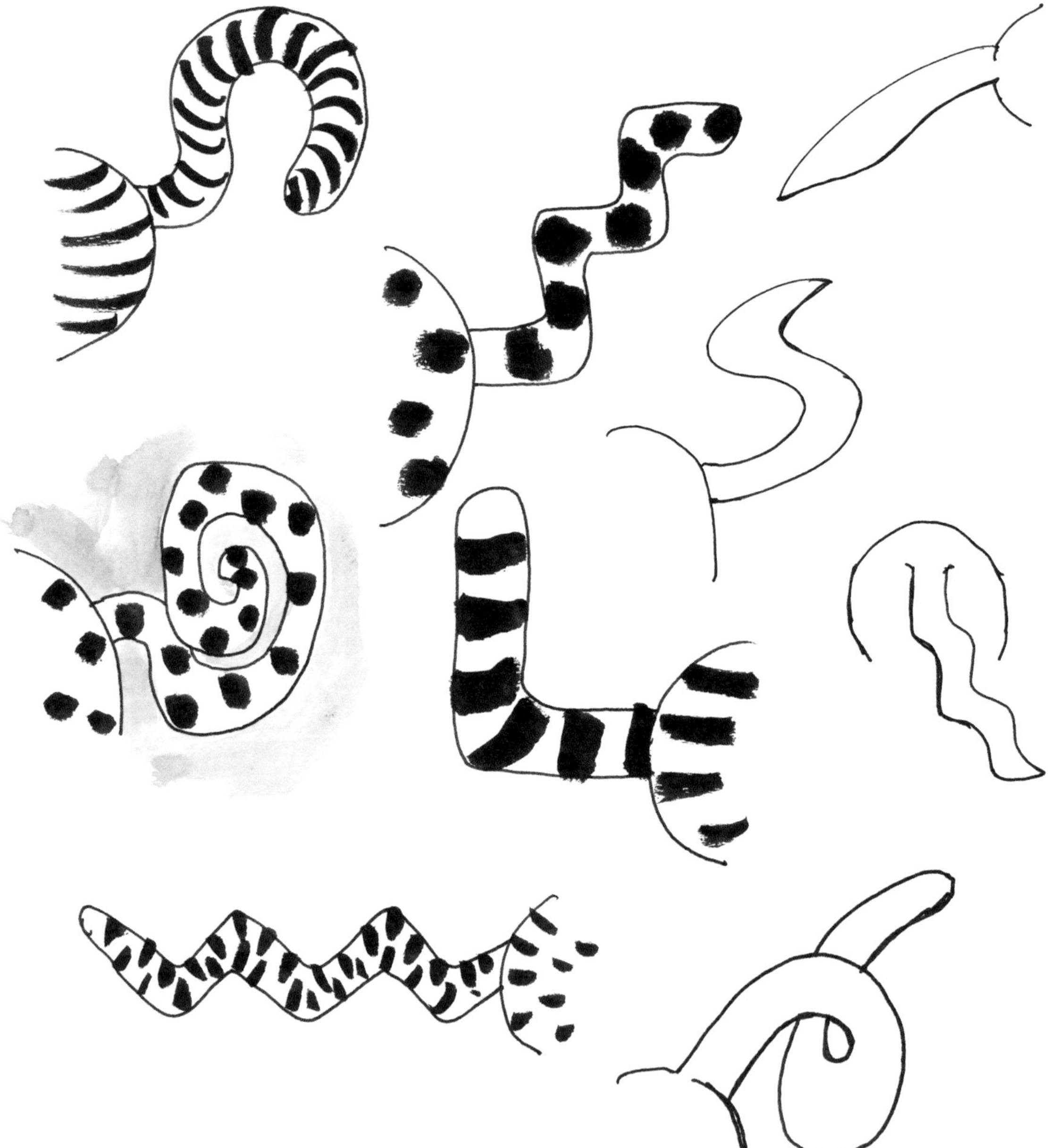

EINIGE SIND FÜR DICH RESERVIERT!

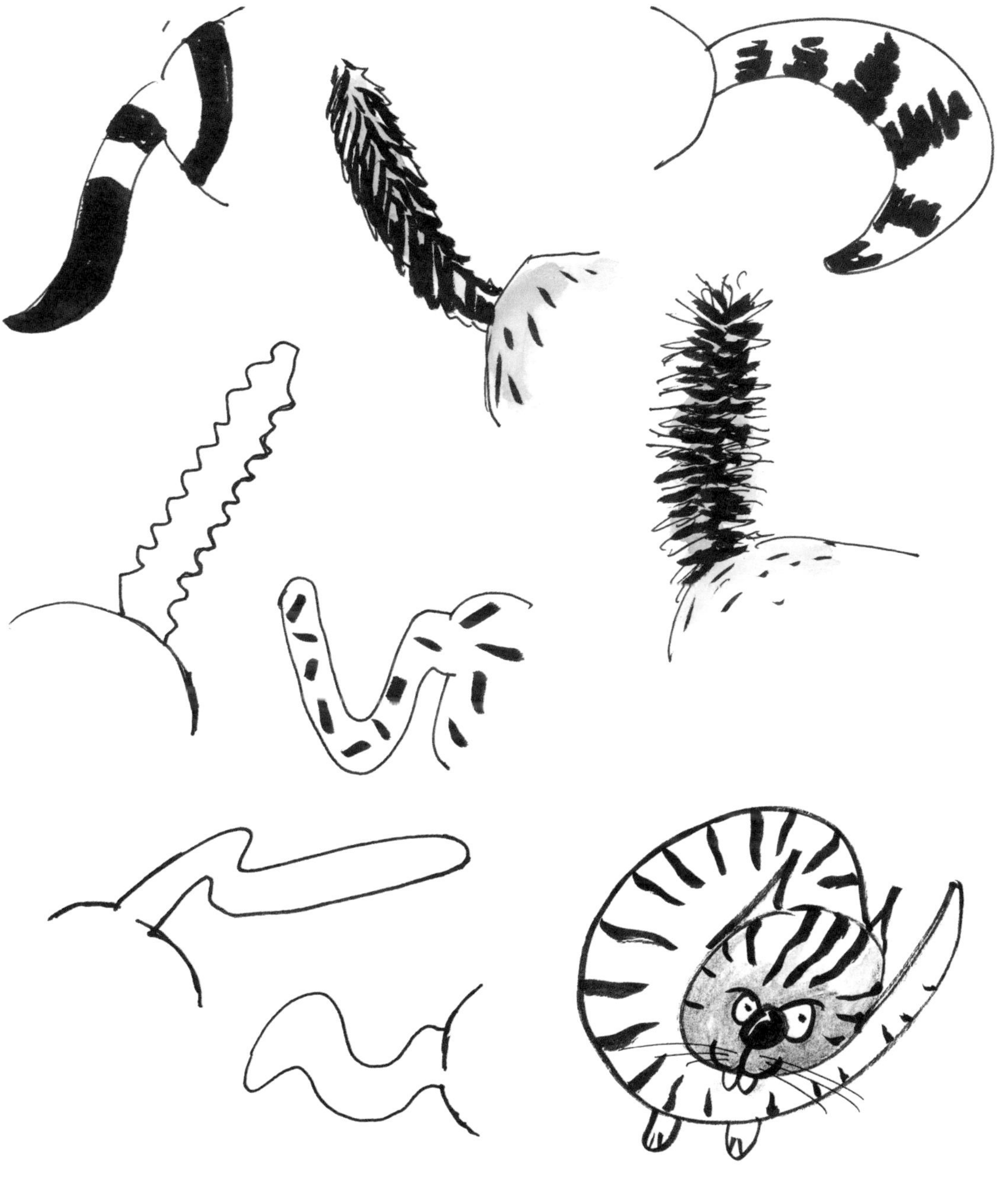

HIER WUSELN SCHON ETLICHE KATZEN HERUM…

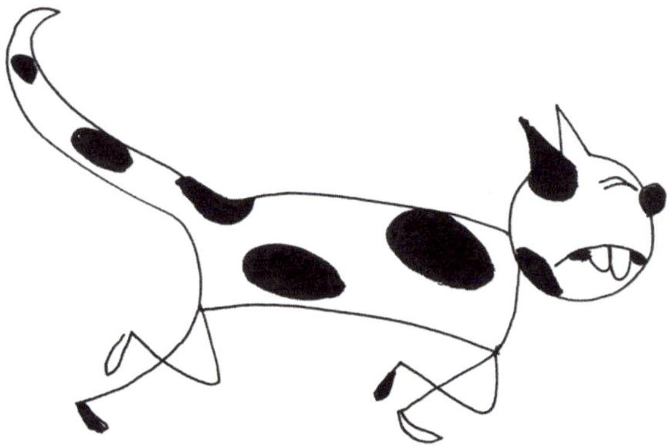

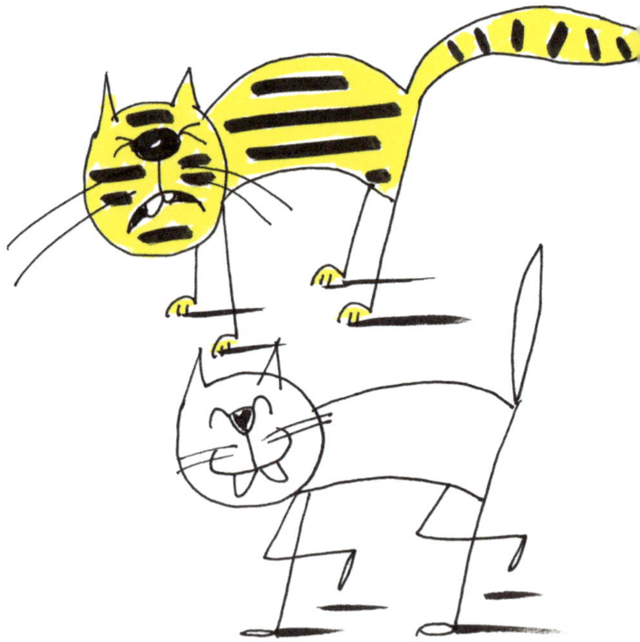

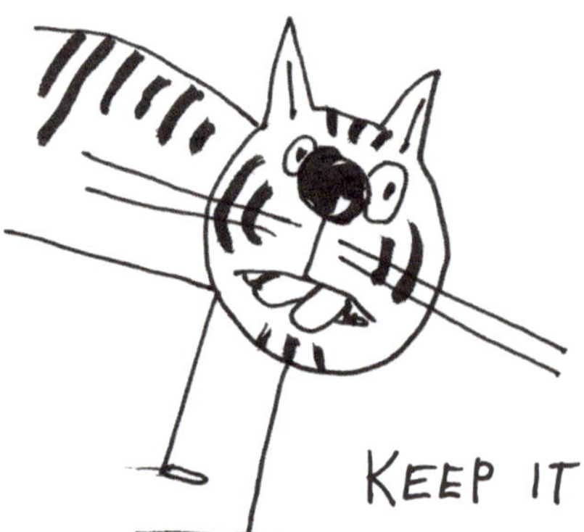

KEEP IT SIMPLE!

ZEICHNE SO VIELE WIE MÖGLICH DAZU!

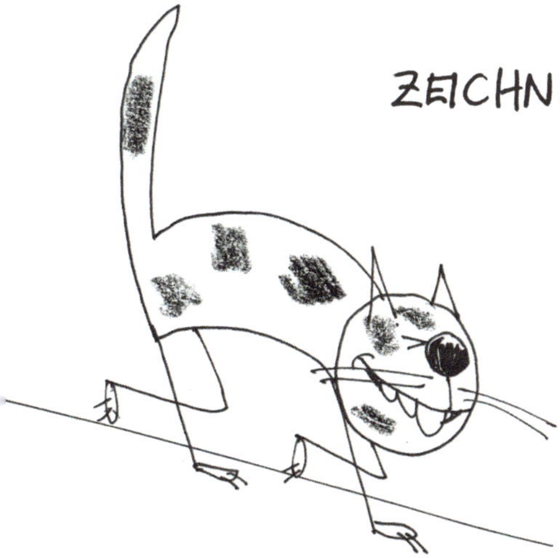

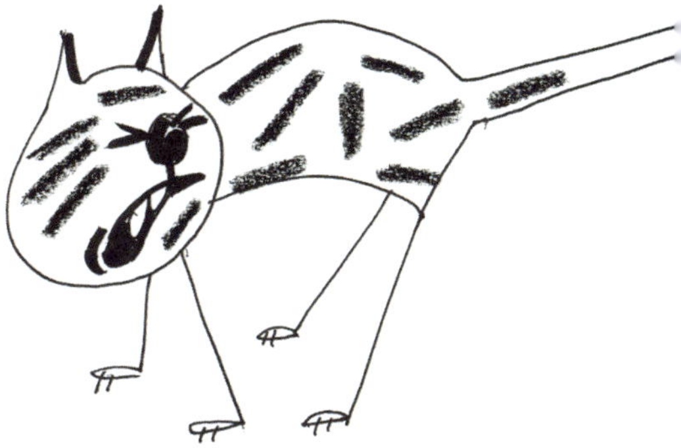

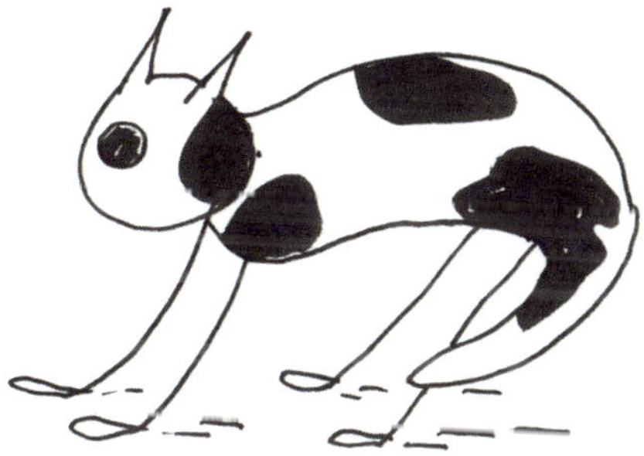

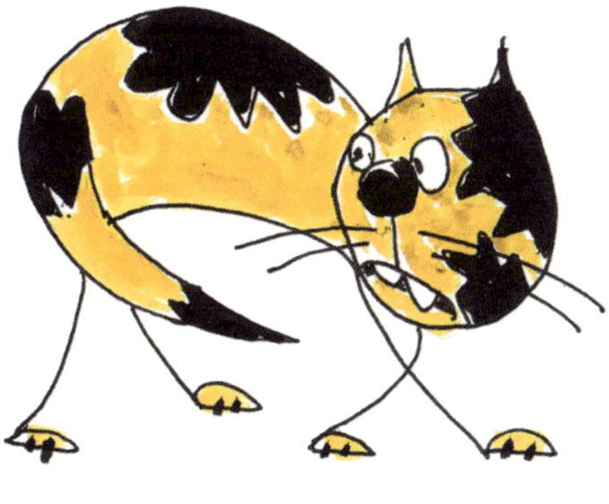

HINTERGRUND UND SCHATTEN
MACHEN DEINE KATZE LEBENDIG

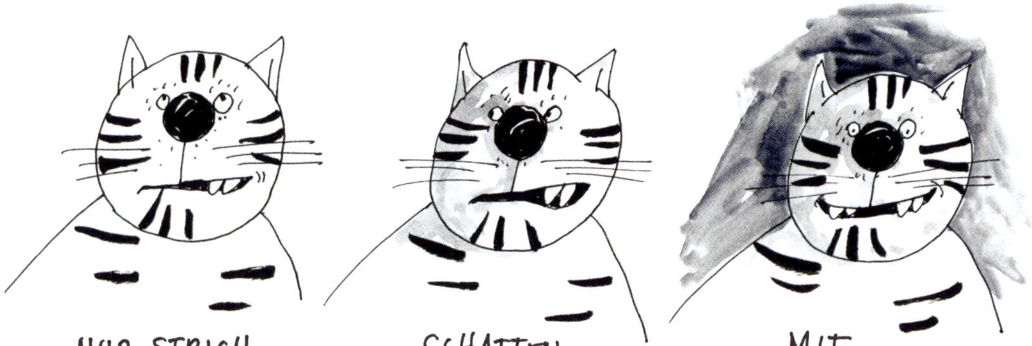

NUR STRICH-
ZEICHNUNG

SCHATTEN
INNEN

MIT
HINTERGRUND

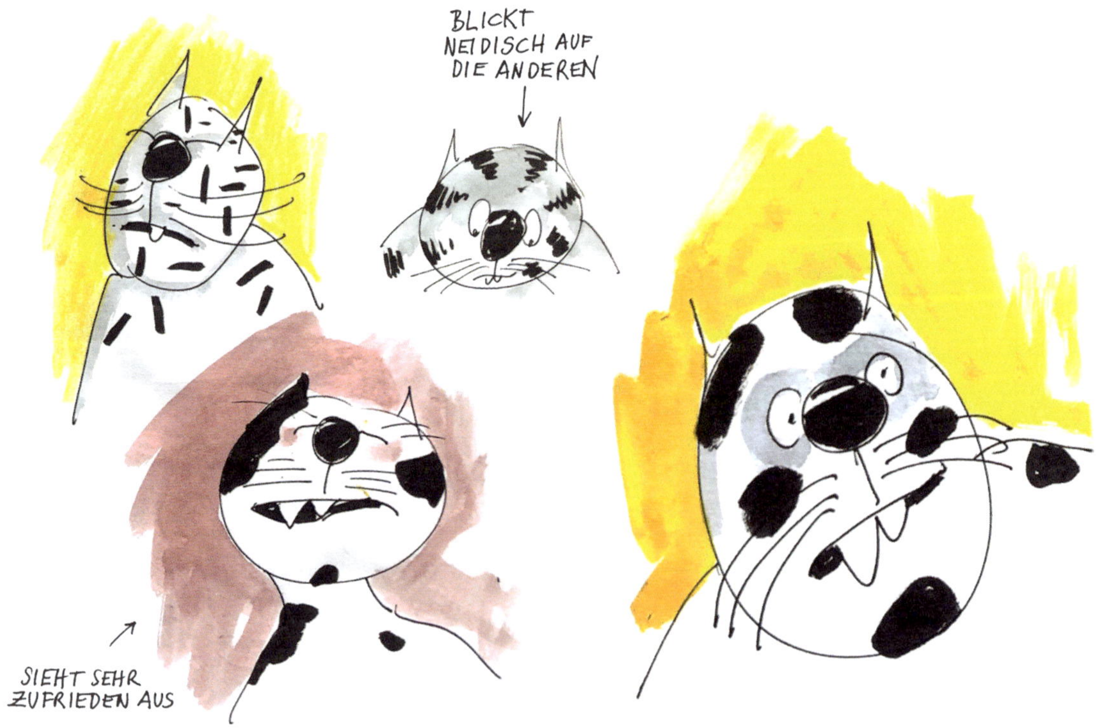

ZEICHNE KATZENKÖPFE UND PROBIERE BEIDES AUS!

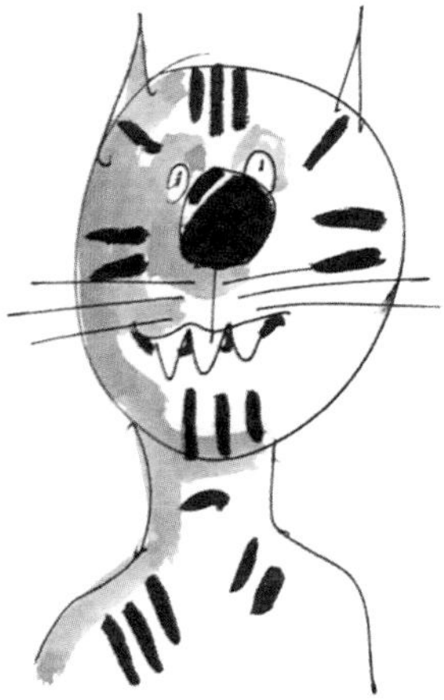

WAS HINTER DEM MIAU STECKEN KÖNNTE

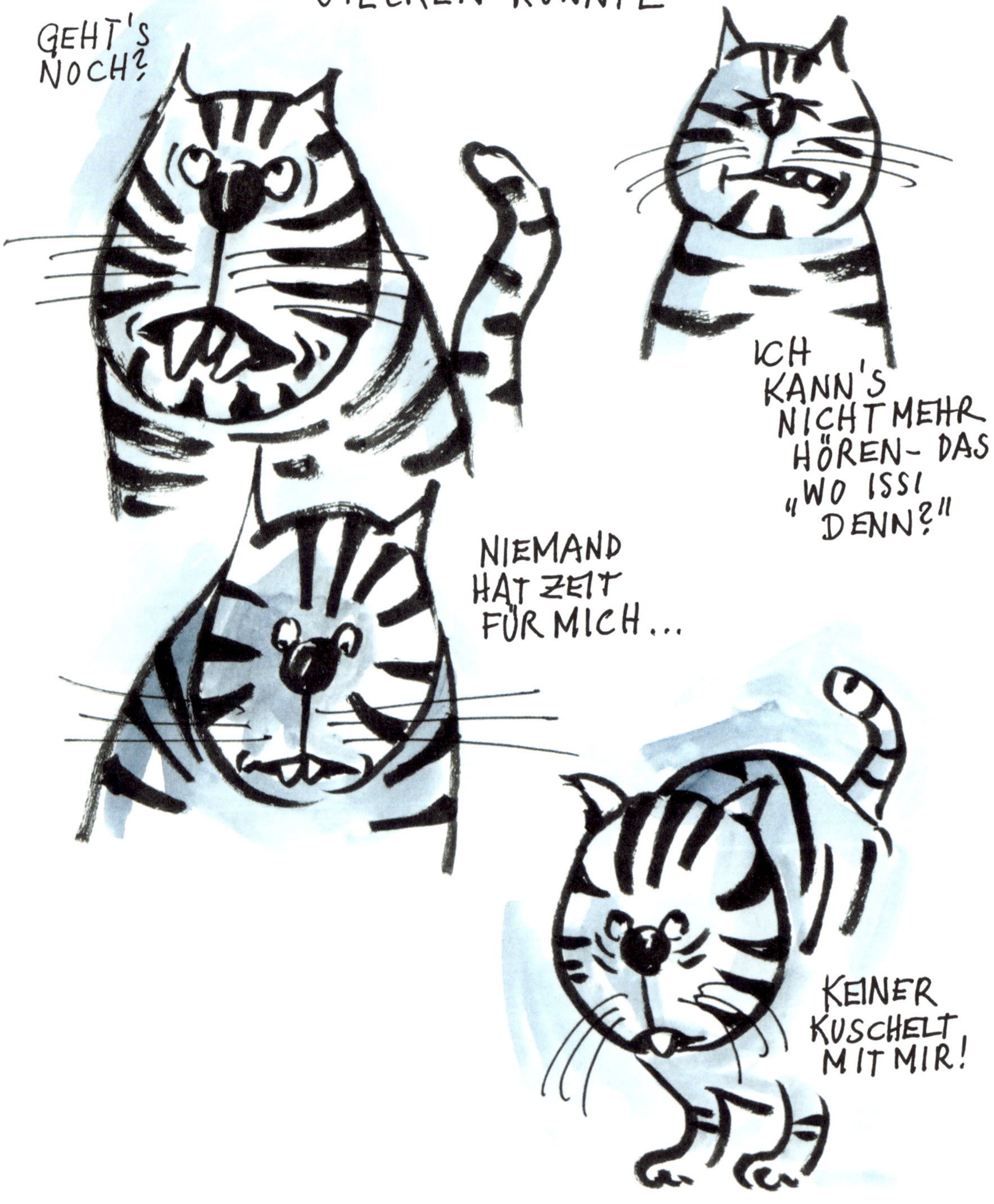

WAS SAGT DIR DEINE KATZE?

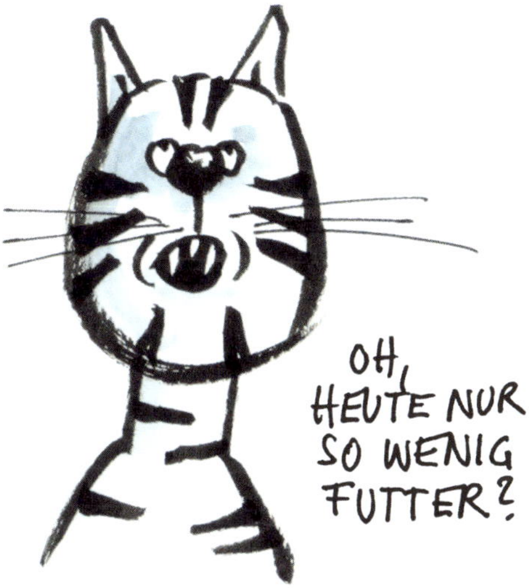

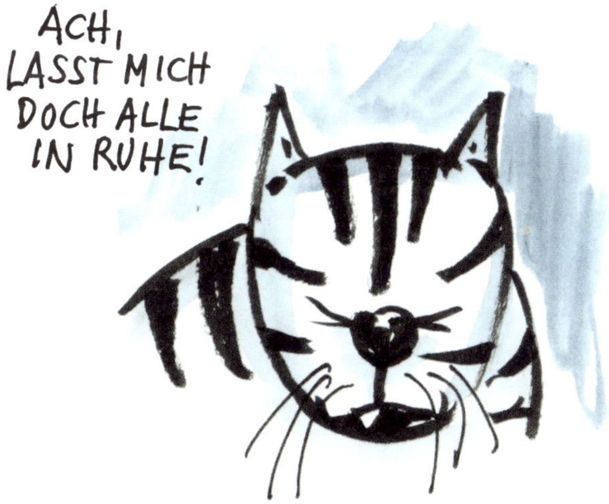

AUCH KATZEN MÜSSEN PUPSEN!

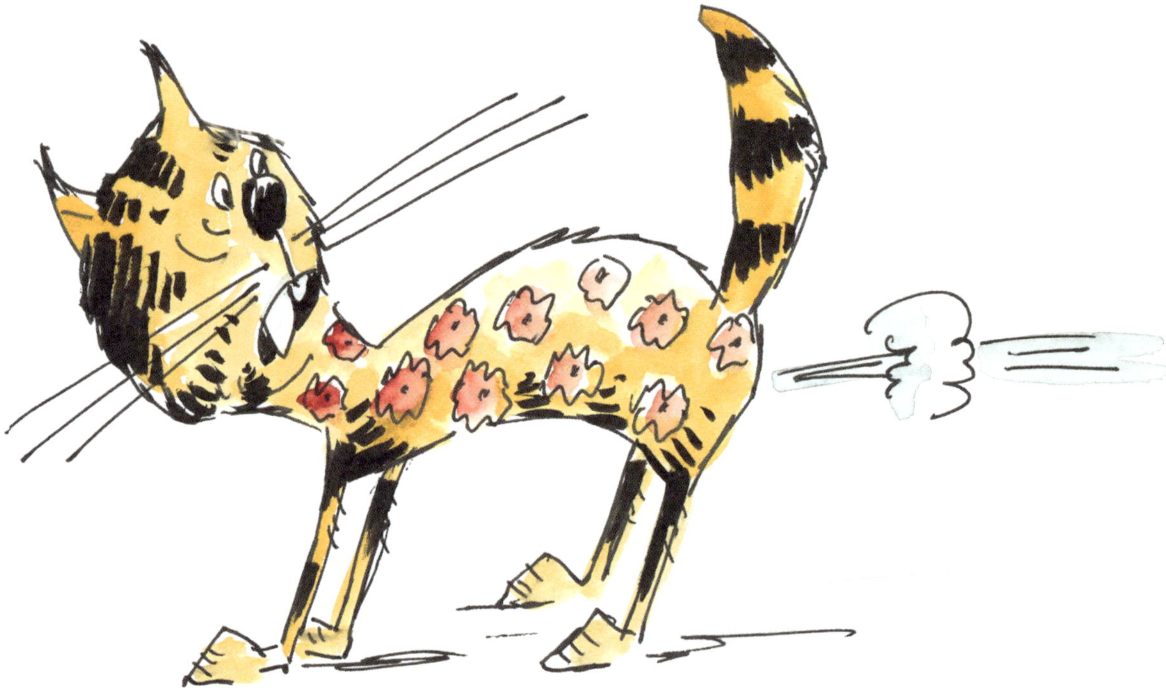

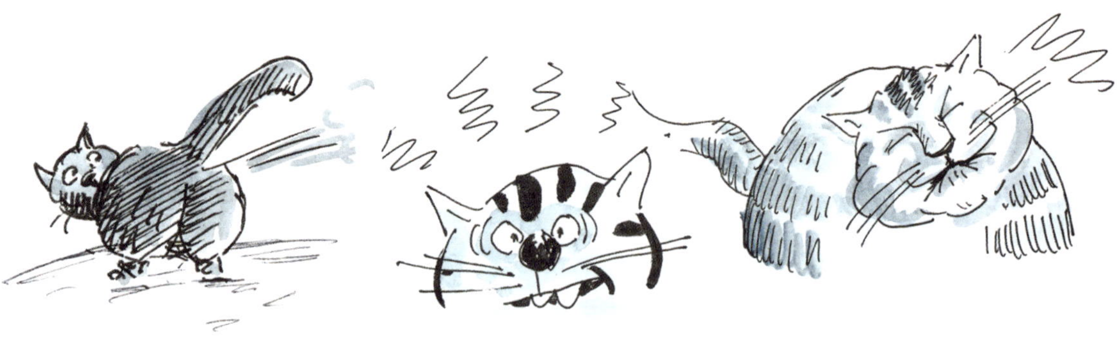

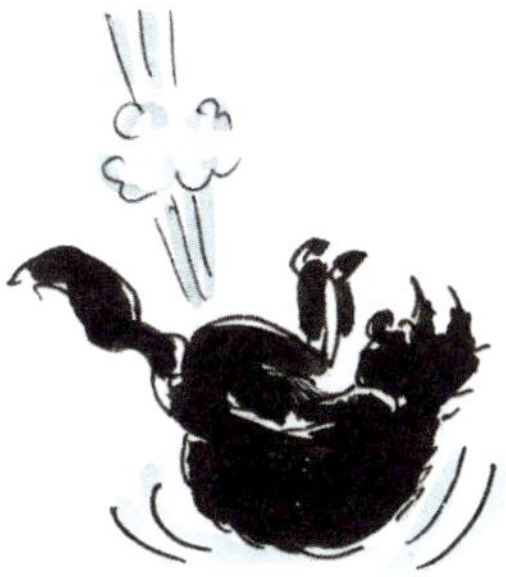

MIT PUPSENDEN KATZEN KANNST DU BEI KINDERN PUNKTEN –

ÜBE SCHON MAL!

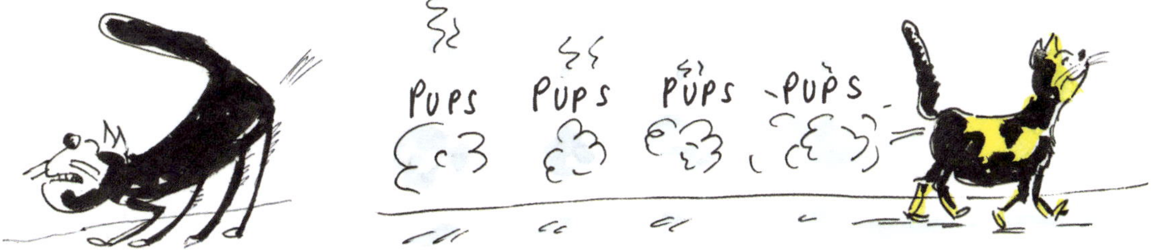

BEREIT FÜR WAS NEUES?

DIE ANDERE NASE

SO

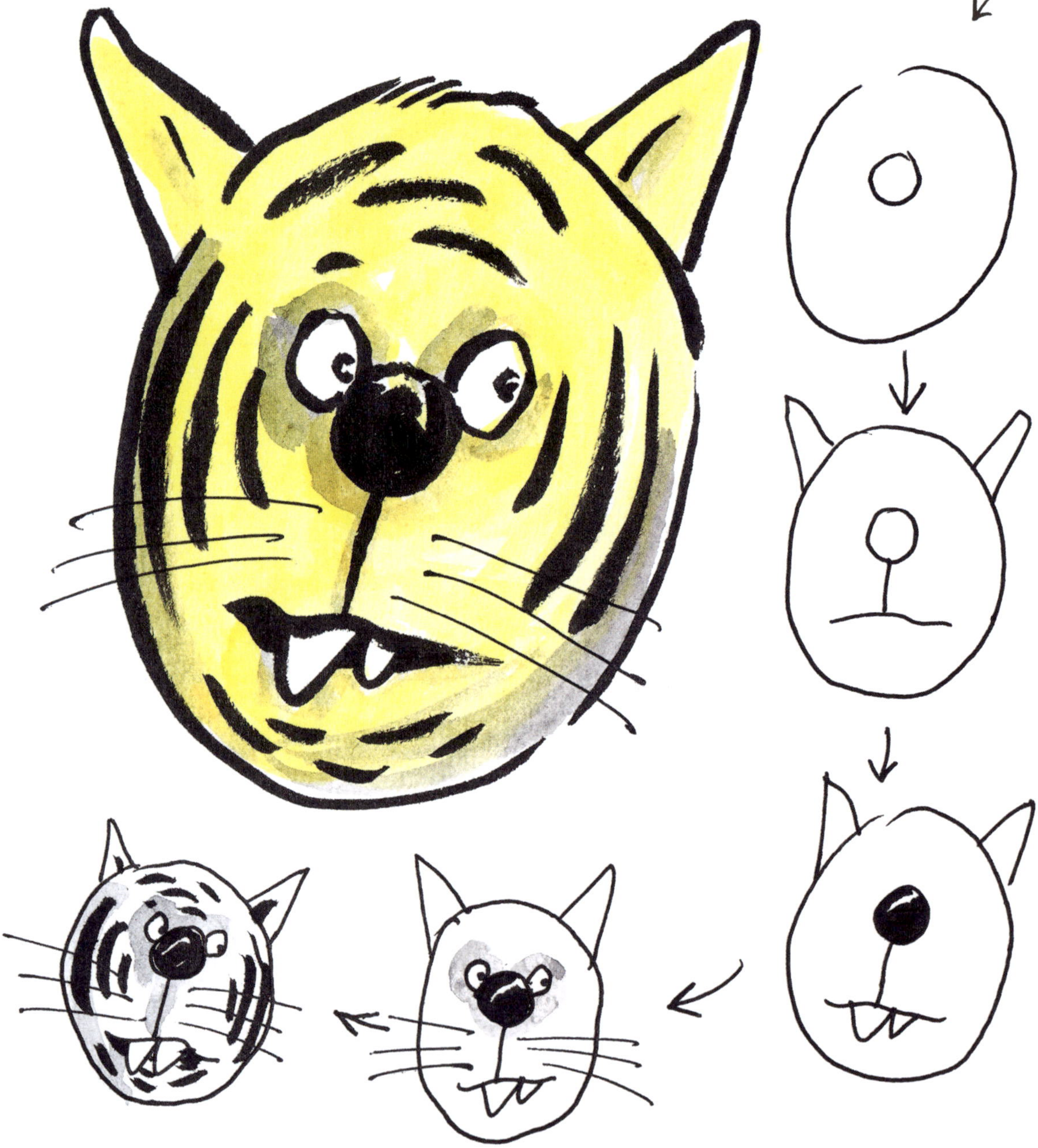

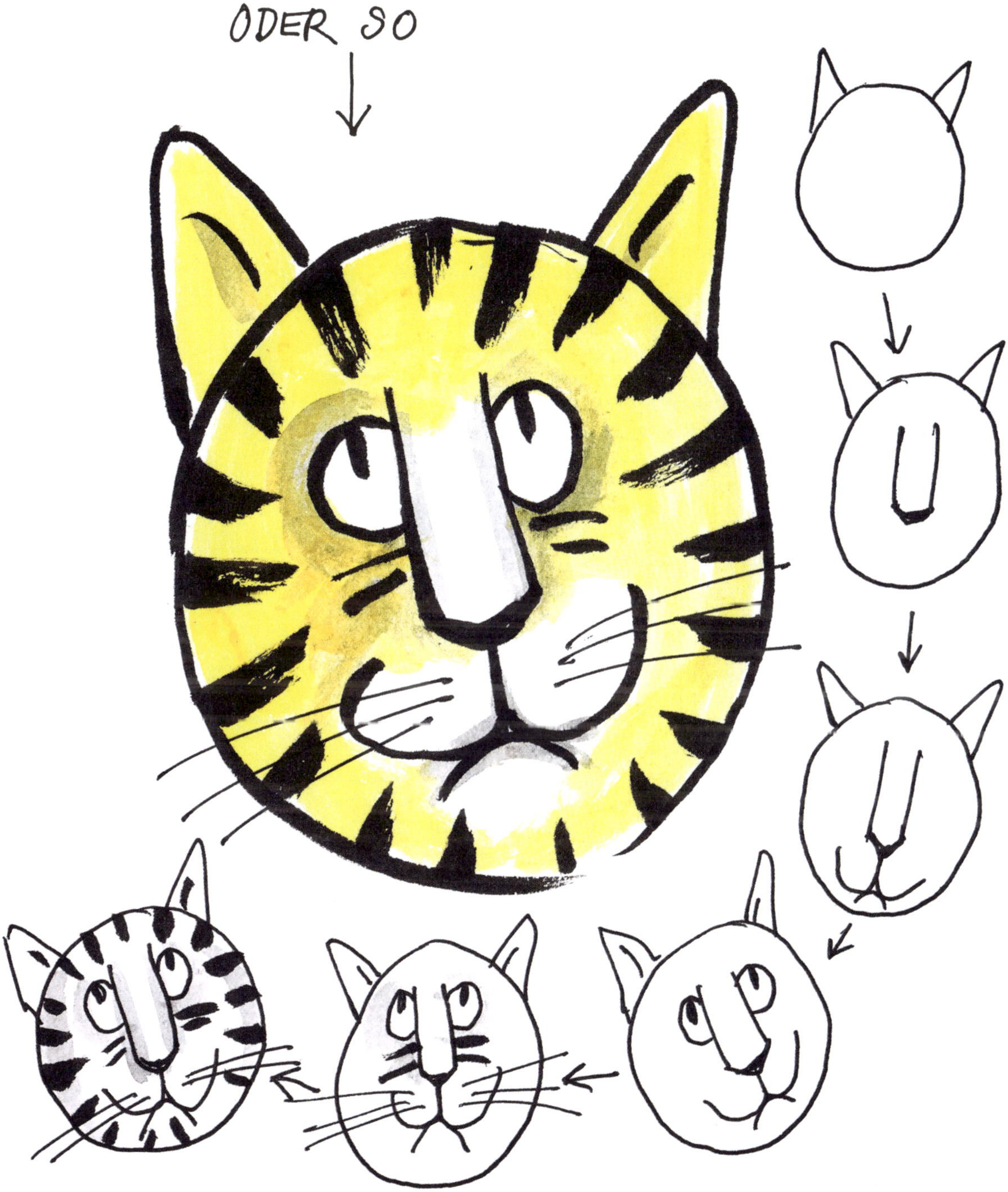
ODER SO

DER GROSSE NASENVERGLEICH

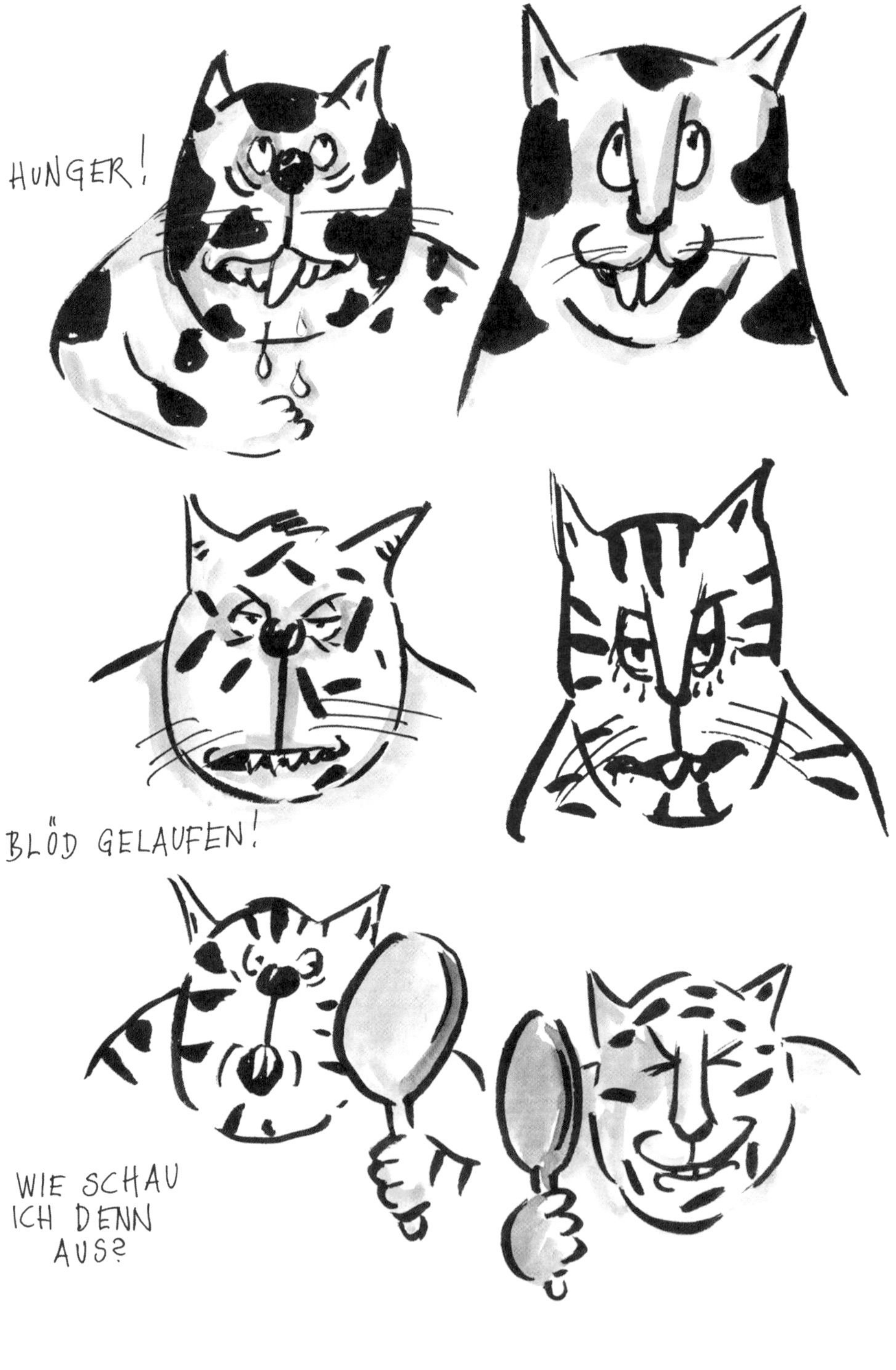

ZEICHNE EINEN PARTNER MIT DER ANDEREN NASE DAZU!

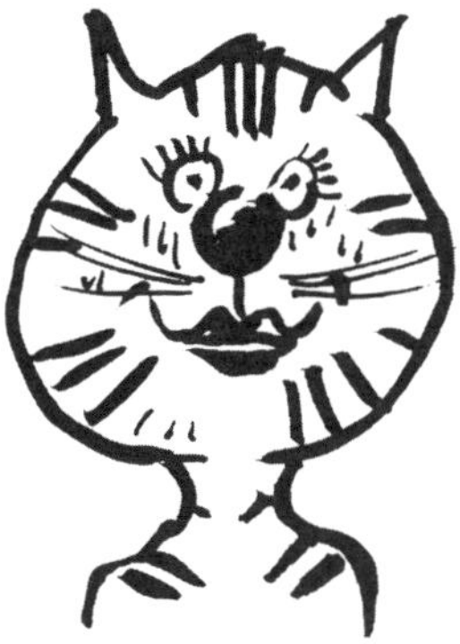

BIN ICH NICHT HÜBSCH?

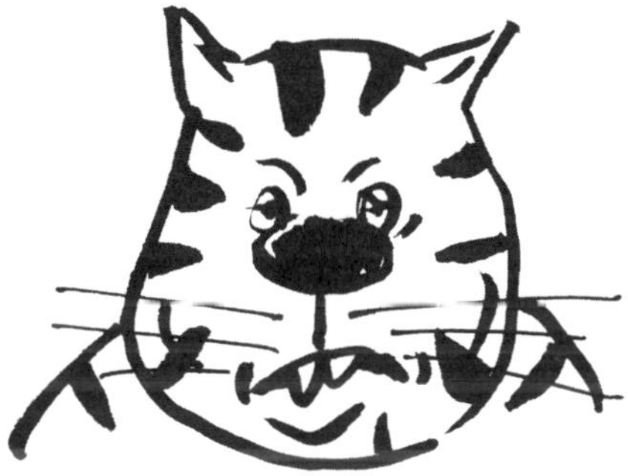

LANGWEILIG!

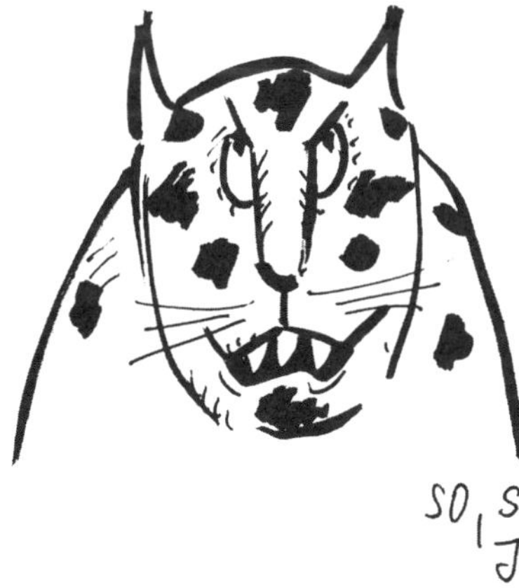

SO, SCHLUSS JETZT!

OUTDOOR-ZEICHENÜBUNG

MIT PINSEL/TUSCHE ODER FILZSTIFT STEINE BEMALEN

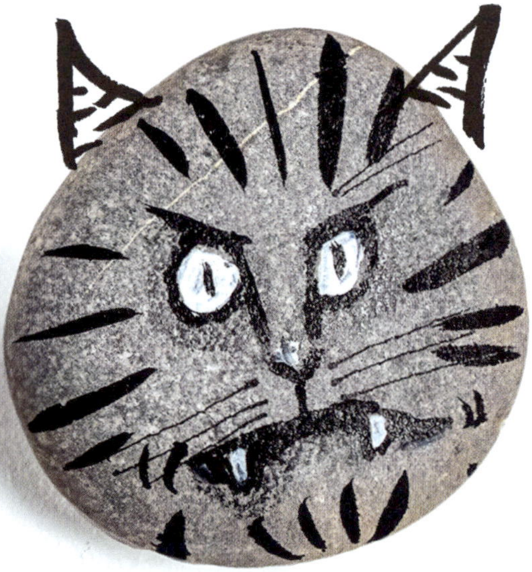

SO ZUM BEISPIEL

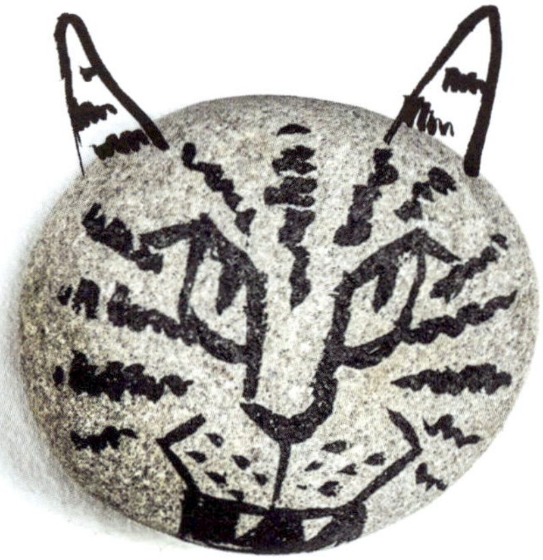

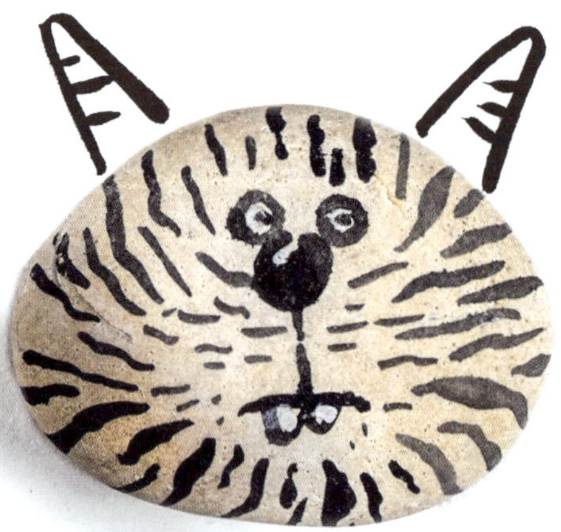

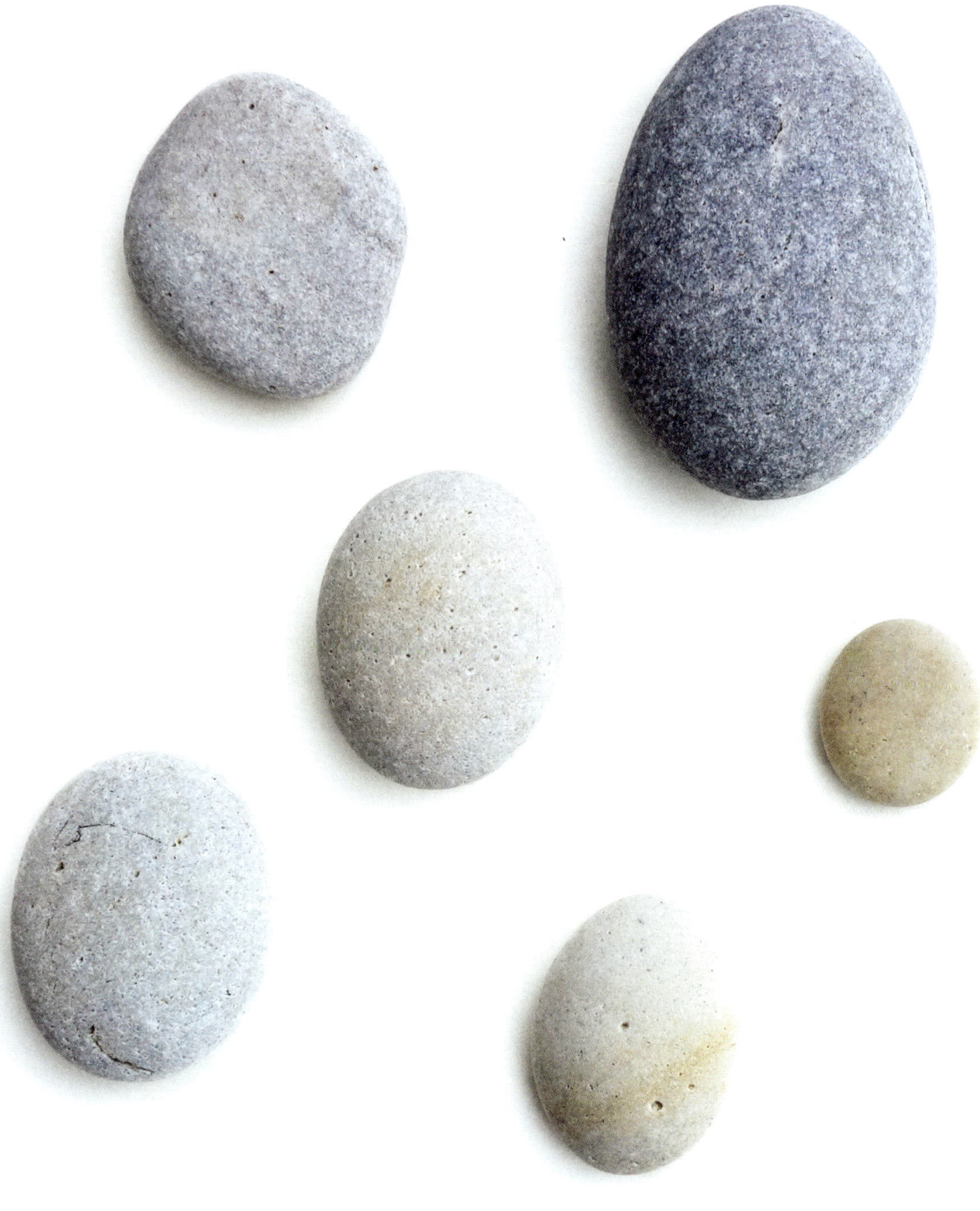

UND JETZT MIT BLEISTIFT –
EINFACH NACHZEICHNEN!

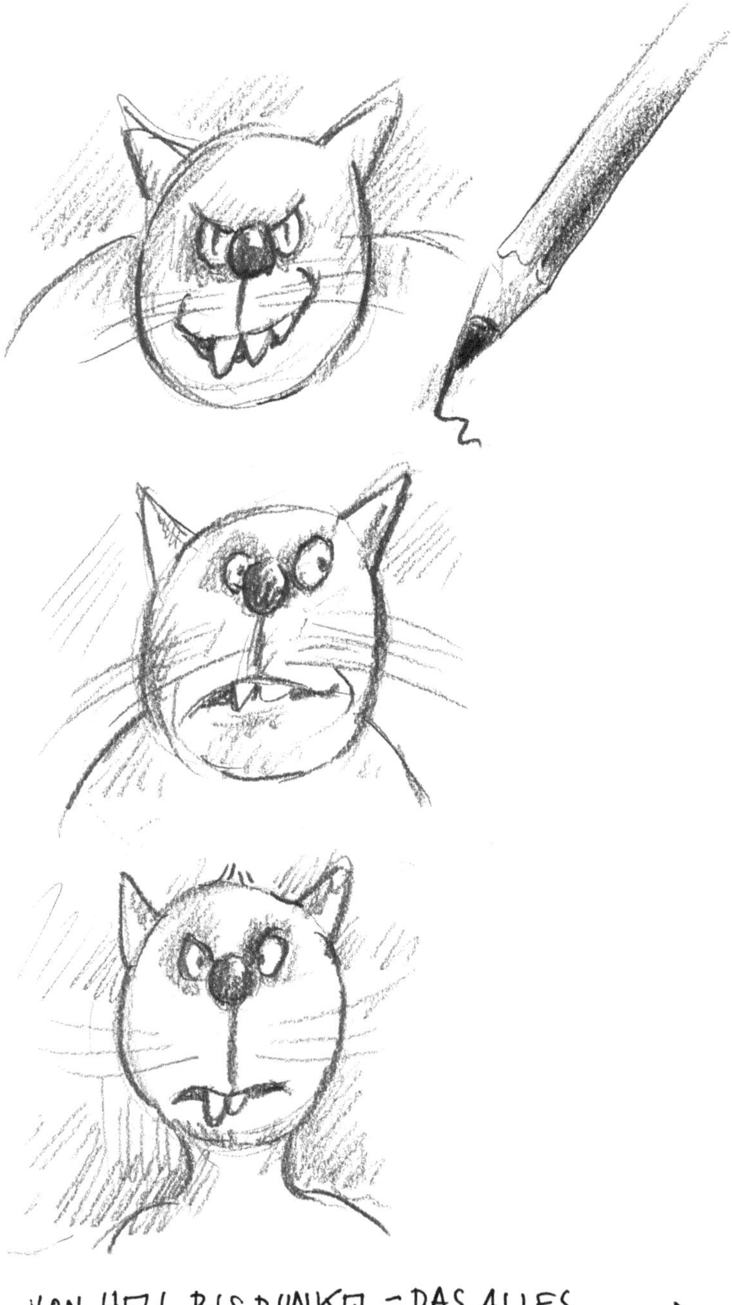

VON HELL BIS DUNKEL – DAS ALLES
KANN DEIN BLEISTIFT →

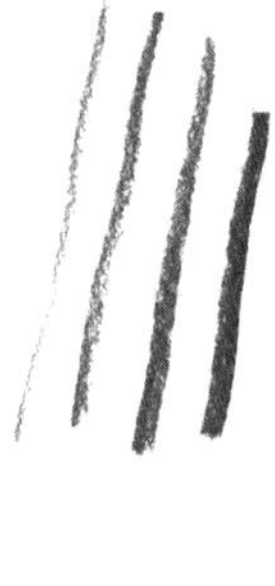

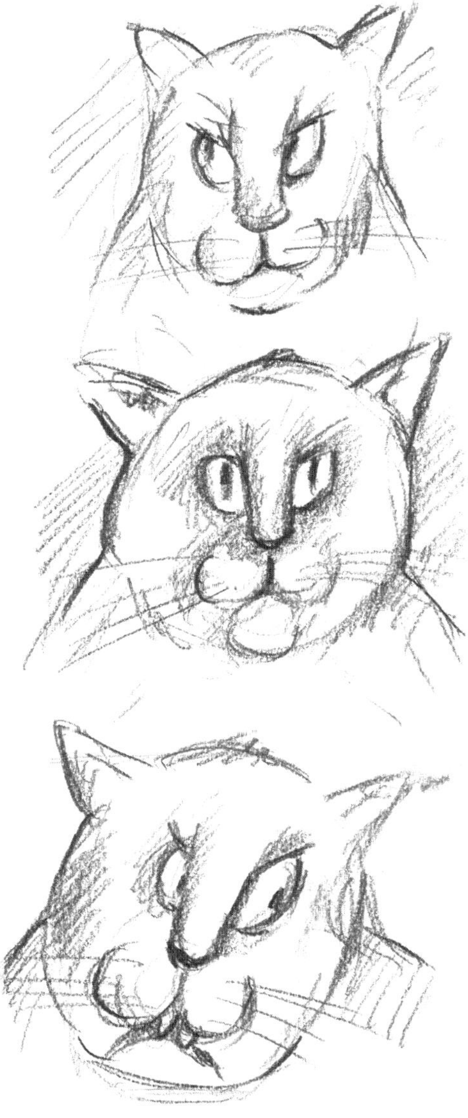

MUT ZUR FARBE:

FELL MIT BUNTSTIFTEN

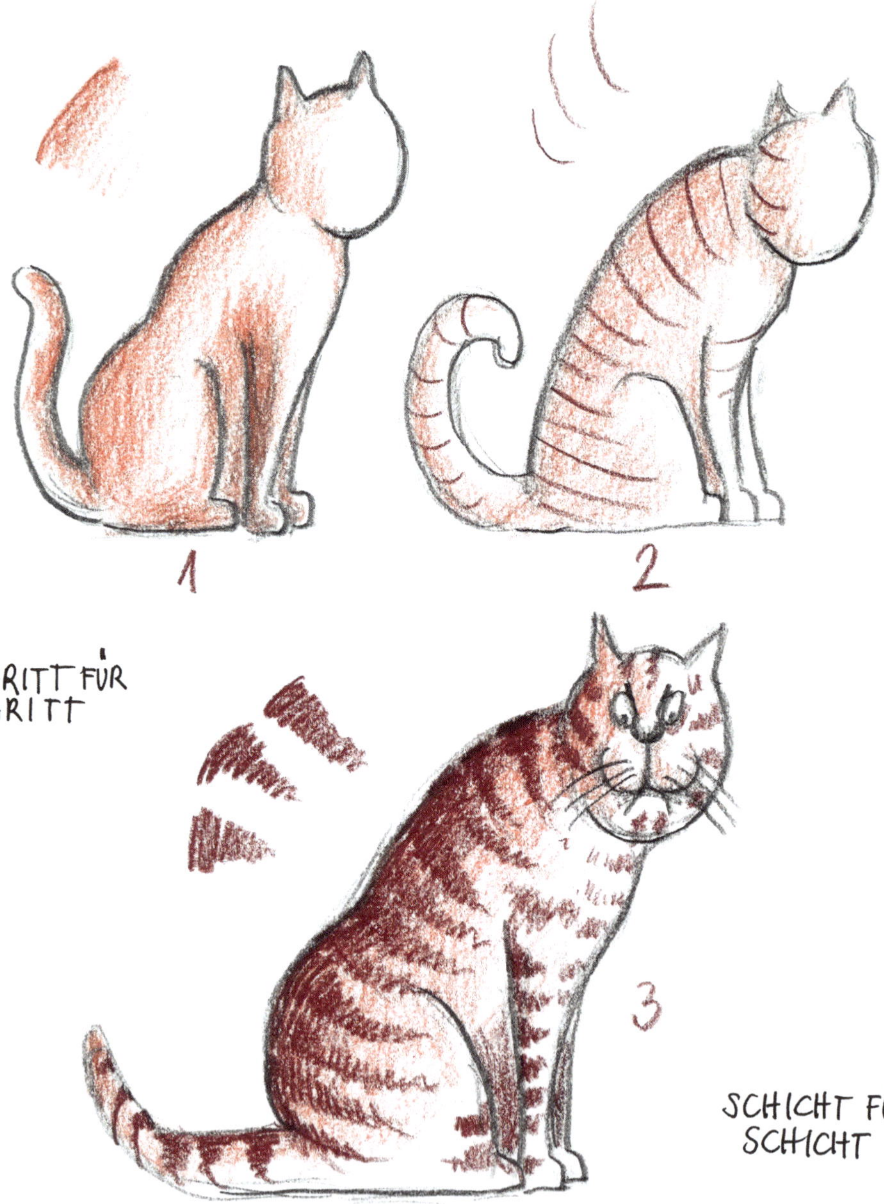

SCHRITT FÜR SCHRITT

SCHICHT FÜR SCHICHT

DIESE KATZE
MÖCHTE AUCH SO
EIN SCHÖNES
FELL HABEN!

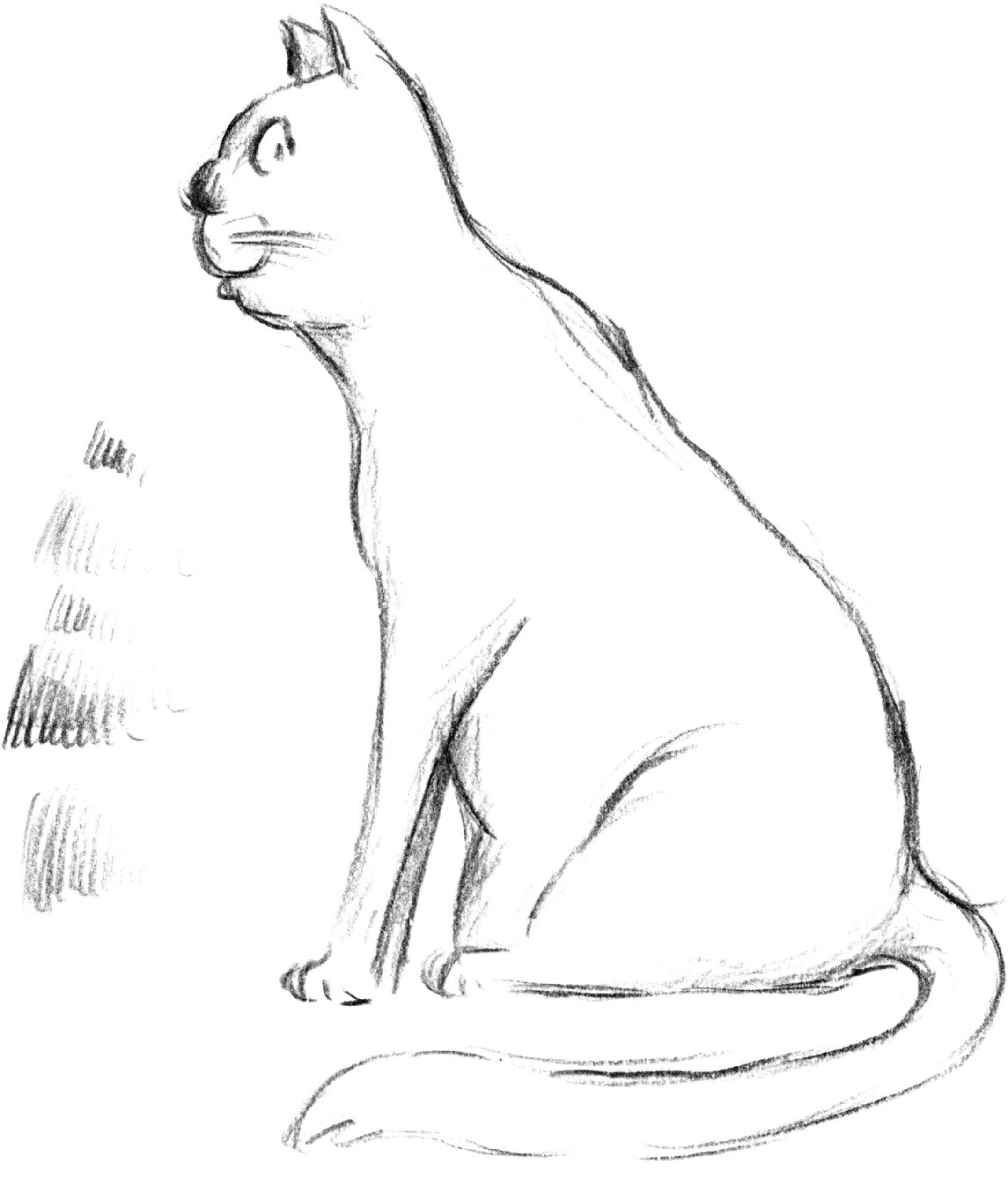

NOCH MEHR FELLKNÄUEL ZUM AUSMALEN!

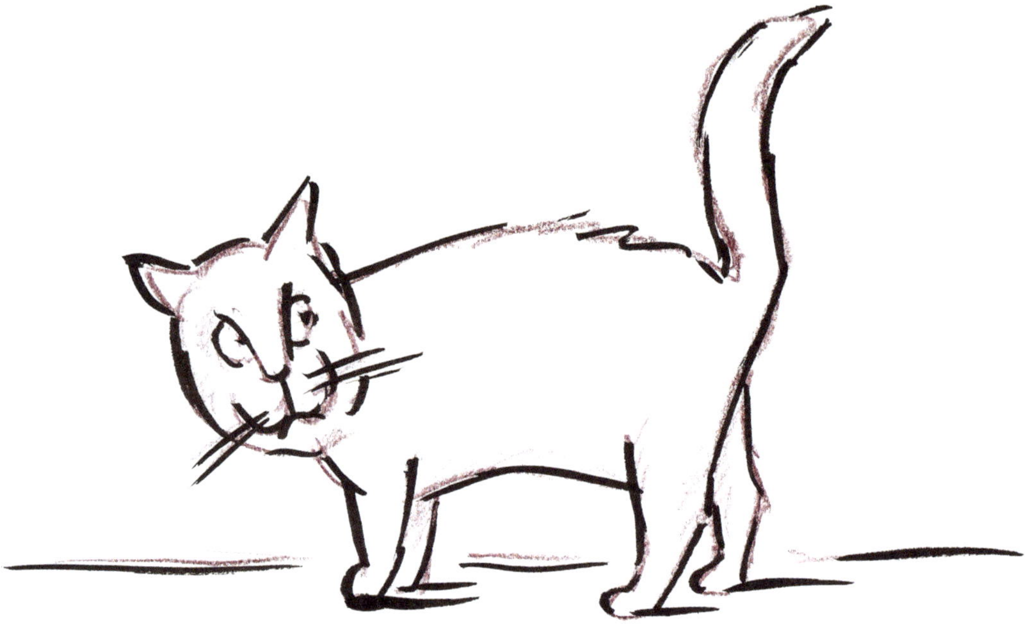

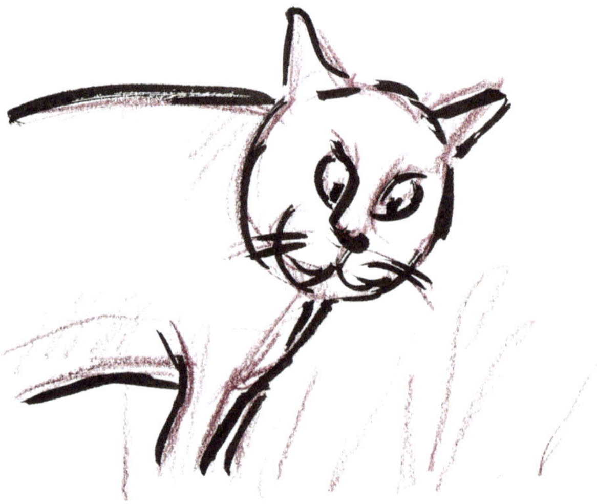

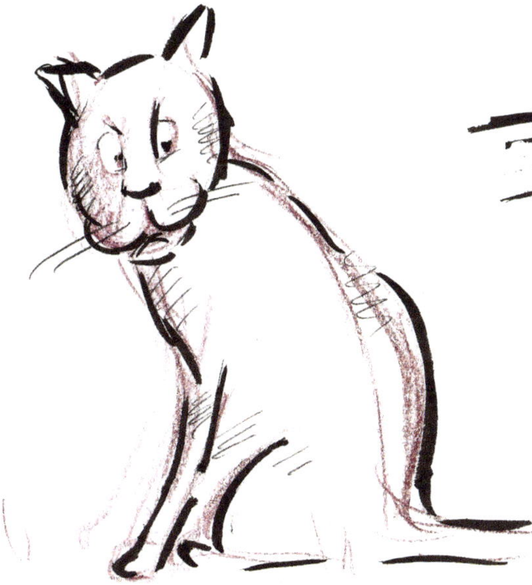
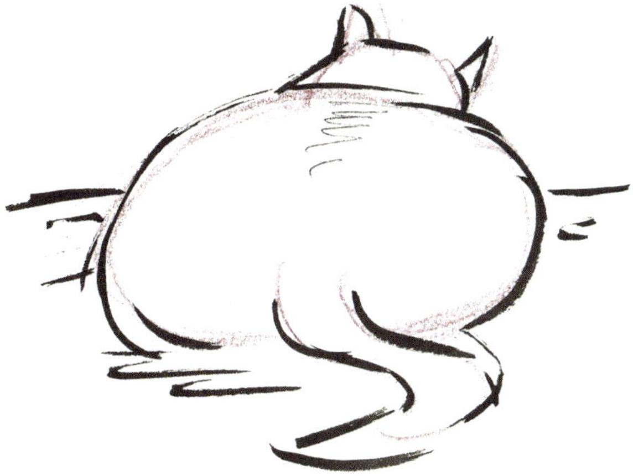
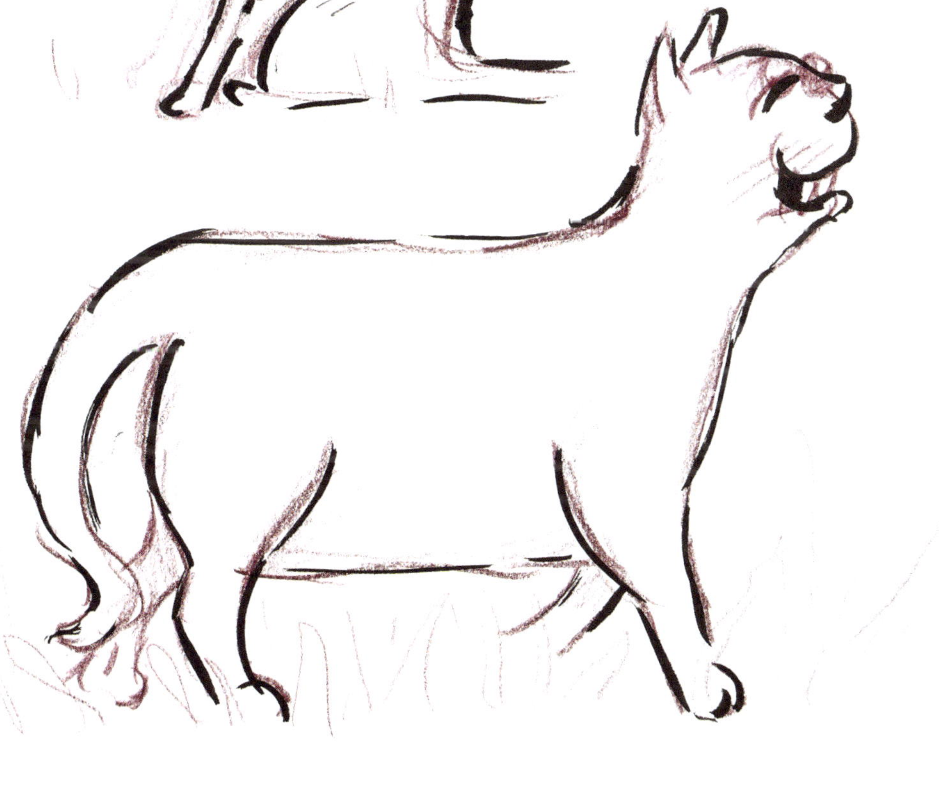

UND NUN:

SETZE VERSCHIEDENE FARBEN
IN MEHREREN SCHICHTEN EIN!

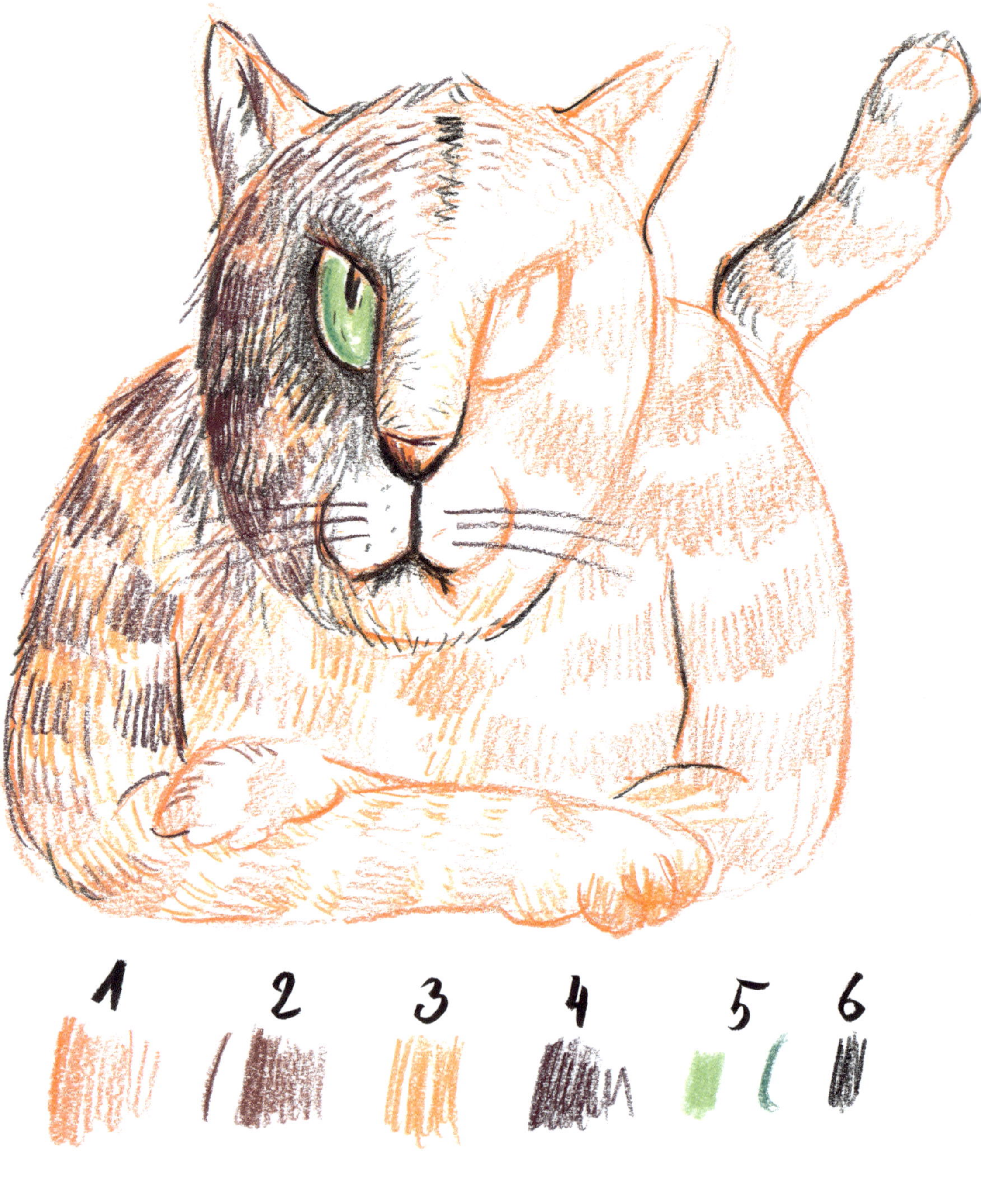

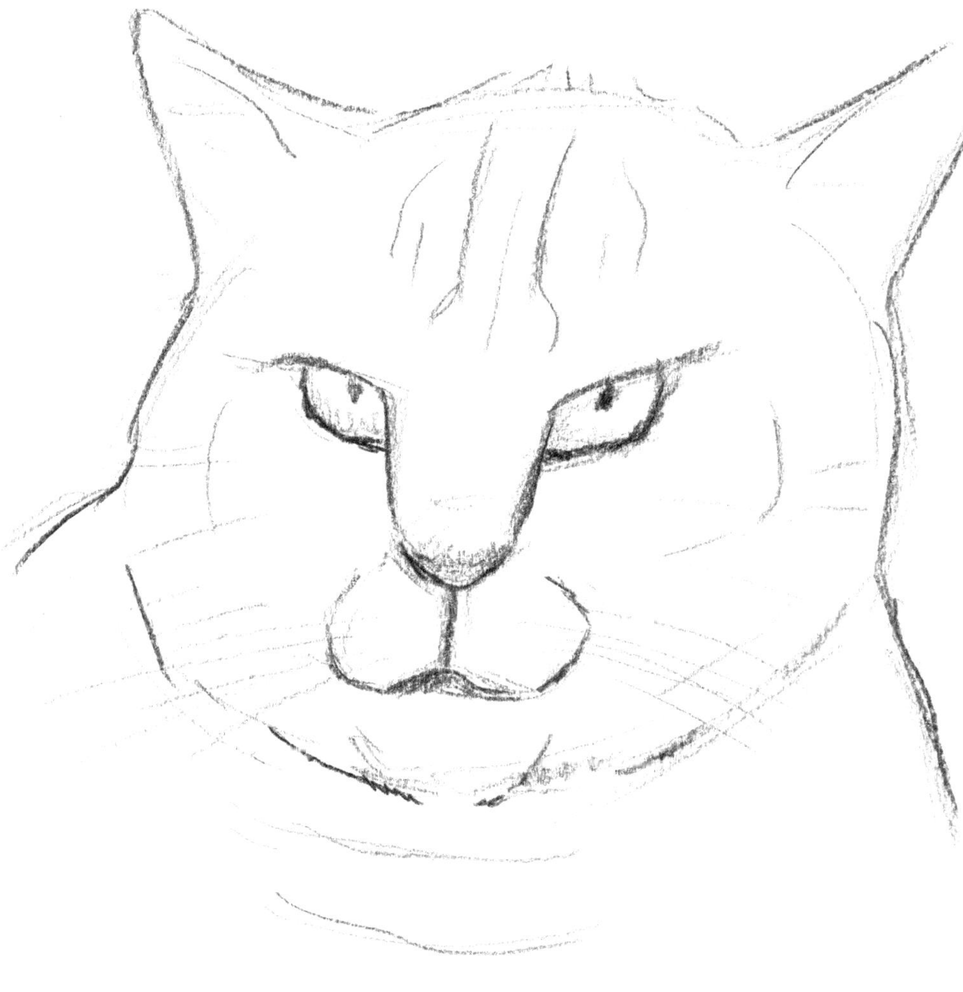

JE MEHR FARBSCHICHTEN DU VERWENDEST, UMSO ECHTER WIRKT DAS FELL. FANGE MIT DEN HELLEREN TÖNEN AN.

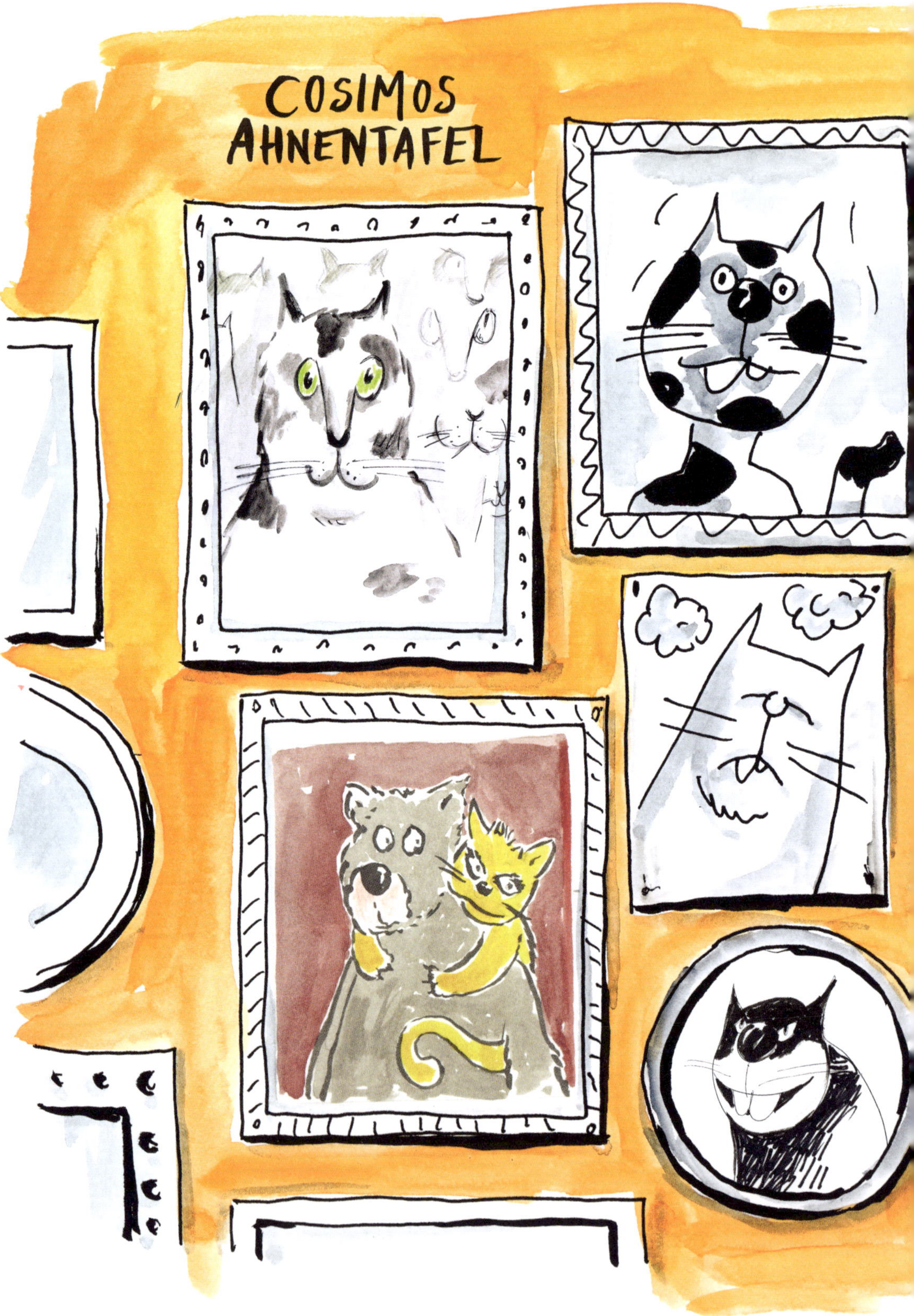
COSIMOS
AHNENTAFEL

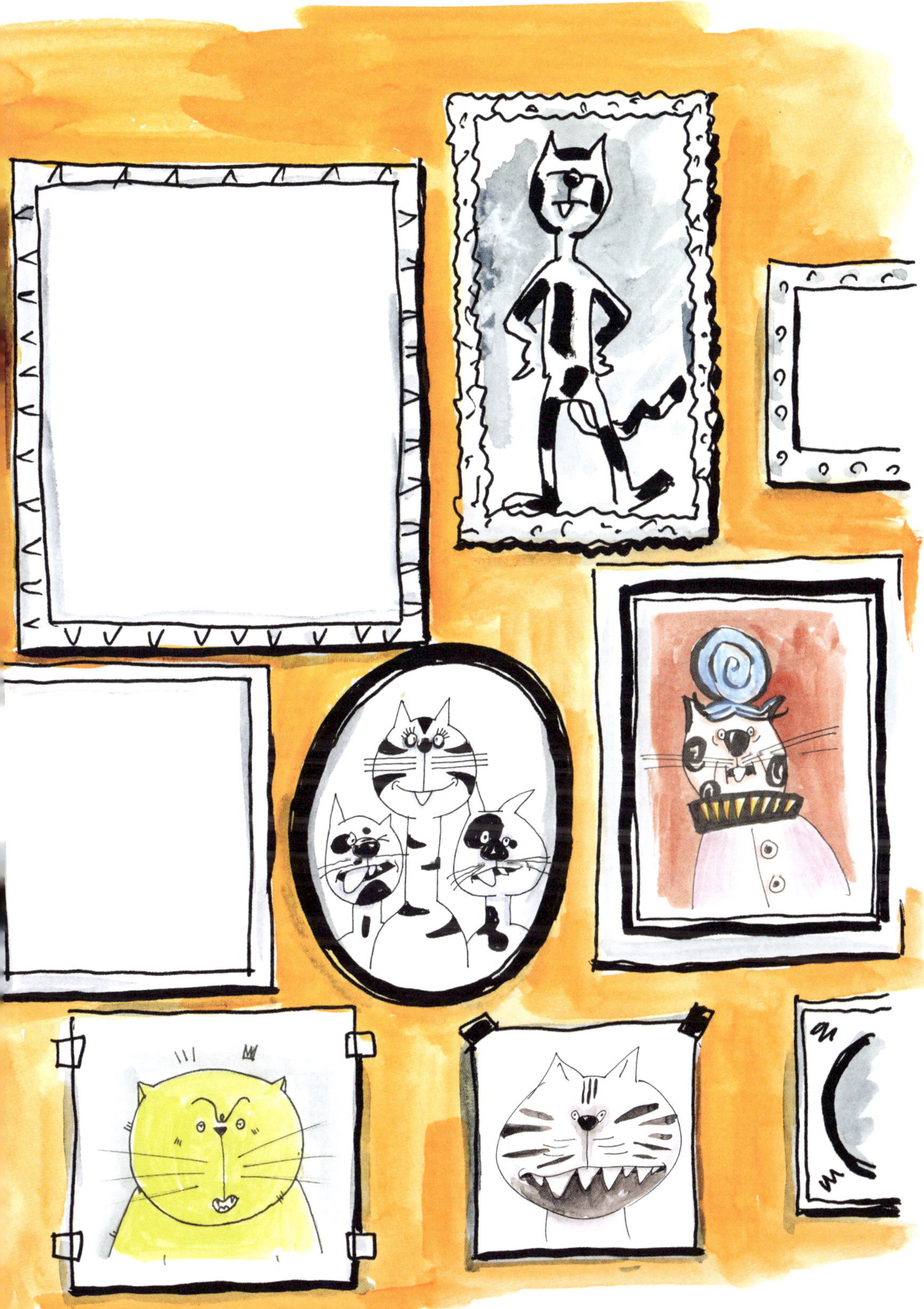

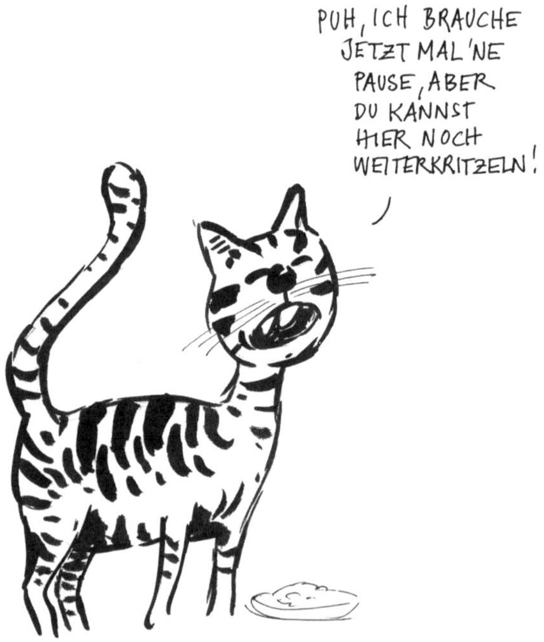
PUH, ICH BRAUCHE JETZT MAL 'NE PAUSE, ABER DU KANNST HIER NOCH WEITERKRITZELN!

KAPITEL II

ALLES IST MÖGLICH

ANREGUNGEN FÜR FREIE ARBEITEN

NUTZE DIE INSPIRATIONEN, DIE LUSTIGEN UND SCHRÄGEN IDEEN UND NIMM DIE HERAUSFORDERUNGEN AN!

MACH DEIN DING!

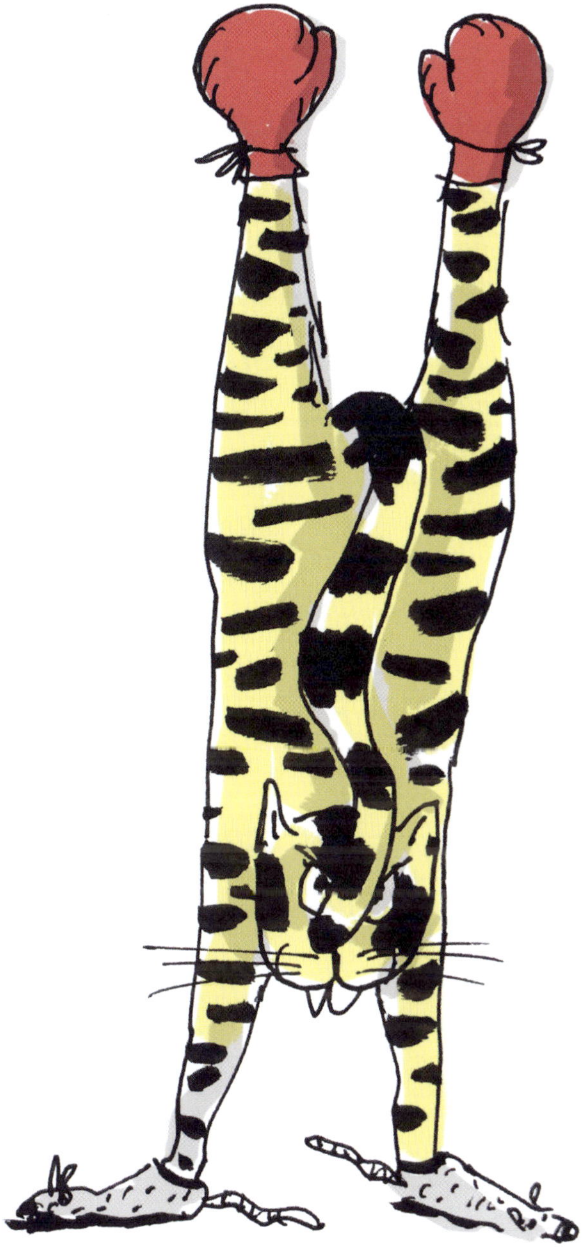

WIR STARTEN MIT

KOMISCHEN TYPEN

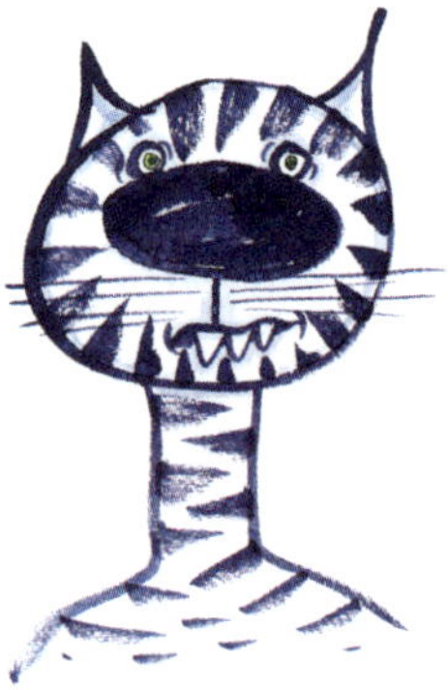

MIT RIESIGER NASE

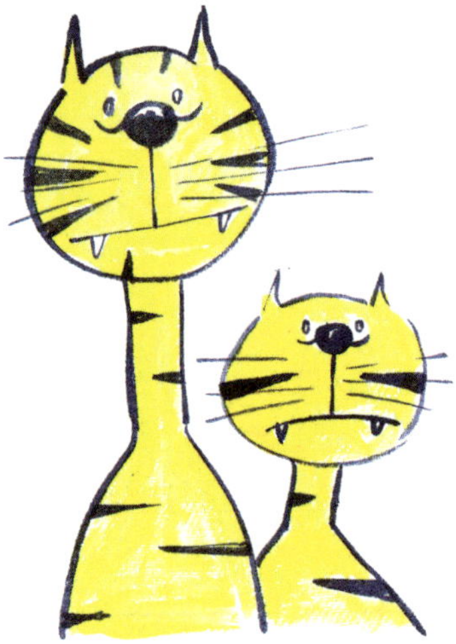

ODER SCHICKEN ECKZÄHNEN

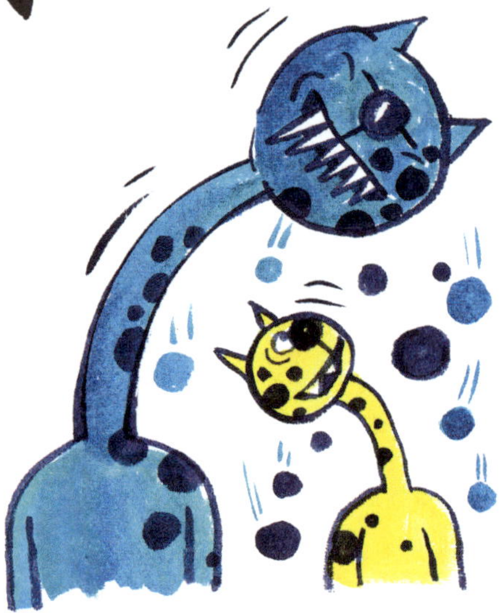

MIT ABFALLENDEN FLECKEN

ERFINDE WEITERE SELTSAME CHARAKTERE!
AUSGANGSPUNKT IST IMMER EINE SIMPLE KATZENZEICHNUNG

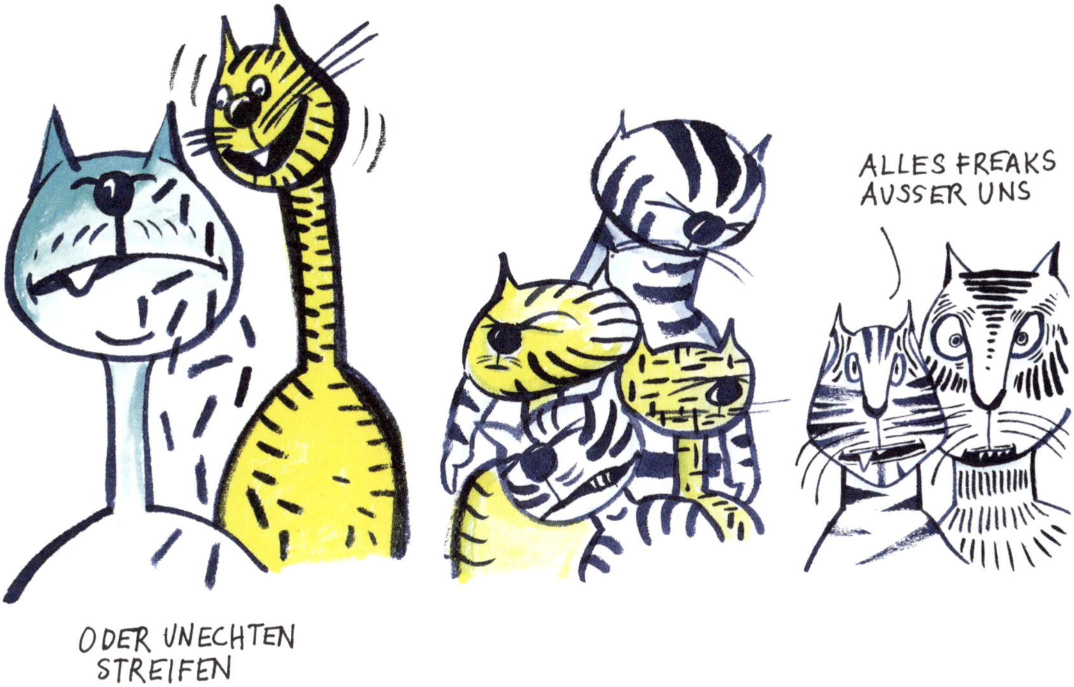
ODER UNECHTEN STREIFEN
ALLES FREAKS AUSSER UNS

Jetzt wird es etwas abstrakter:

Die geometrische Katze

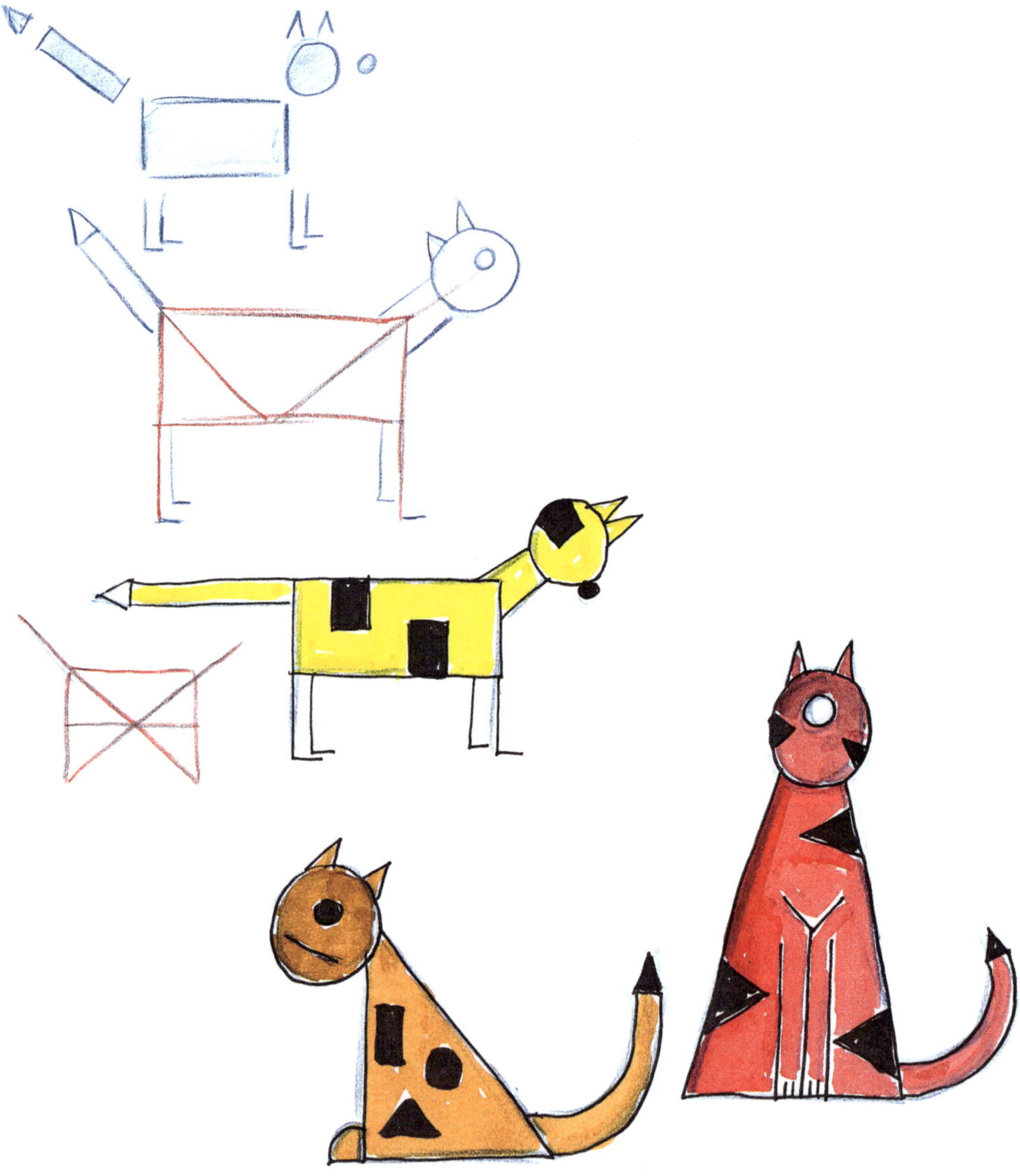

ZEICHNE MEHR KATZEN AUS DREIECKEN, KREISEN UND RECHTECKEN

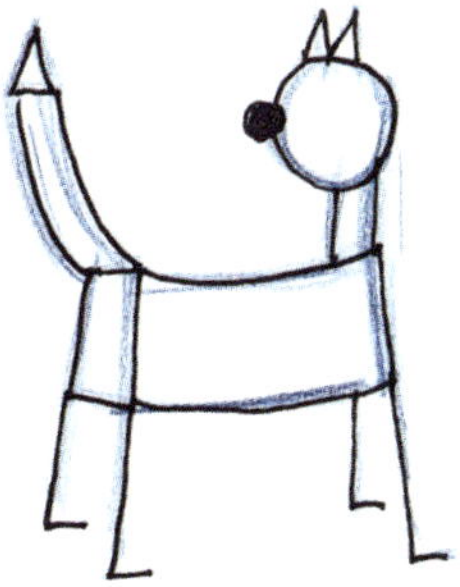

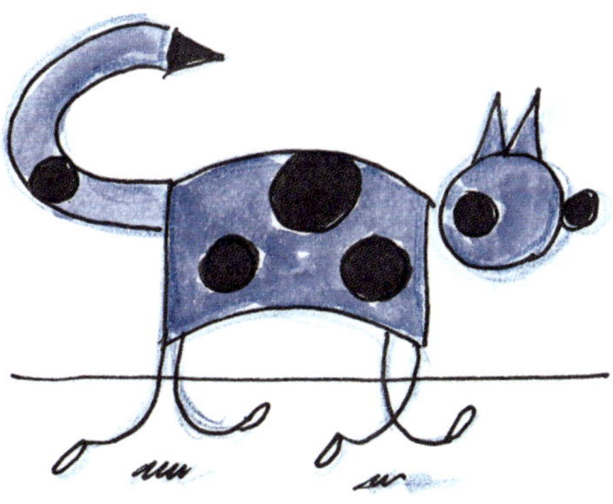

DIE INTERNATIONALE
KUNST-KATZEN-SCHAU

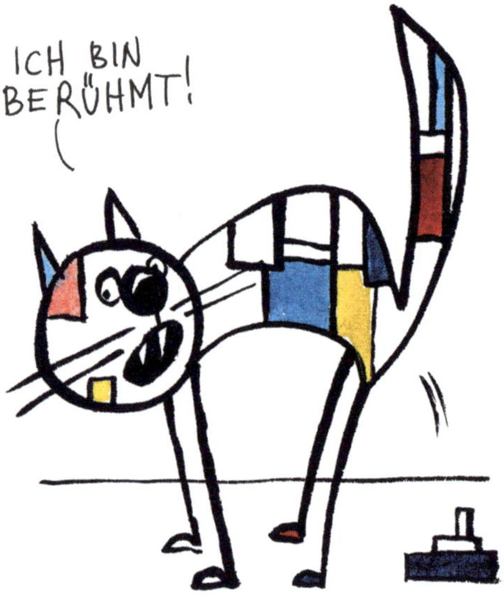

MONDRIAN CAT

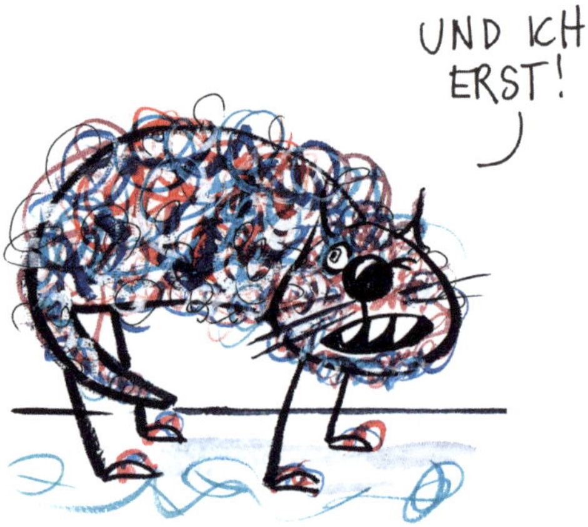

POLLOCK CAT

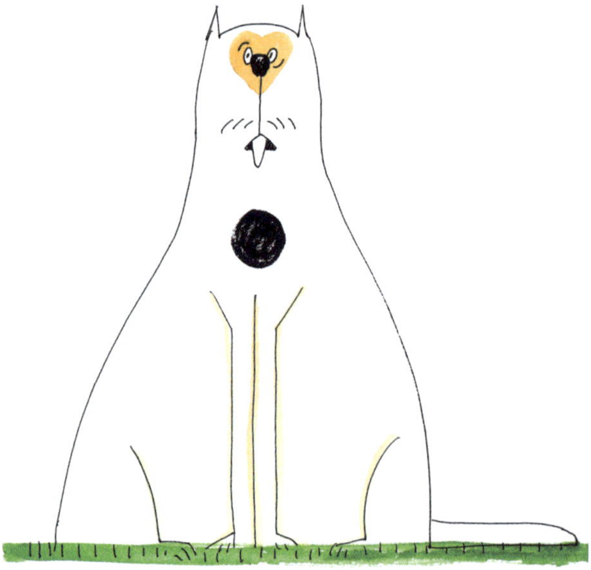

MINIMAL CAT

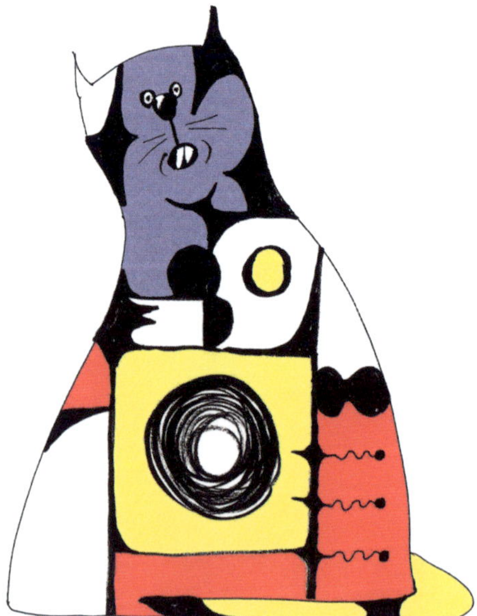

MODERN CAT

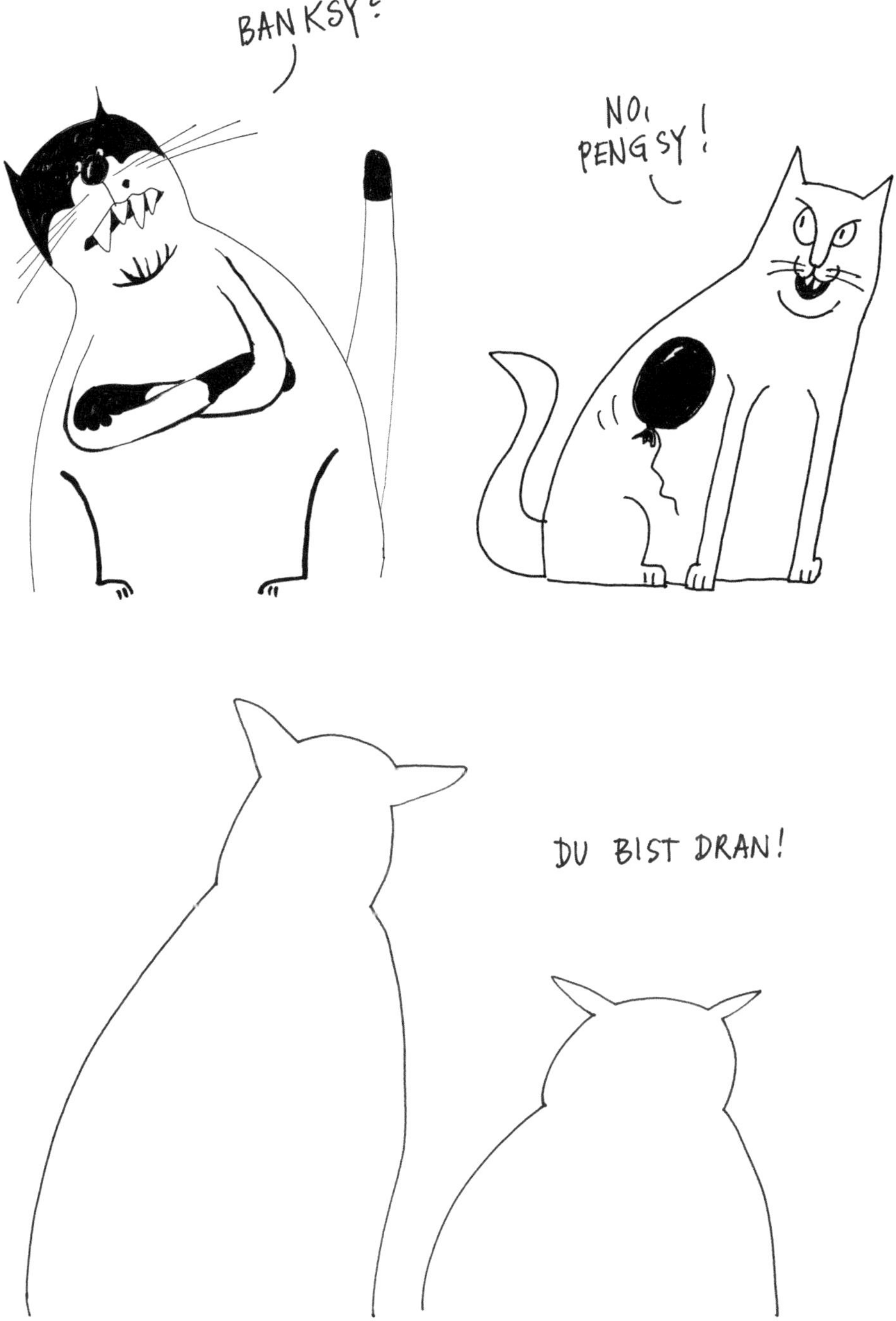
BANKSY?
NO, PENGSY!
DU BIST DRAN!

KEINE ANGST VOR

AQUARELLFARBEN

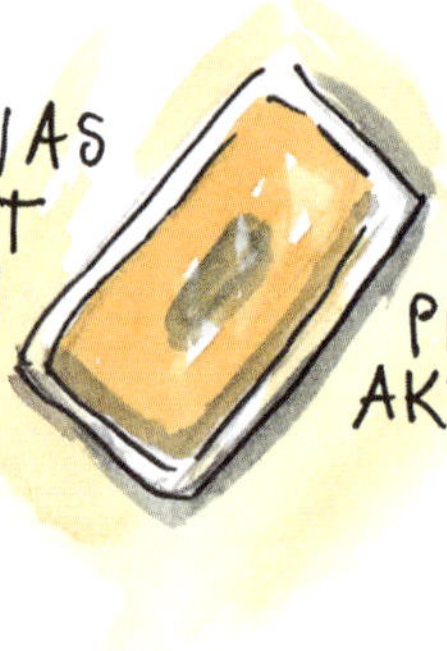

MIT ETWAS ÜBUNG KANNST DU DAMIT HINTERGRÜNDE UND SCHATTEN PINSELN SOWIE FARB-AKZENTE SETZEN!

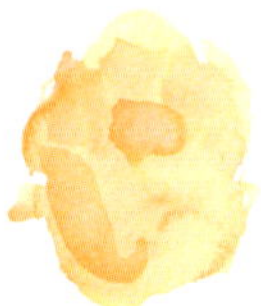

VERWENDE DIE FARBEN NICHT ZU NASS, ABER AUCH NICHT ZU TROCKEN. VERSUCHE ES EINFACH, INDEM DU FLÄCHEN AUSMALST ODER KLECKSE SETZT.

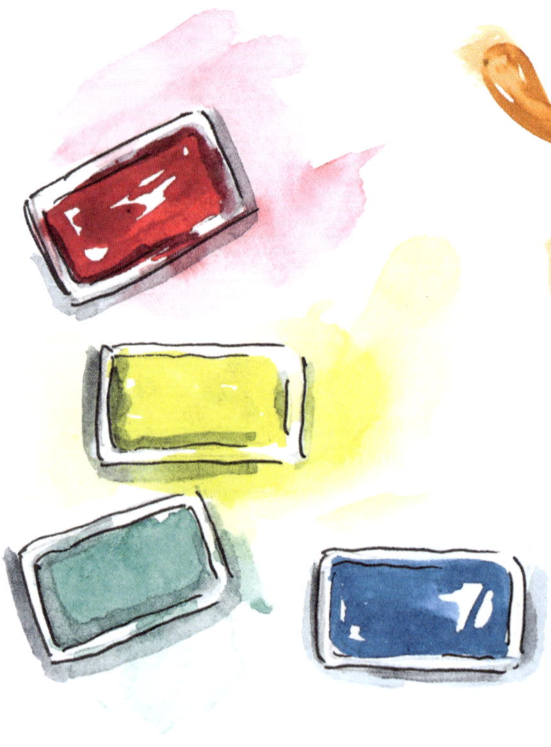

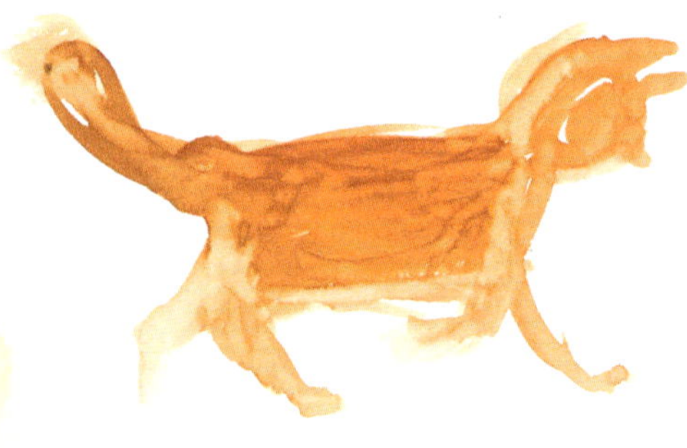

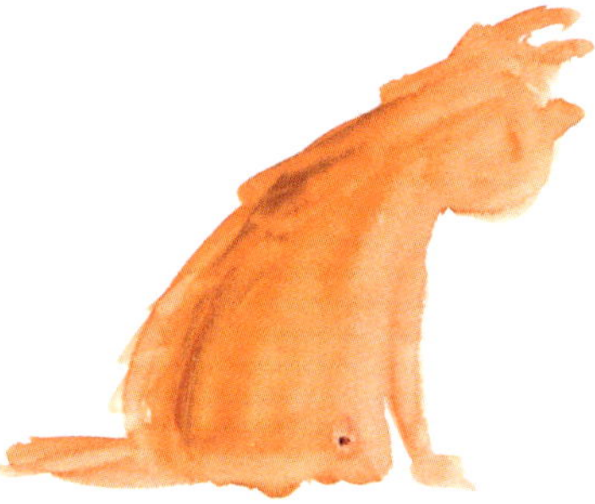

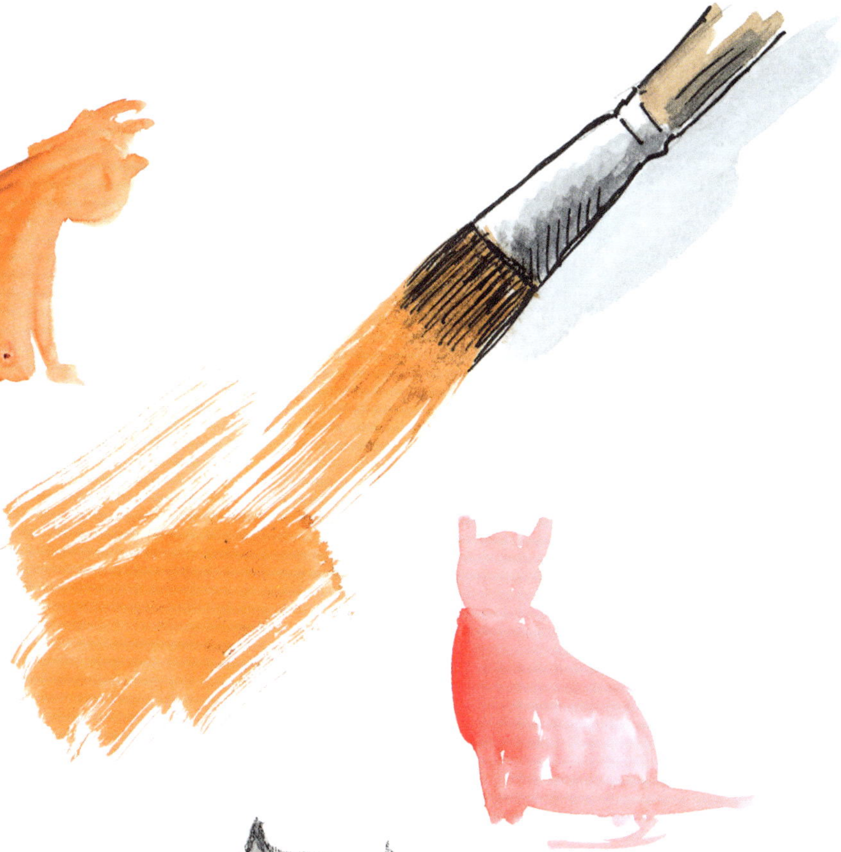

DU WIRST SCHNELL EIN GEFÜHL DAFÜR BEKOMMEN.

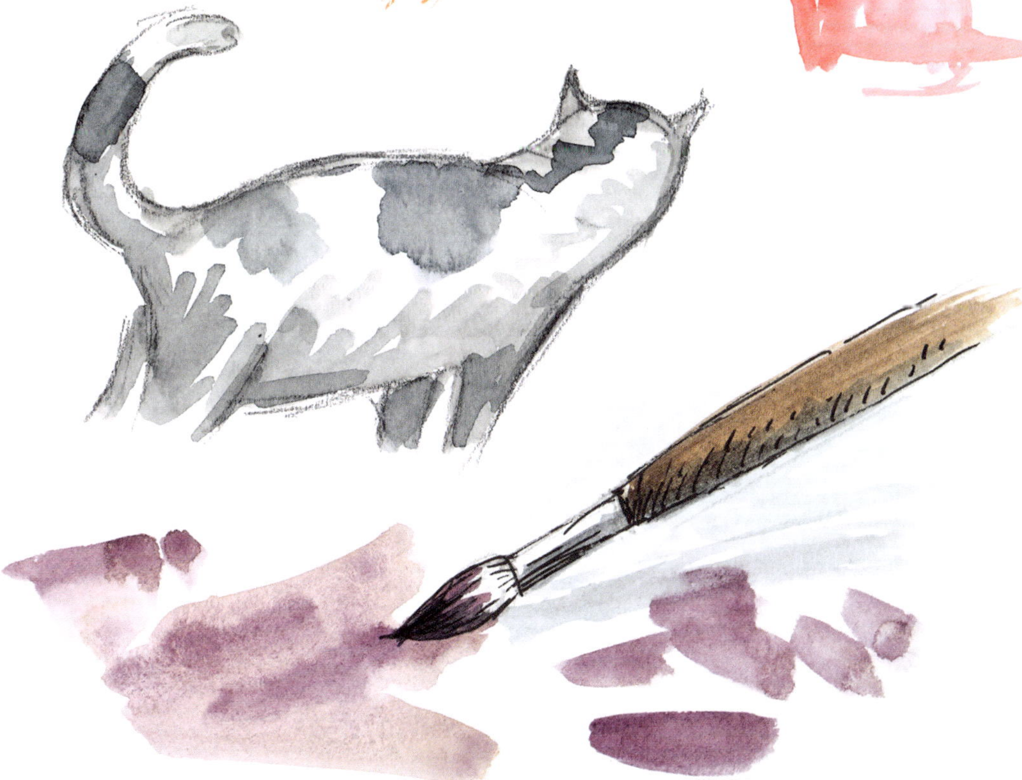

TESTE DEINE AQUARELLFARBEN

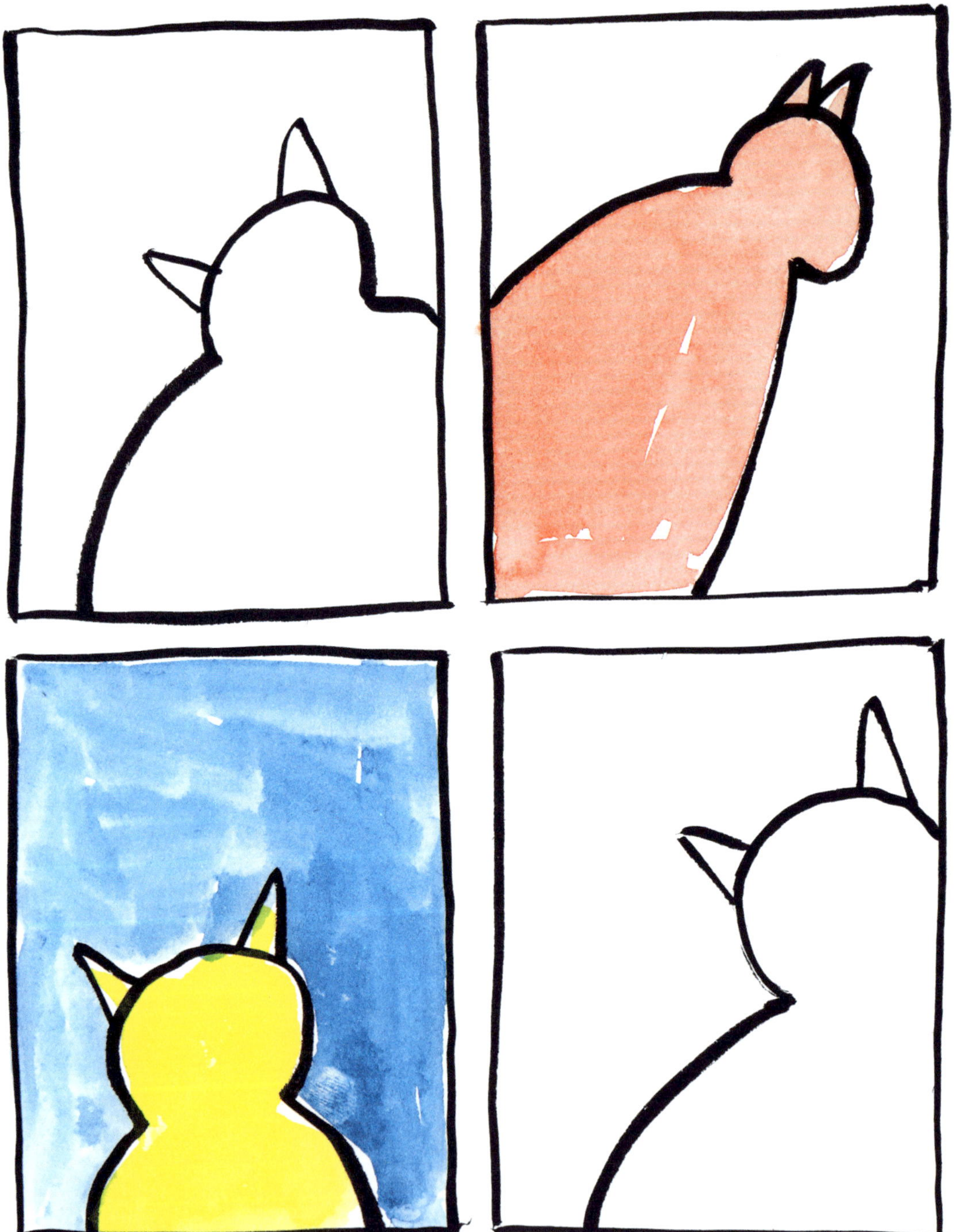

SO UNGEFÄHR ↗

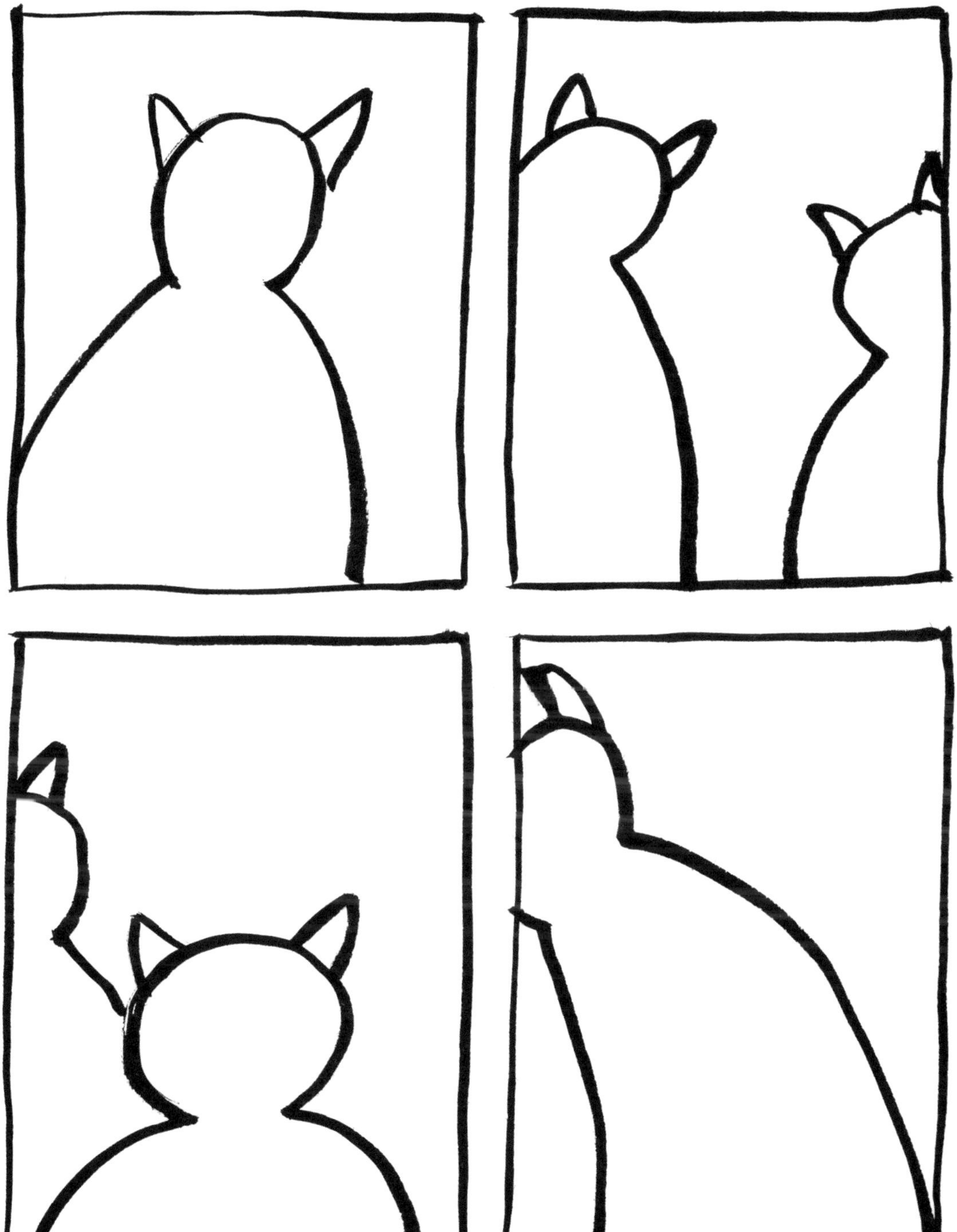

IN JEDEM KLECKS STECKT EINE KATZE …

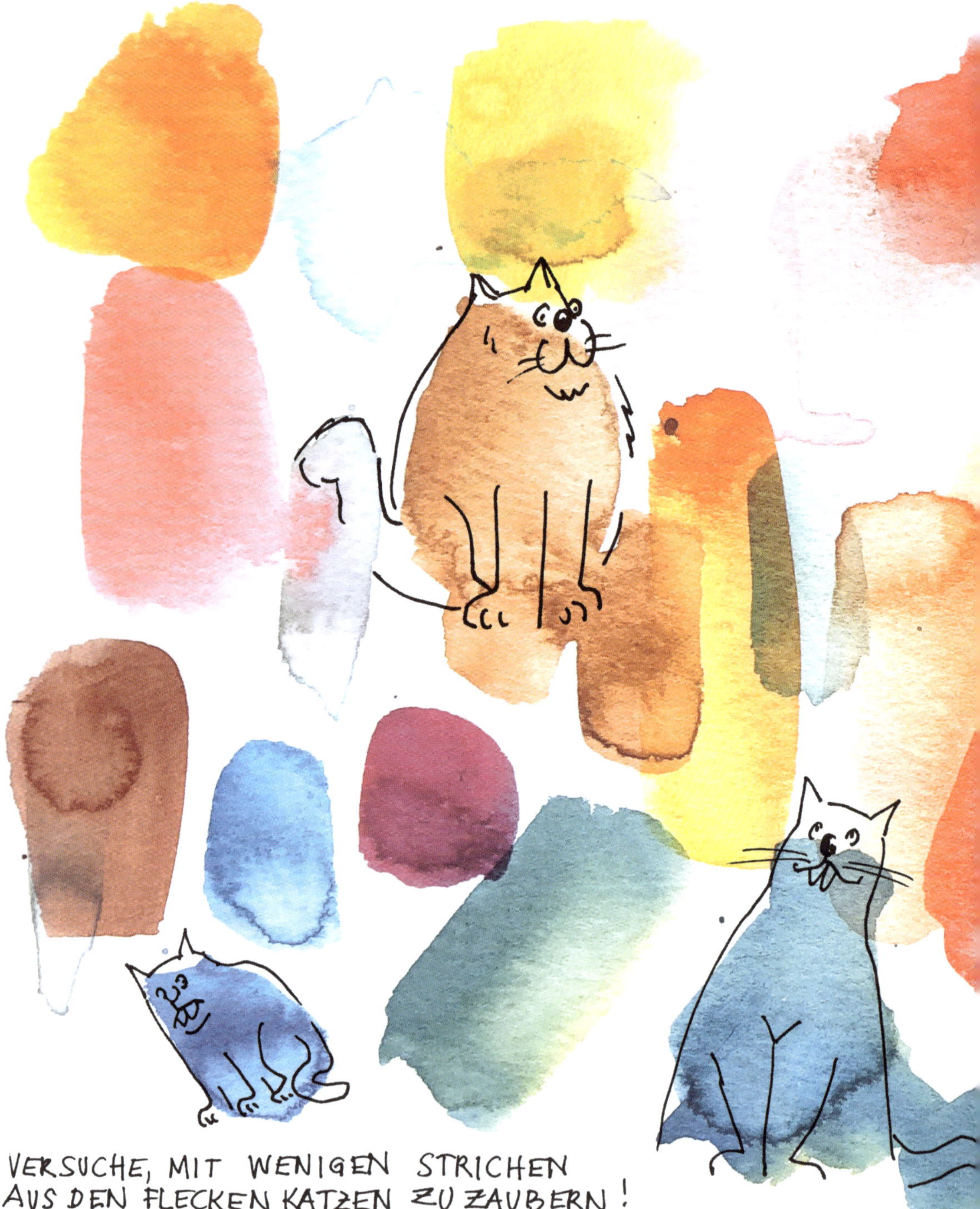

VERSUCHE, MIT WENIGEN STRICHEN AUS DEN FLECKEN KATZEN ZU ZAUBERN!

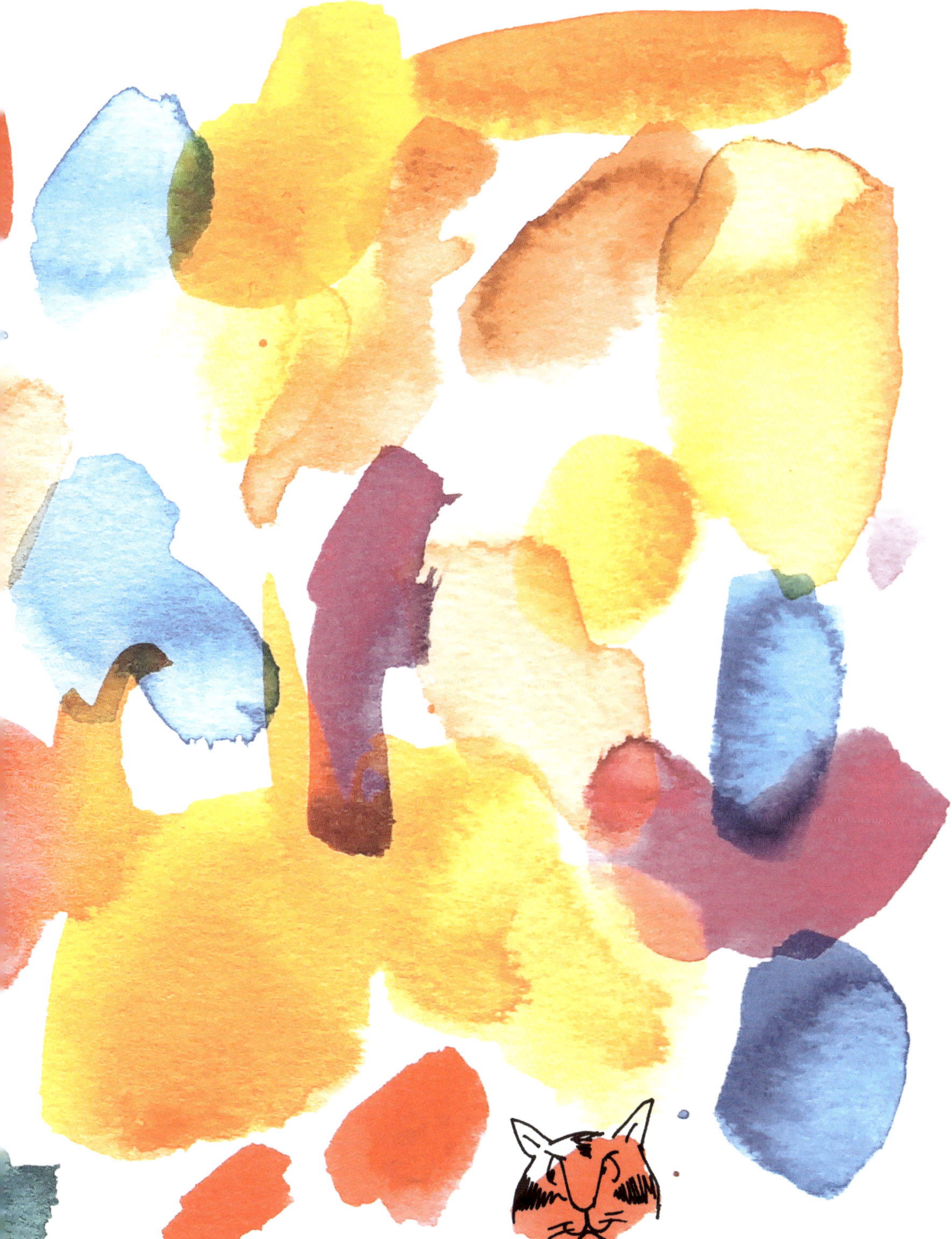

SCHRÄGE GRUPPENPORTRÄTS

ERST ZWEI ...

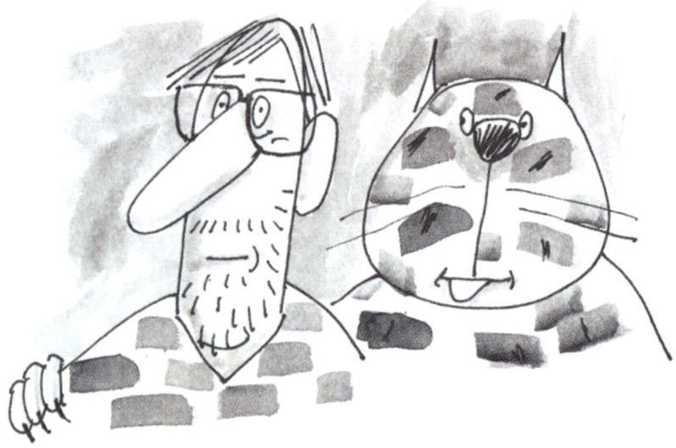

FREUNDE

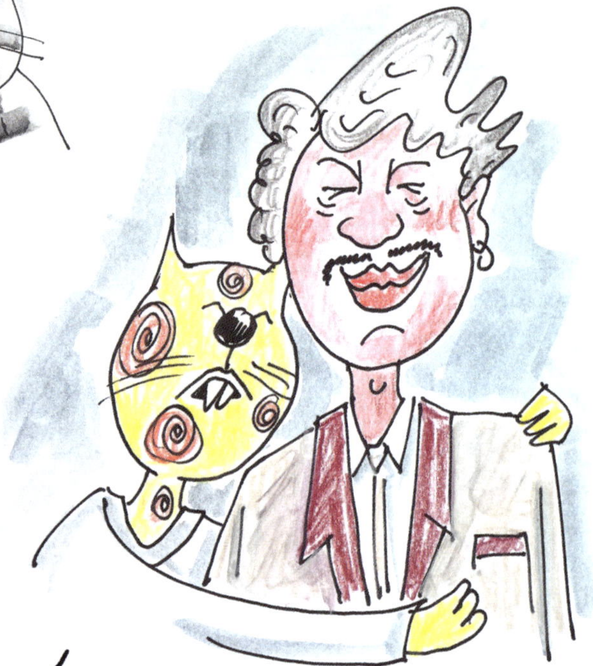

BESTE FREUNDE

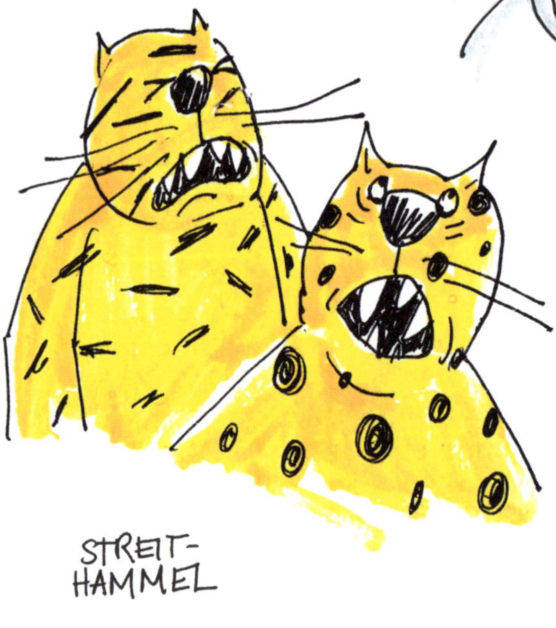

STREIT-HAMMEL

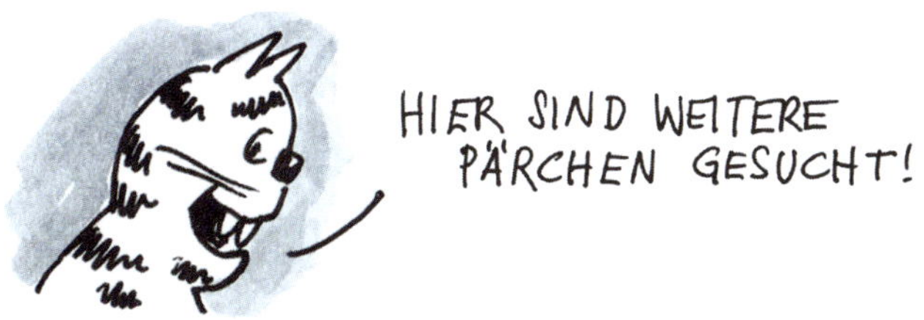
HIER SIND WEITERE PÄRCHEN GESUCHT!

... DANN DREI ...

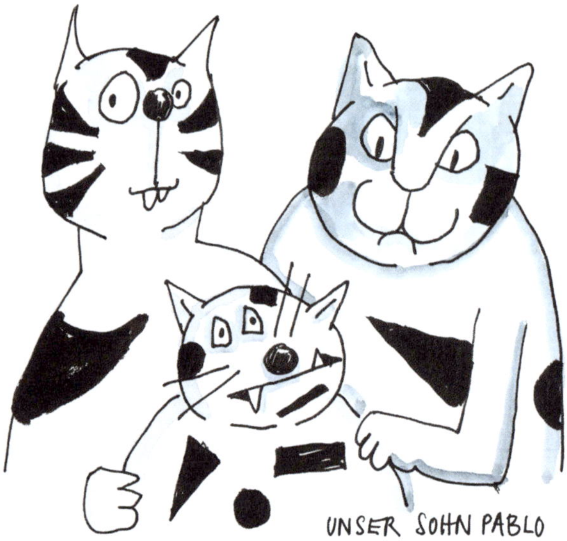

↑ ZEICHNE DIE FAMILIEN IN EINER ANDEREN POSE ↗

… DANN VIER …

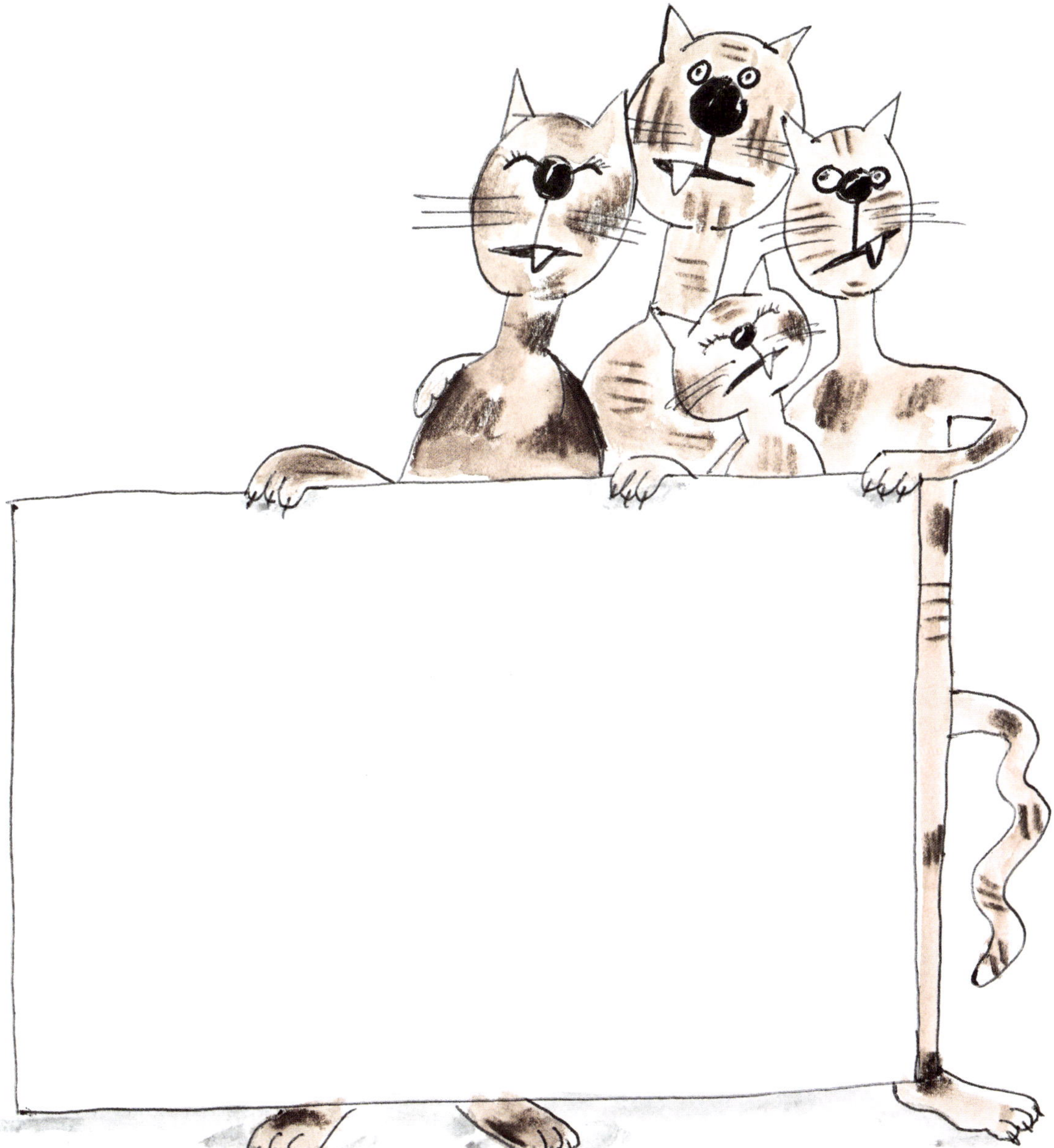

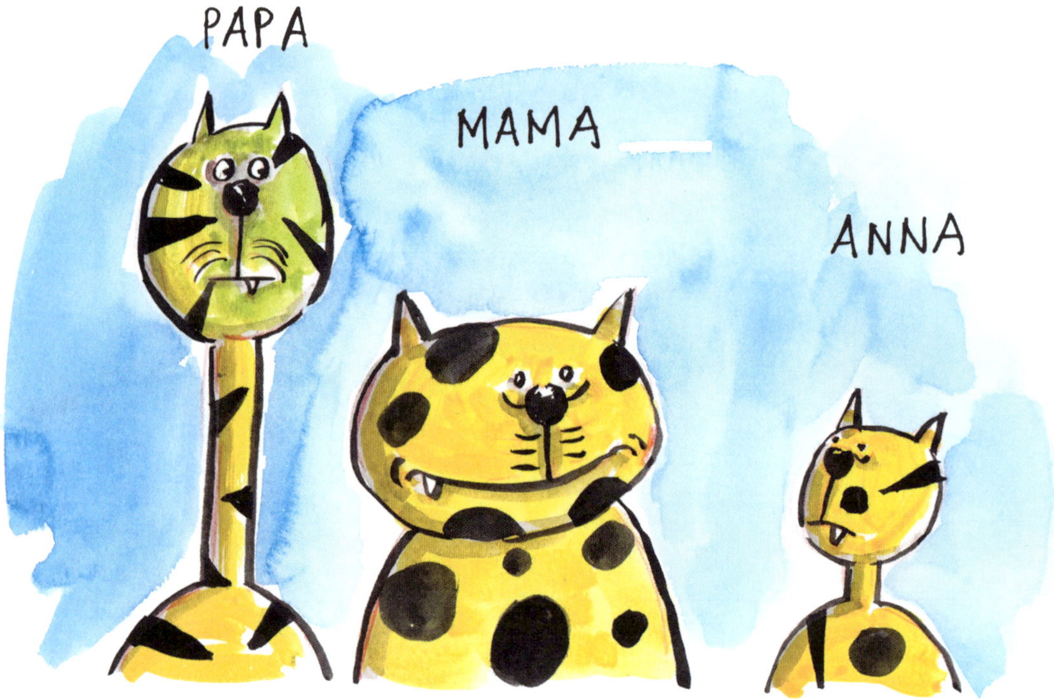

PORTRÄTIERE DEINE FREUNDE ODER FAMILIE ALS KATZEN!

... BALD STEHEN VIELE VOR DER TÜR

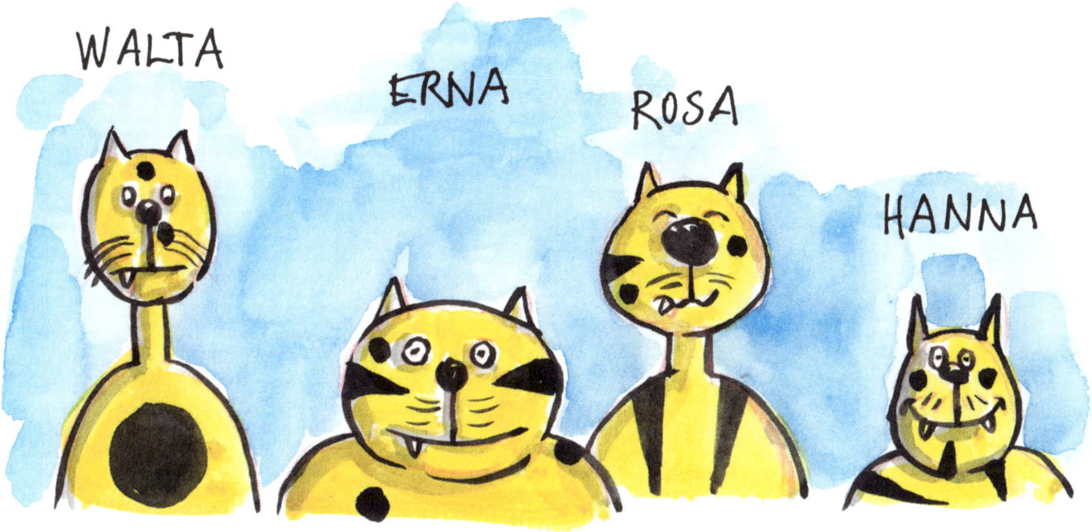

WAS IST DENN DA LOS?

EIN RICHTIGER KATZENAUFLAUF ... UNBEDINGT FERTIG ZEICHNEN!

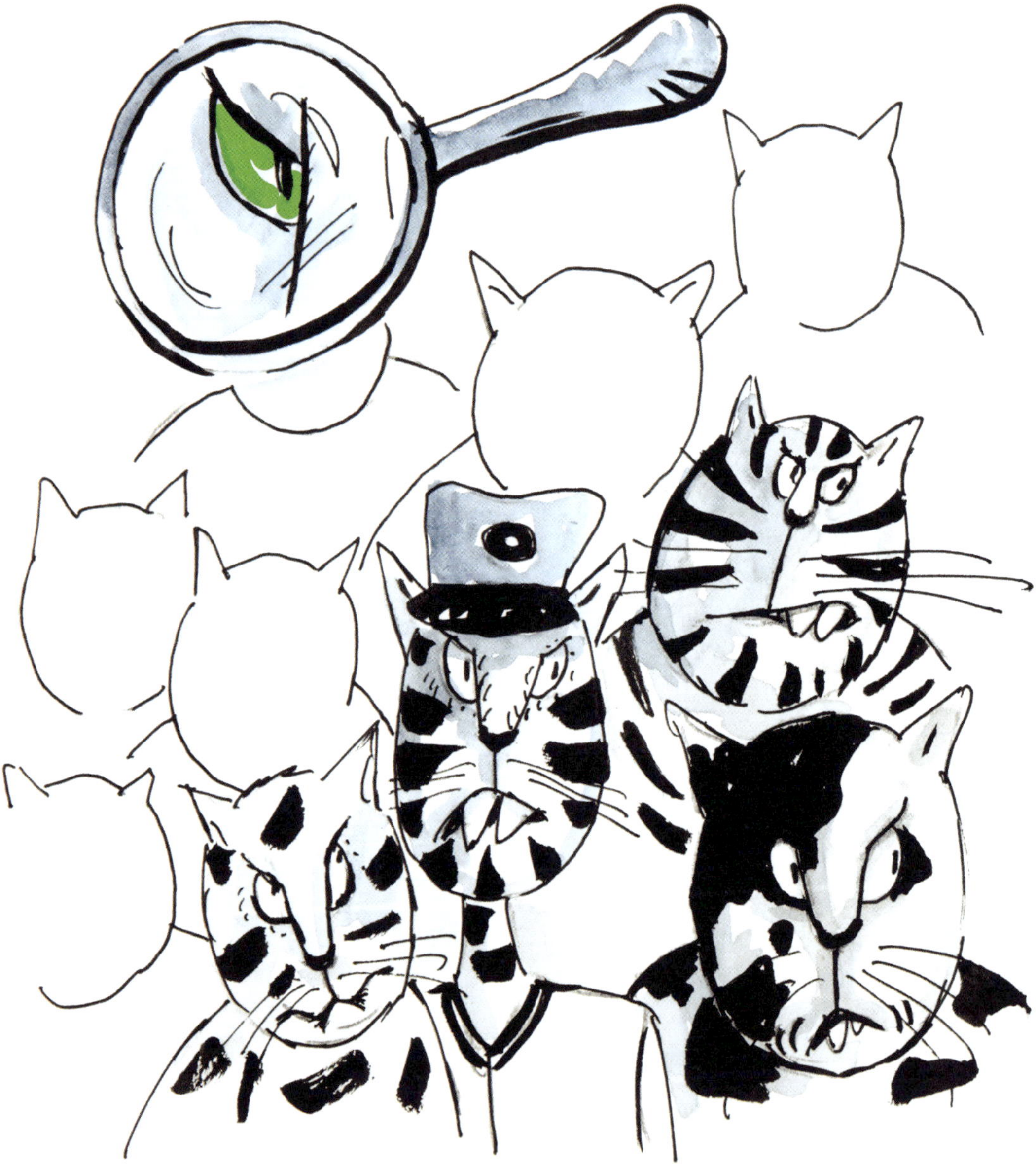

DIE KATZEN AUF DIESER SEITE SOLLEN SKEPTISCH WIRKEN ...

DIE AUGEN SIND DABEI SEHR WICHTIG!

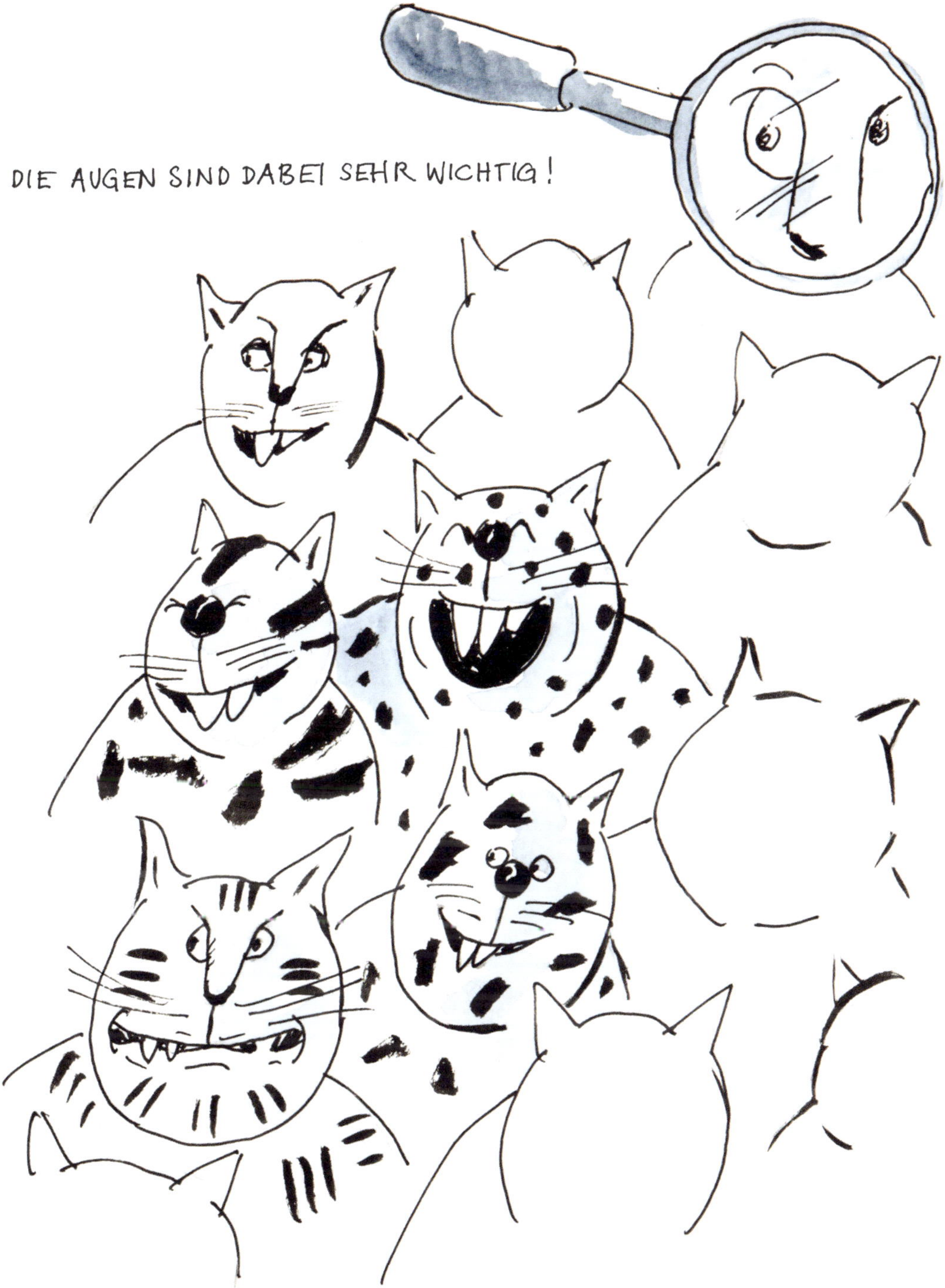

BEI DENEN SOLL MAN DEN EINDRUCK BEKOMMEN, DASS SIE SICH DARÜBER AMÜSIEREN.

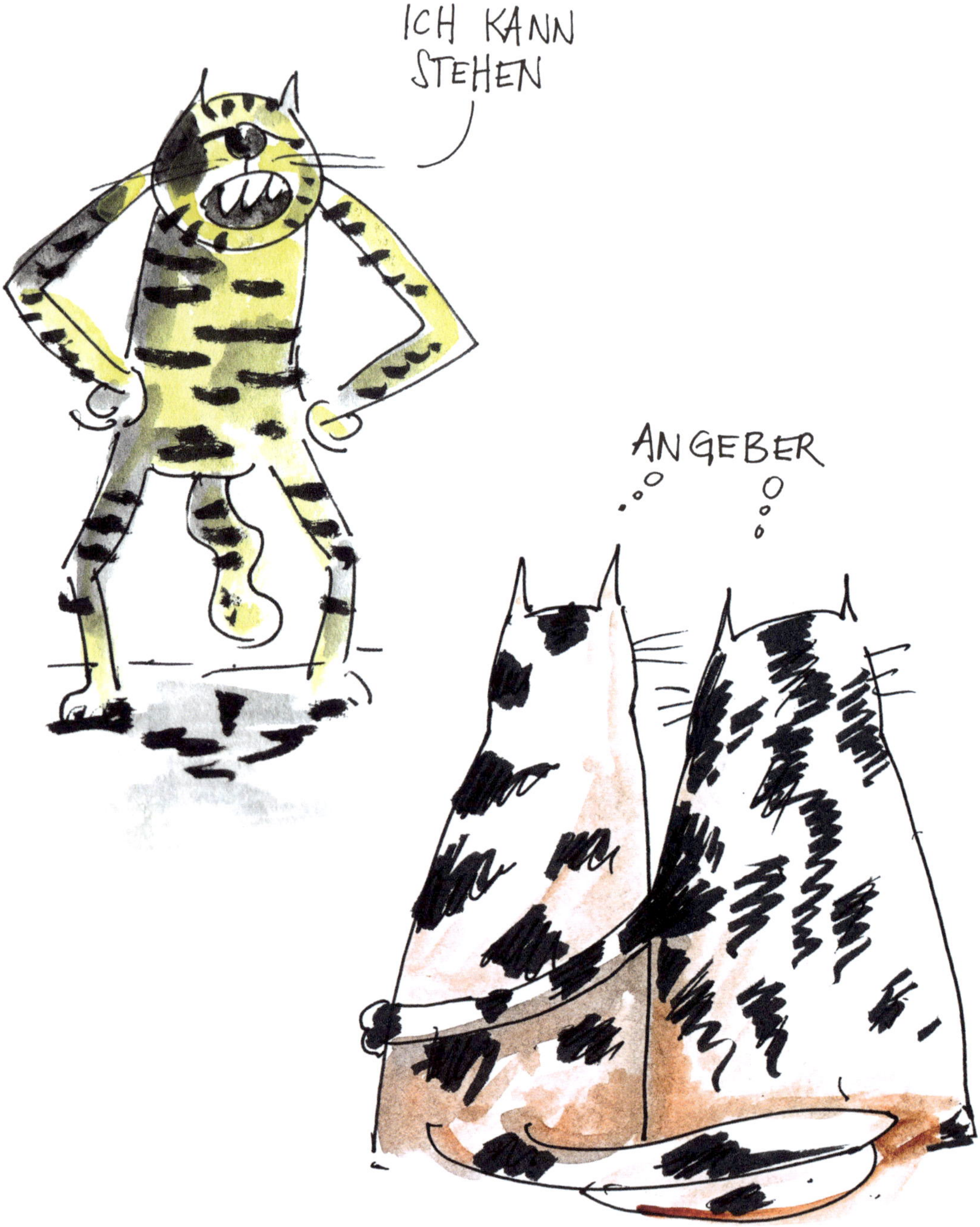
ICH KANN STEHEN
ANGEBER

DIE VERMENSCHLICHTE KATZE

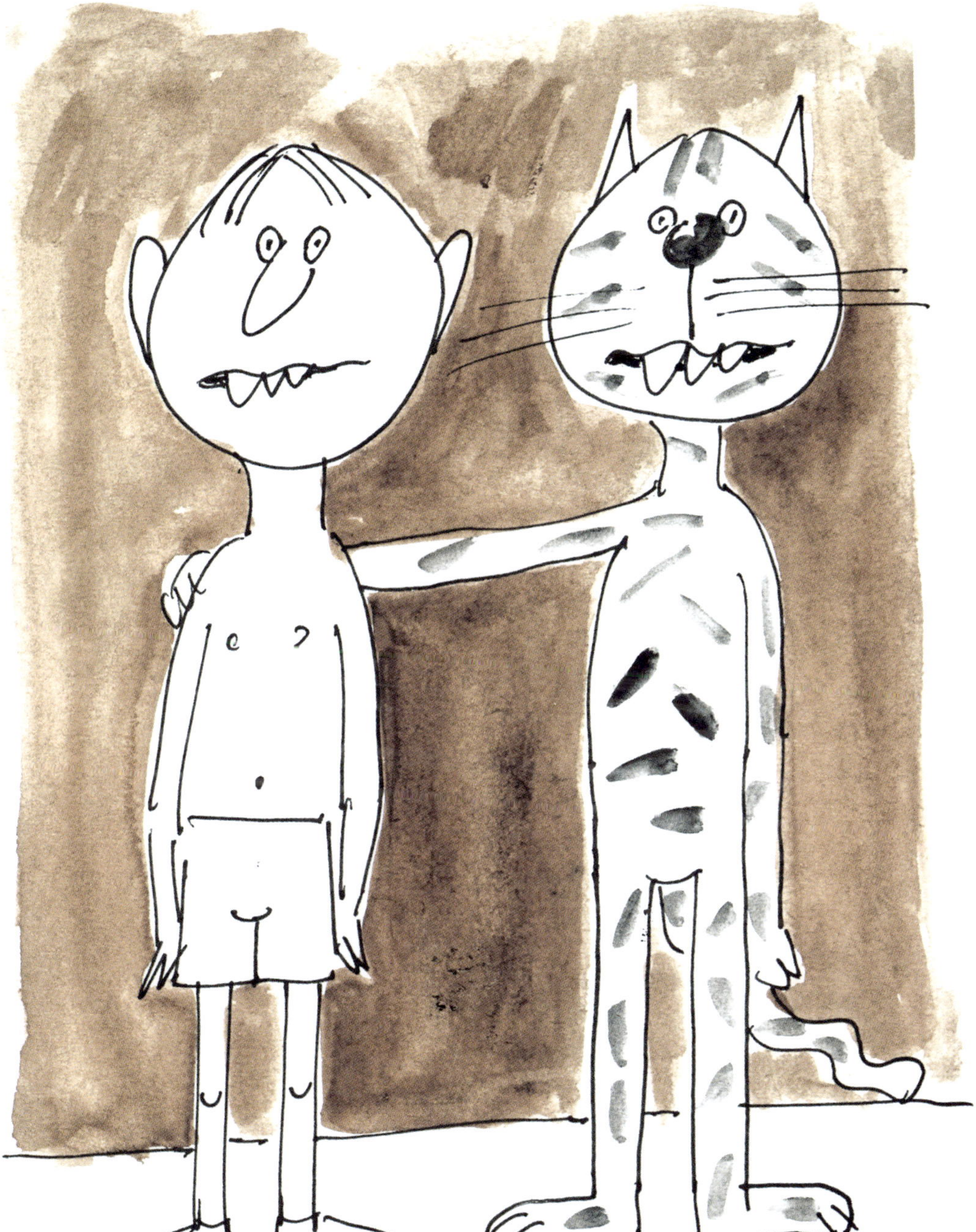

KATZEN ALS ARBEITSTIERE

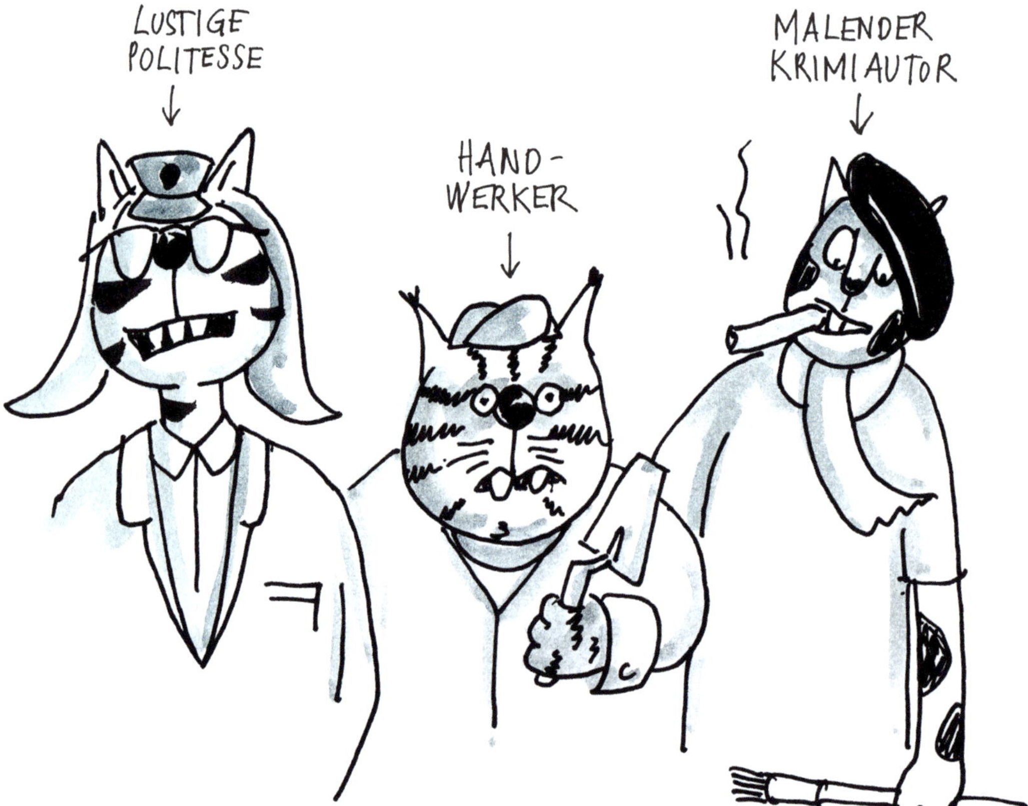

ERGÄNZE DIE UNTERKÖRPER!

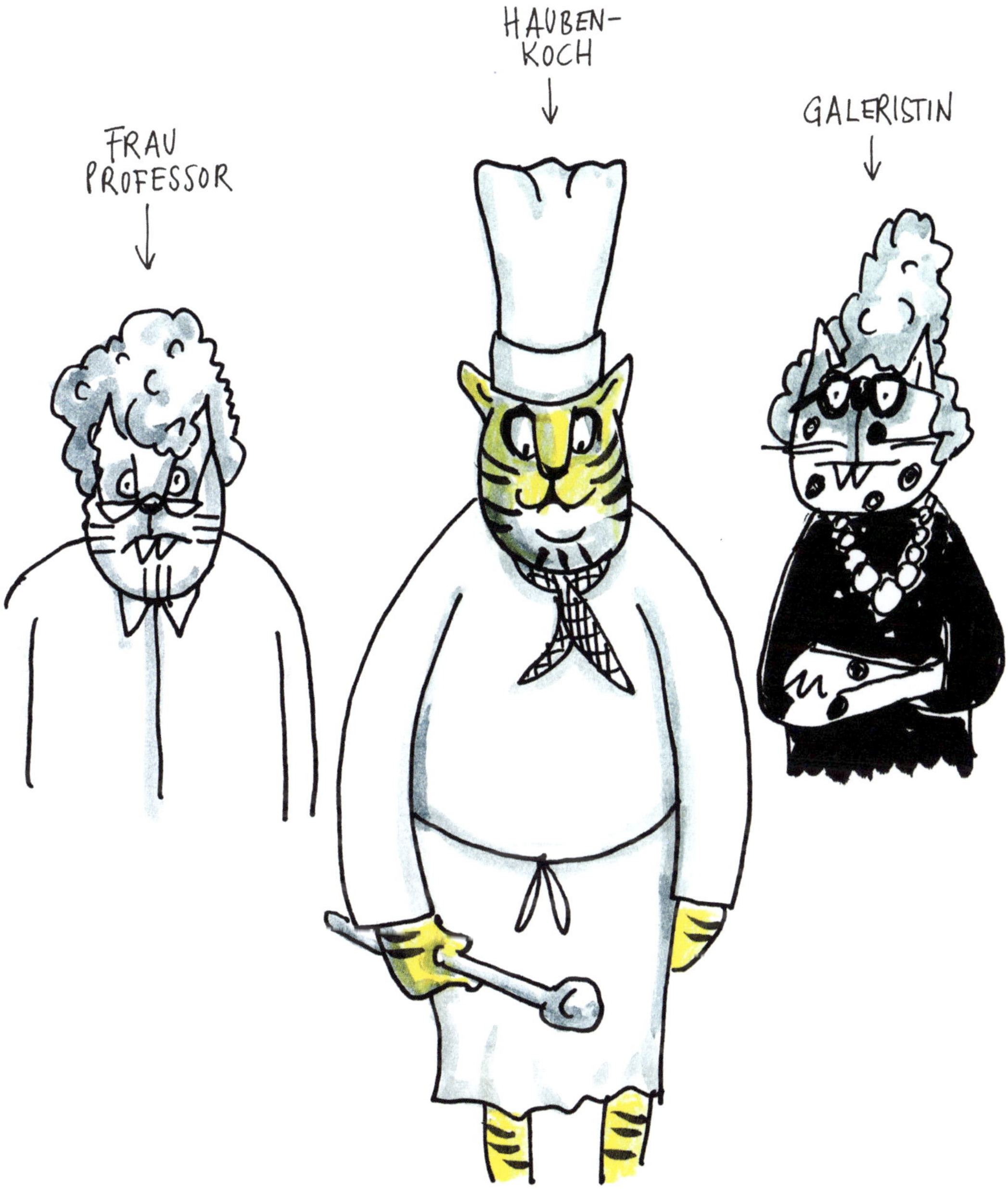

HAUBEN-
KOCH
FRAU
PROFESSOR
GALERISTIN

KATZENMUSIK

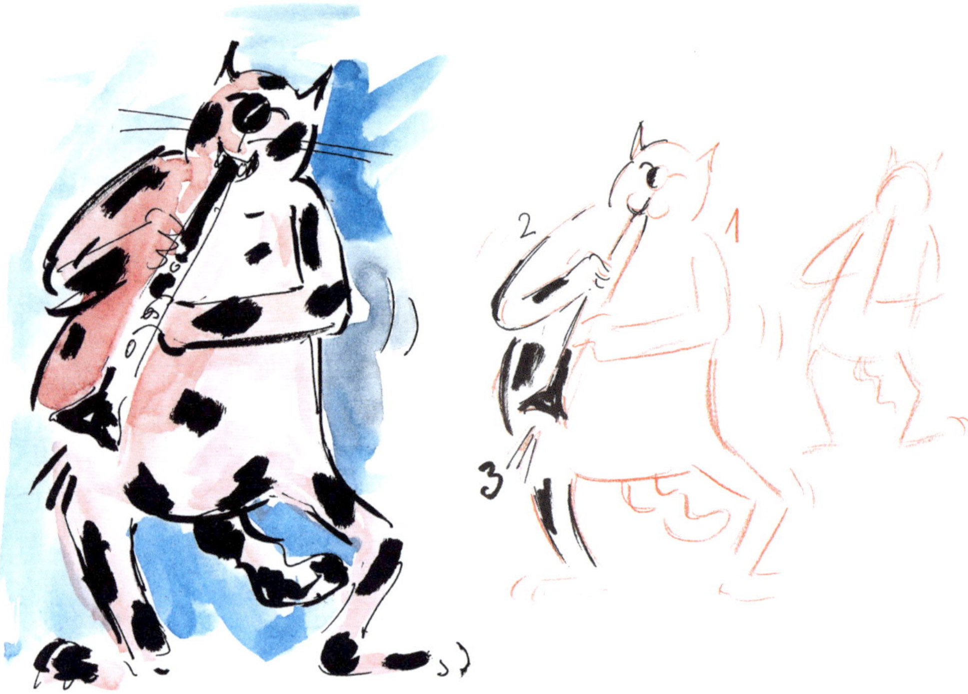

FÜR EINE BAND BRAUCHEN WIR
NOCH WEITERE MUSIKER!

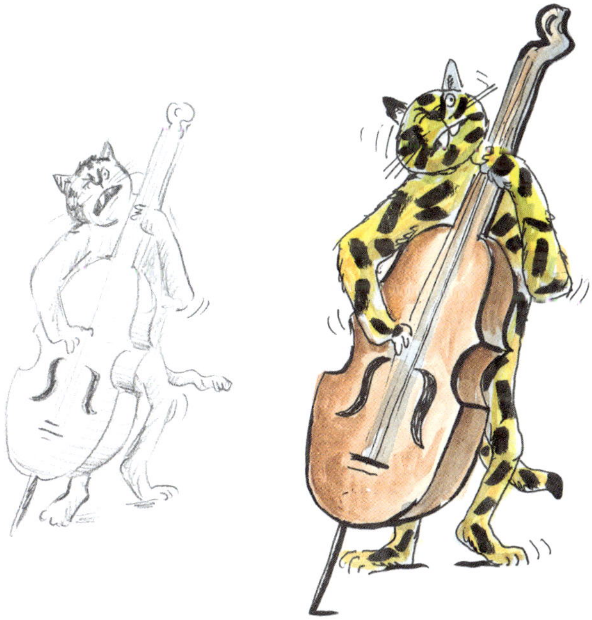

TROMPETE, SCHLAGZEUG,
PIANO ... LEG LOS!

GANZ SCHÖN SPORTLICH

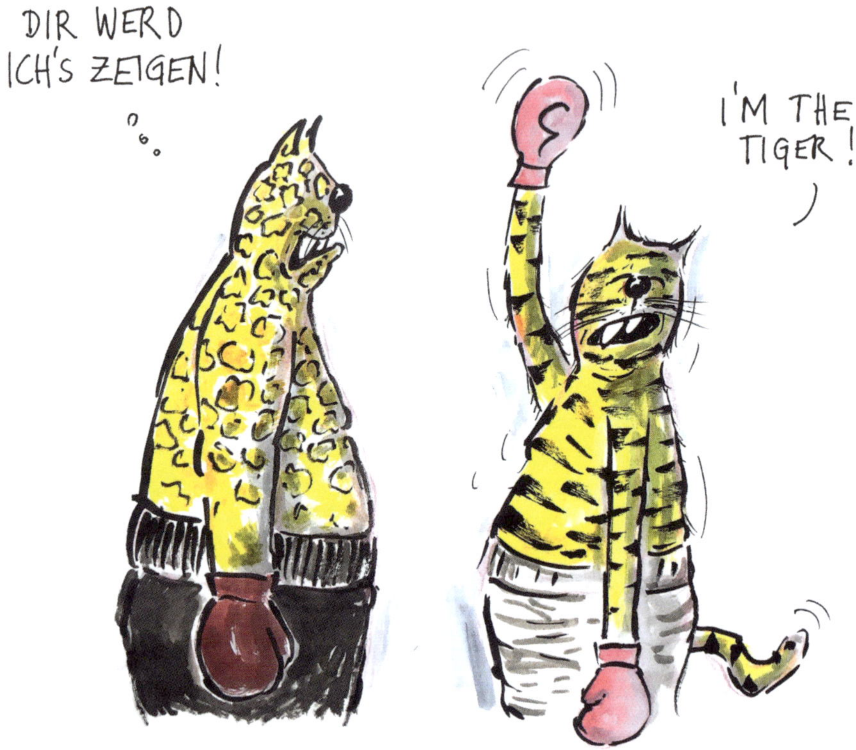

DIR FALLEN BESTIMMT NOCH WEITERE SPORTARTEN EIN!

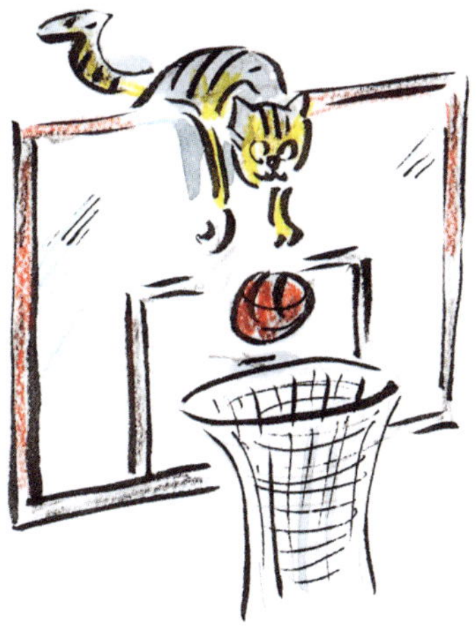

WHO IS WHO?

PROMIS ALS KATZEN

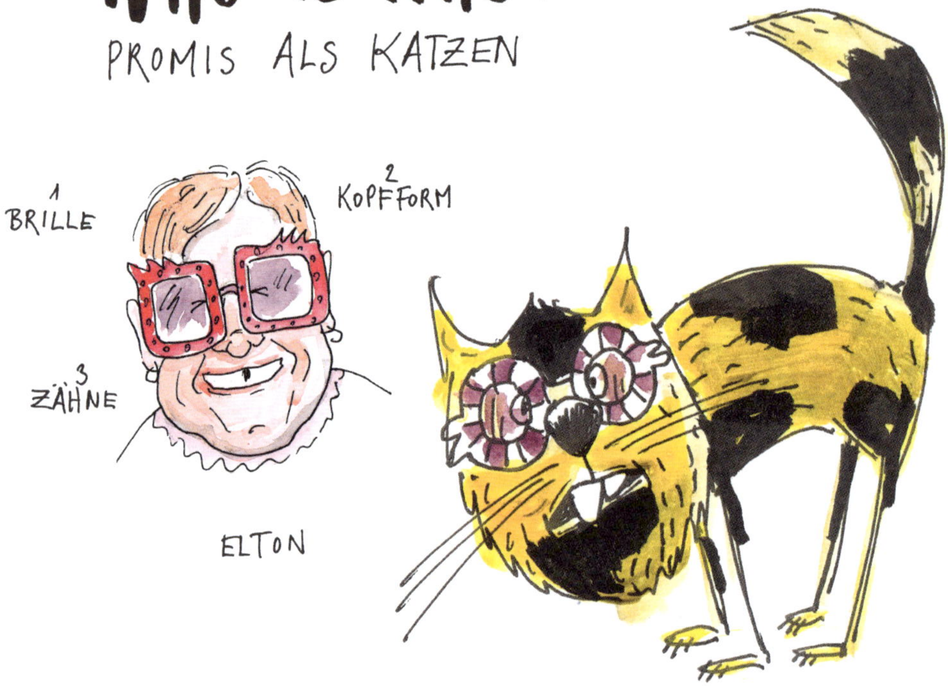

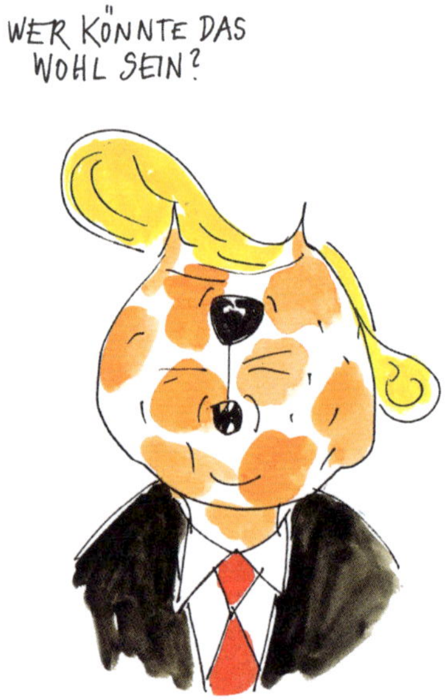

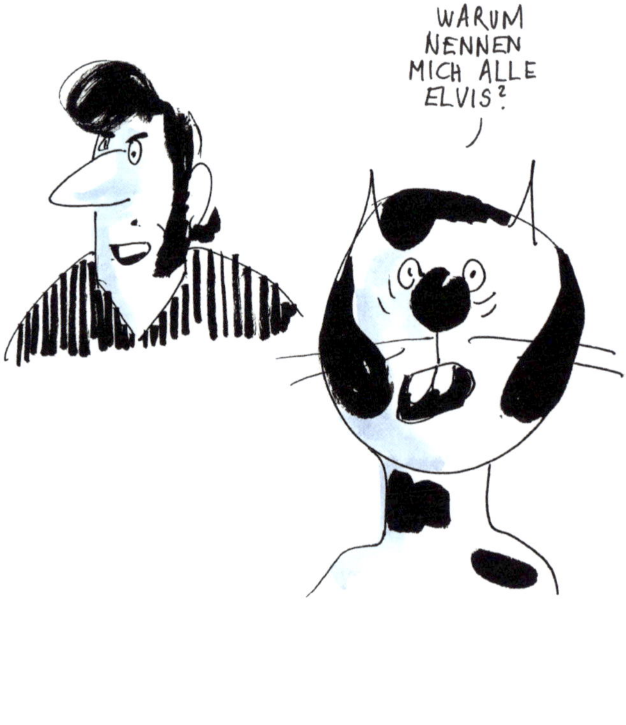

VERSUCHE ANDERE PROMIS ODER FREUNDE ALS KATZEN DARZUSTELLEN – ZWEI ODER DREI WESENTLICHE MERKMALE GENÜGEN, UM SIE UNVERKENNBAR ZU MACHEN!

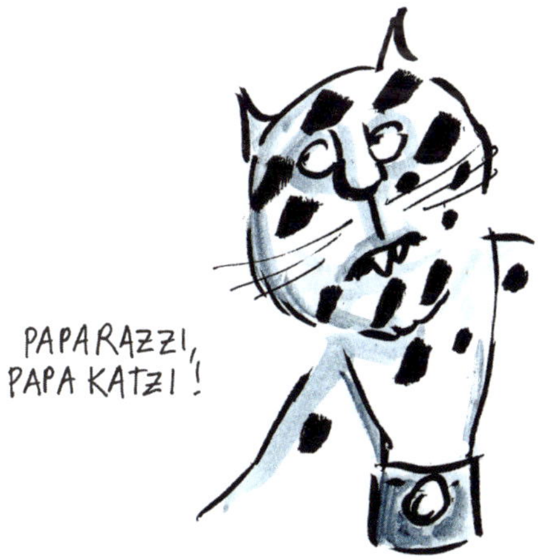

TYPISCH KATZEN

WO DIE ÜBERALL ABHÄNGEN …

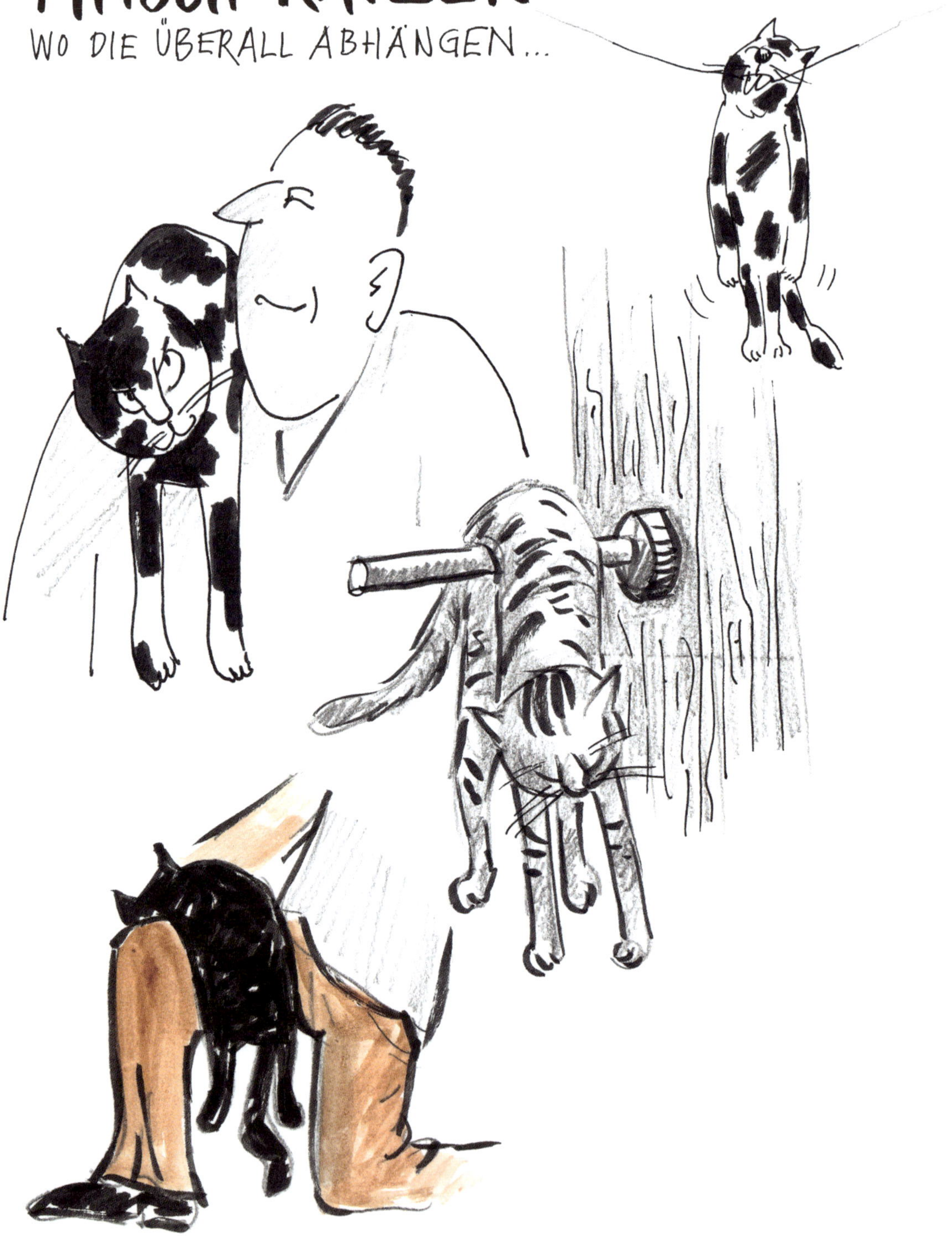

PLATZIERE AUCH HIER HÄNGENDE KATZEN!

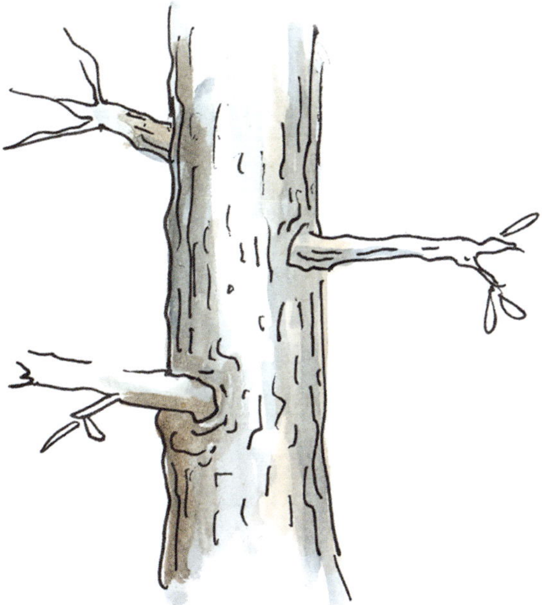

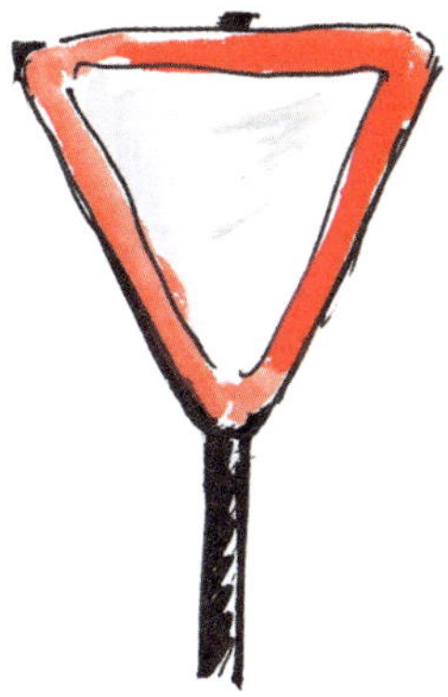

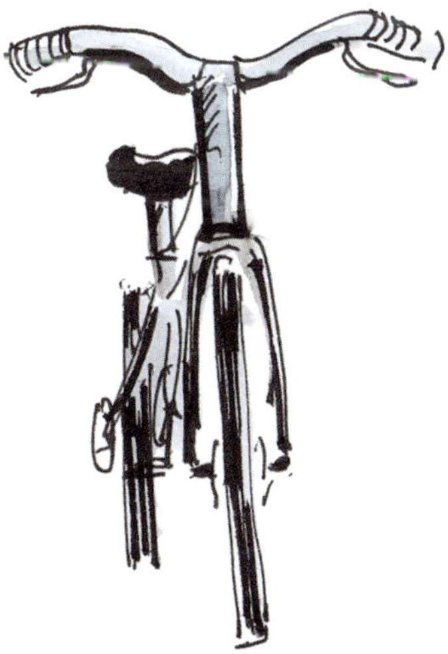

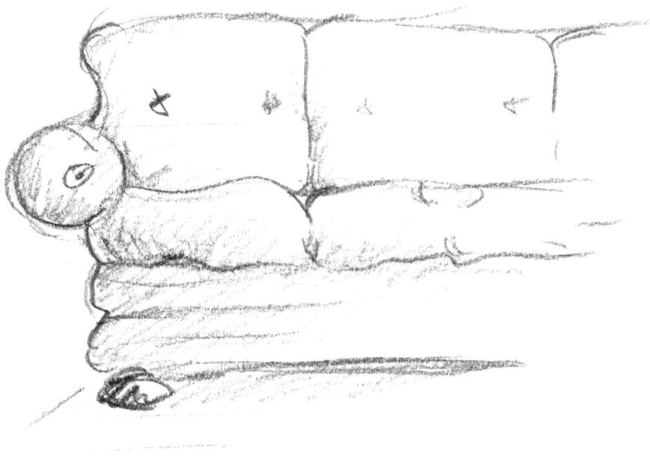

… ODER SICH VERSTECKEN

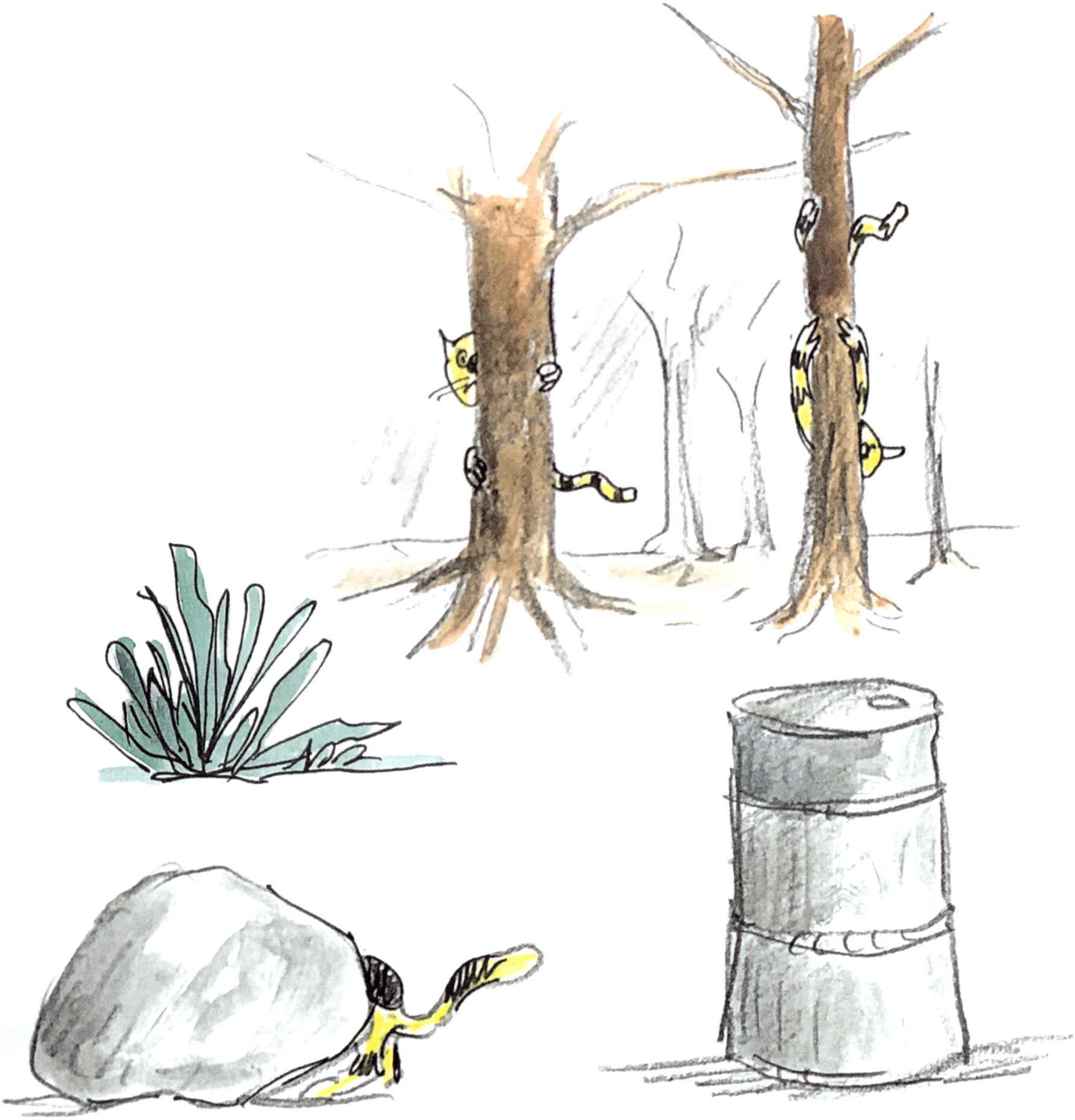

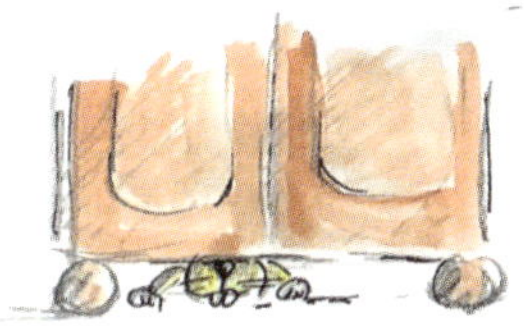

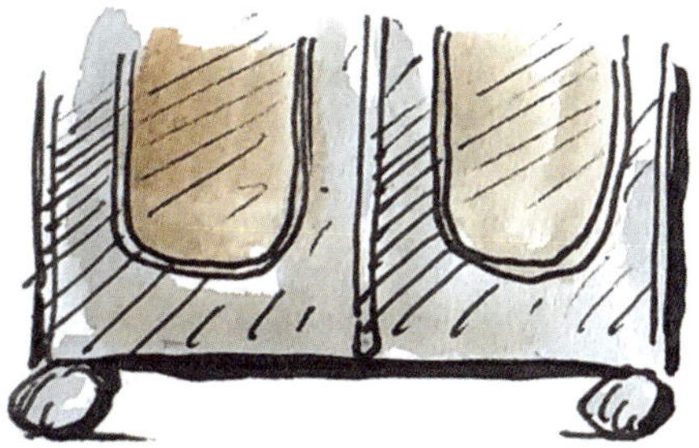

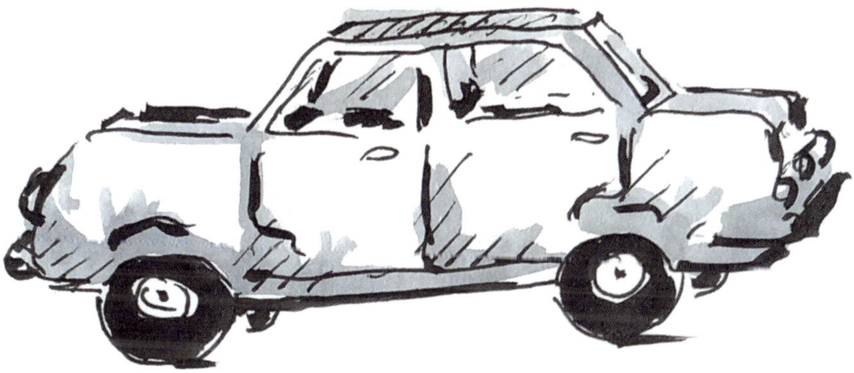

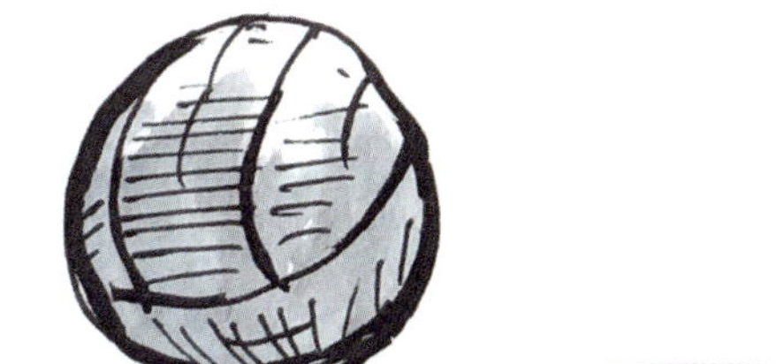

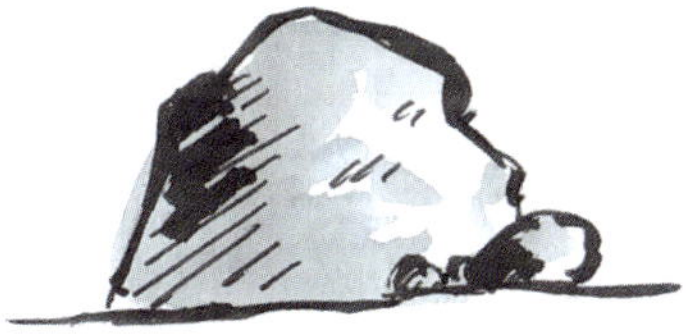

LASS NOCH MEHR KATZEN VERSCHWINDEN!

GEFÄHRLICHE UND VERBOTENE VERSTECKE

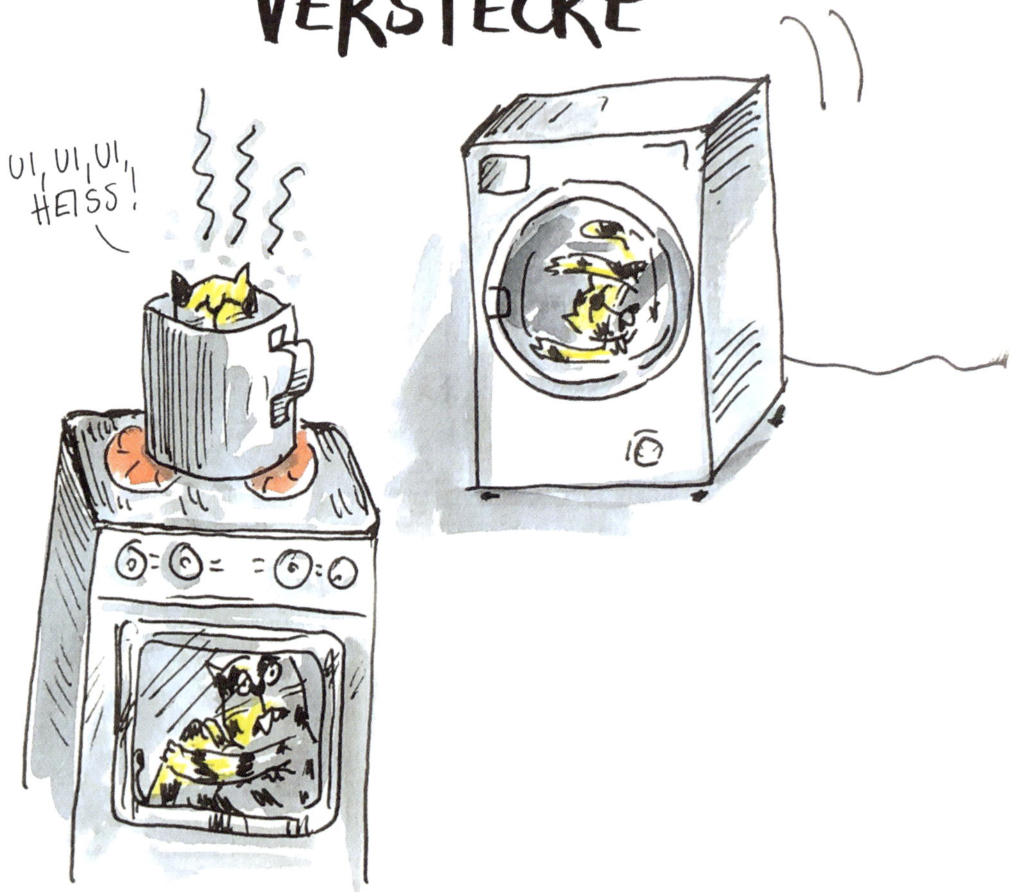

WELCHE GEFAHRENQUELLEN
UND NO-GOs FALLEN DIR NOCH EIN?

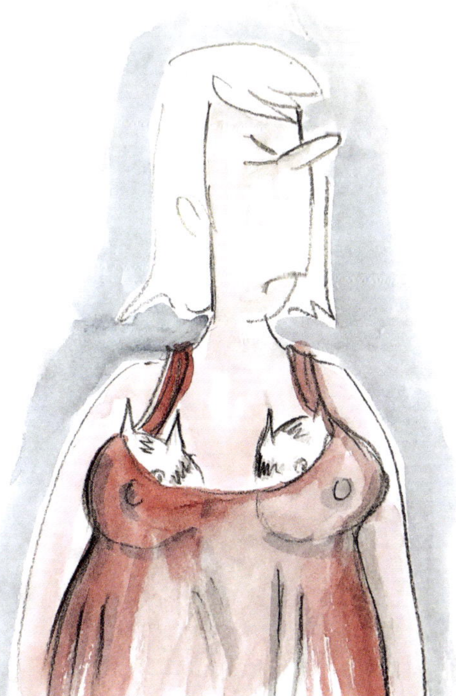

AB IN DIE WILDNIS

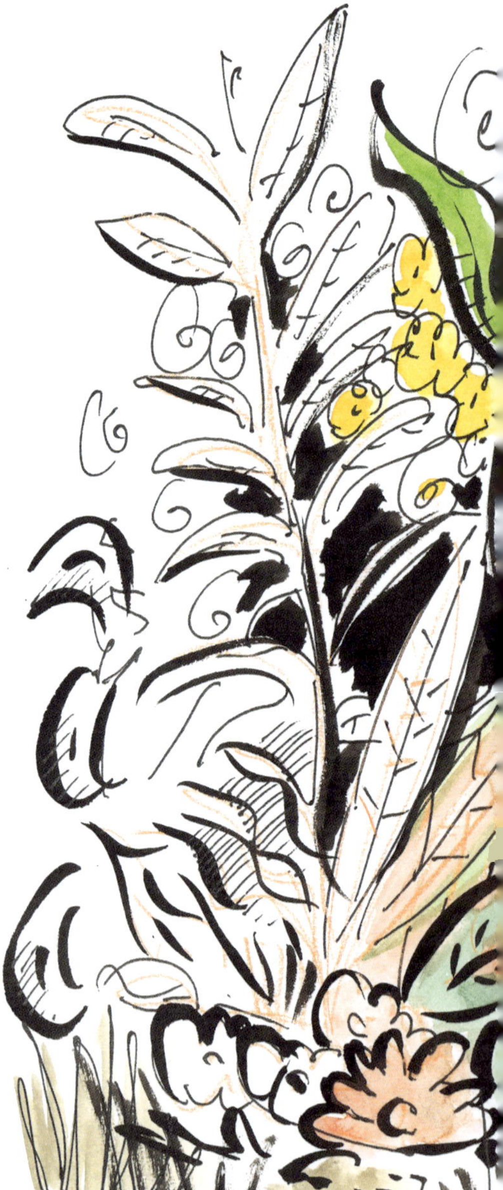

NIMM BLEISTIFT, PINSEL, FARBSTIFTE
UND LASS DIESE SEITE KOMPLETT ZUWACHSEN!

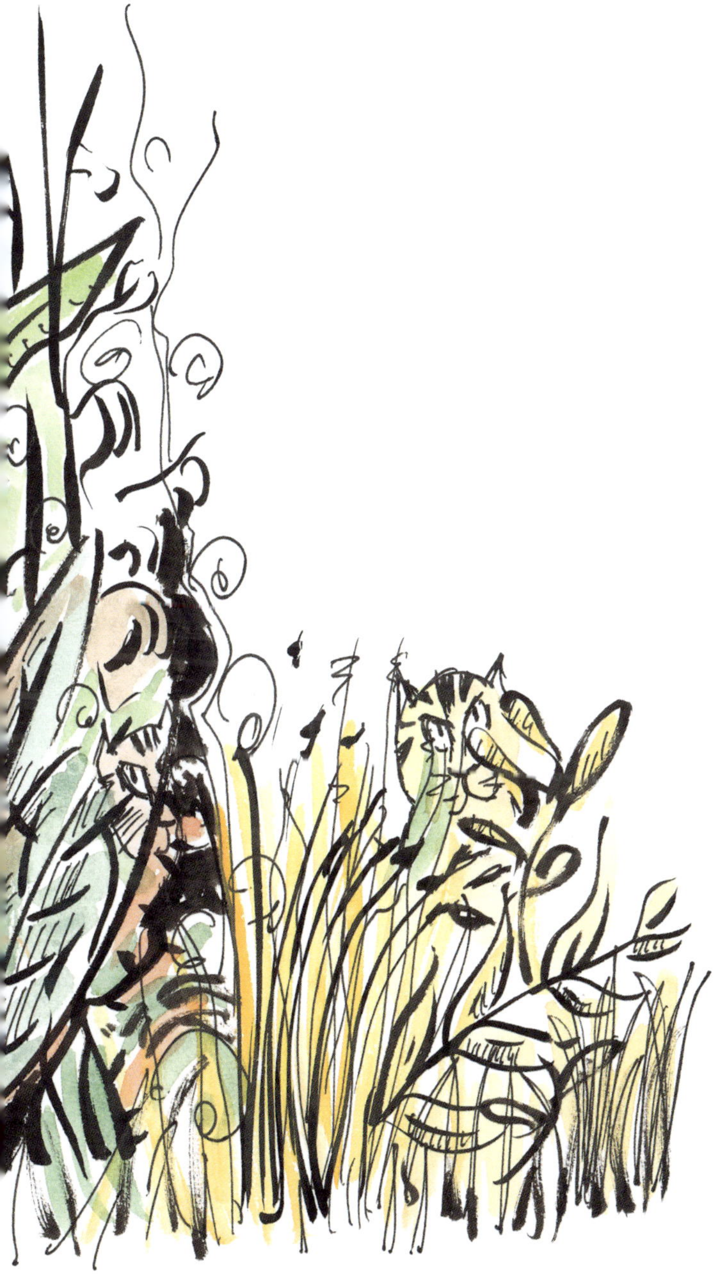

SELTSAME FRISUREN

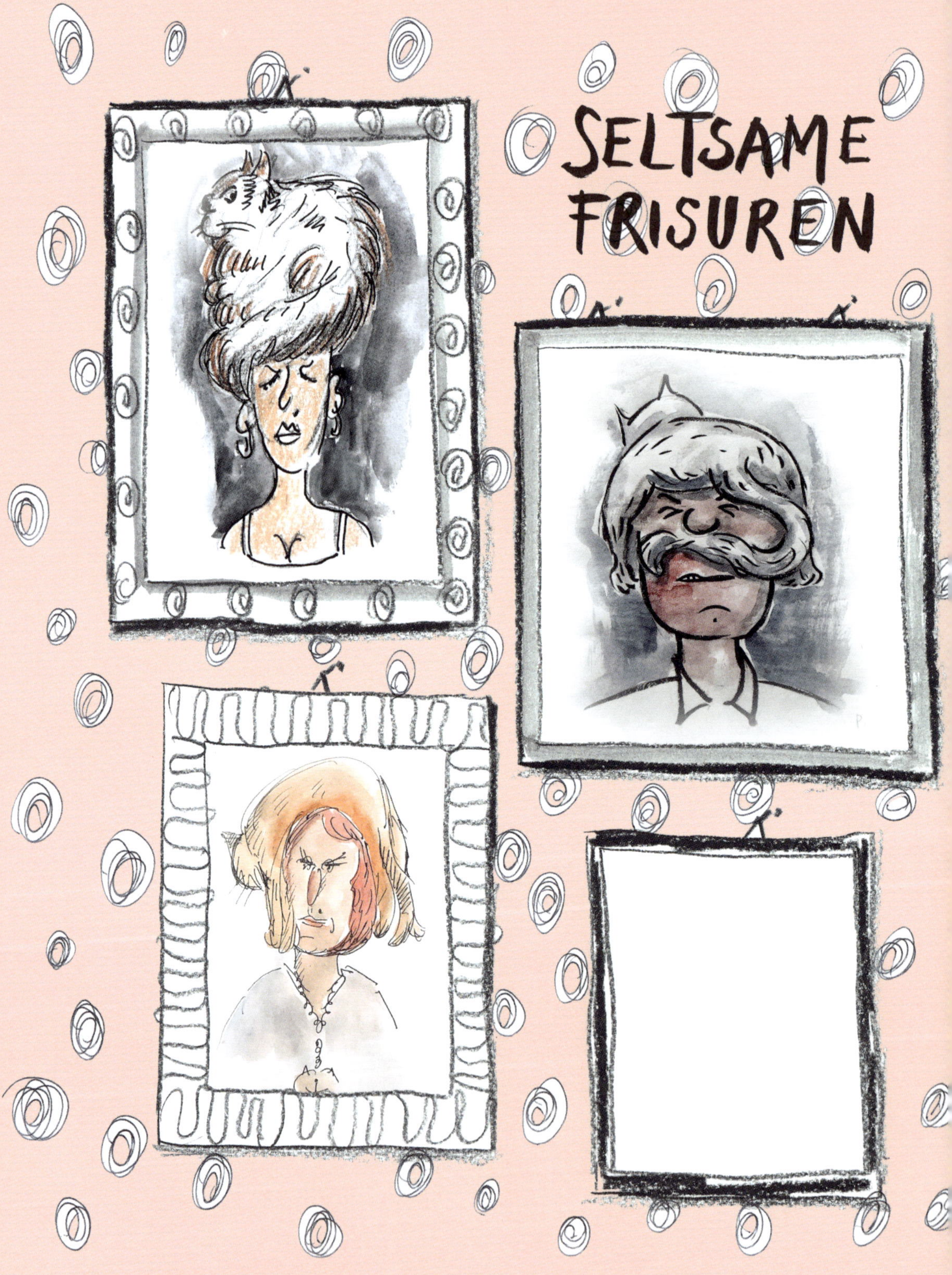

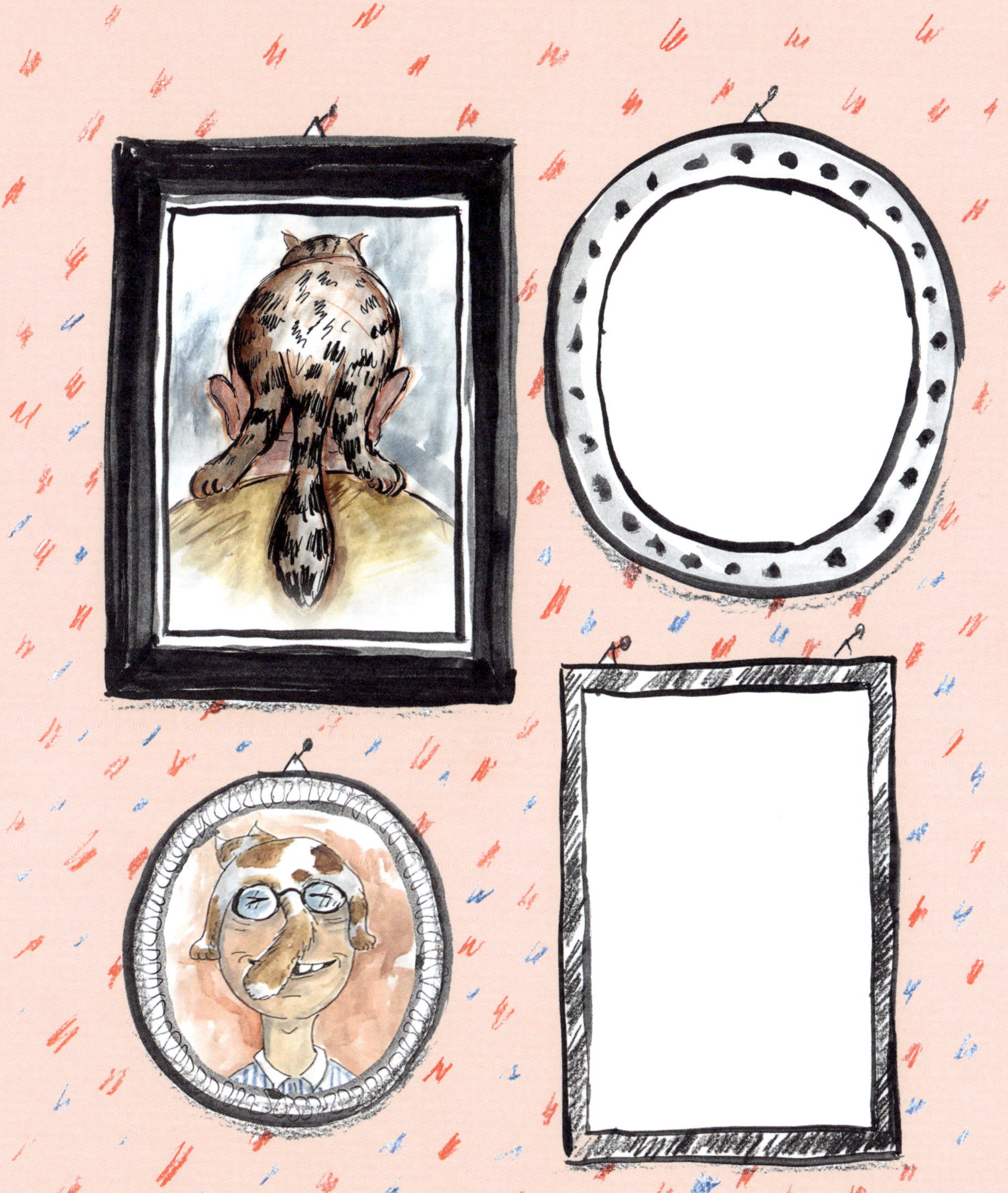

DREI BILDERRAHMEN SIND FÜR DICH FREI!

TATTOO, TATA!

TATTOOS FÜR KATZENLIEBHABERINNEN

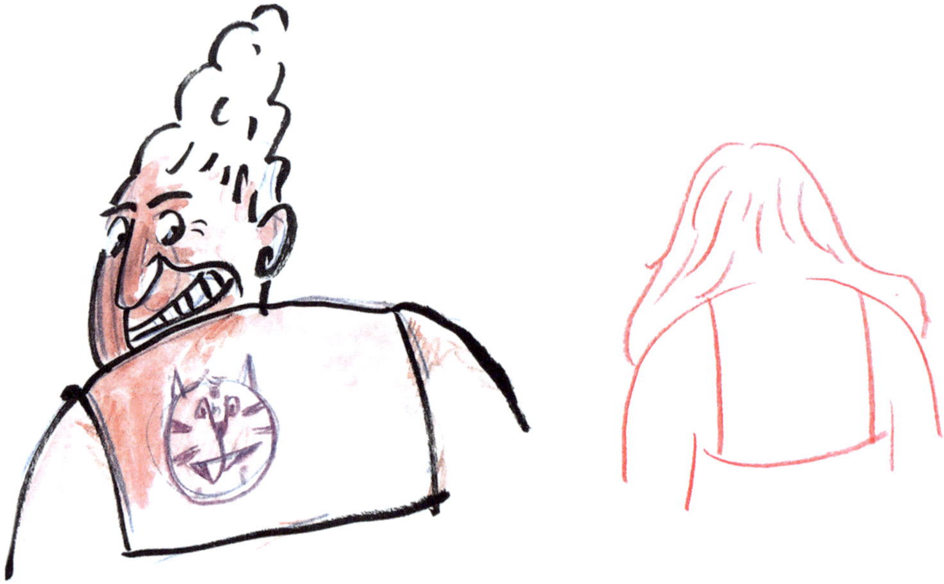

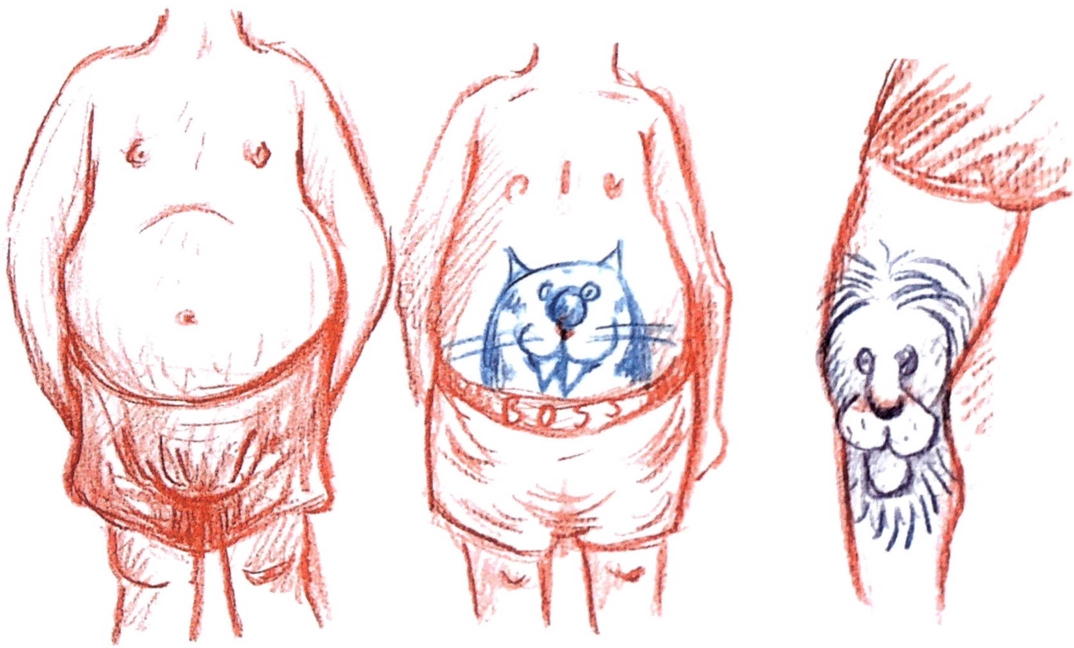

HAST DU EIGENE IDEEN? DANN MAL LOS!

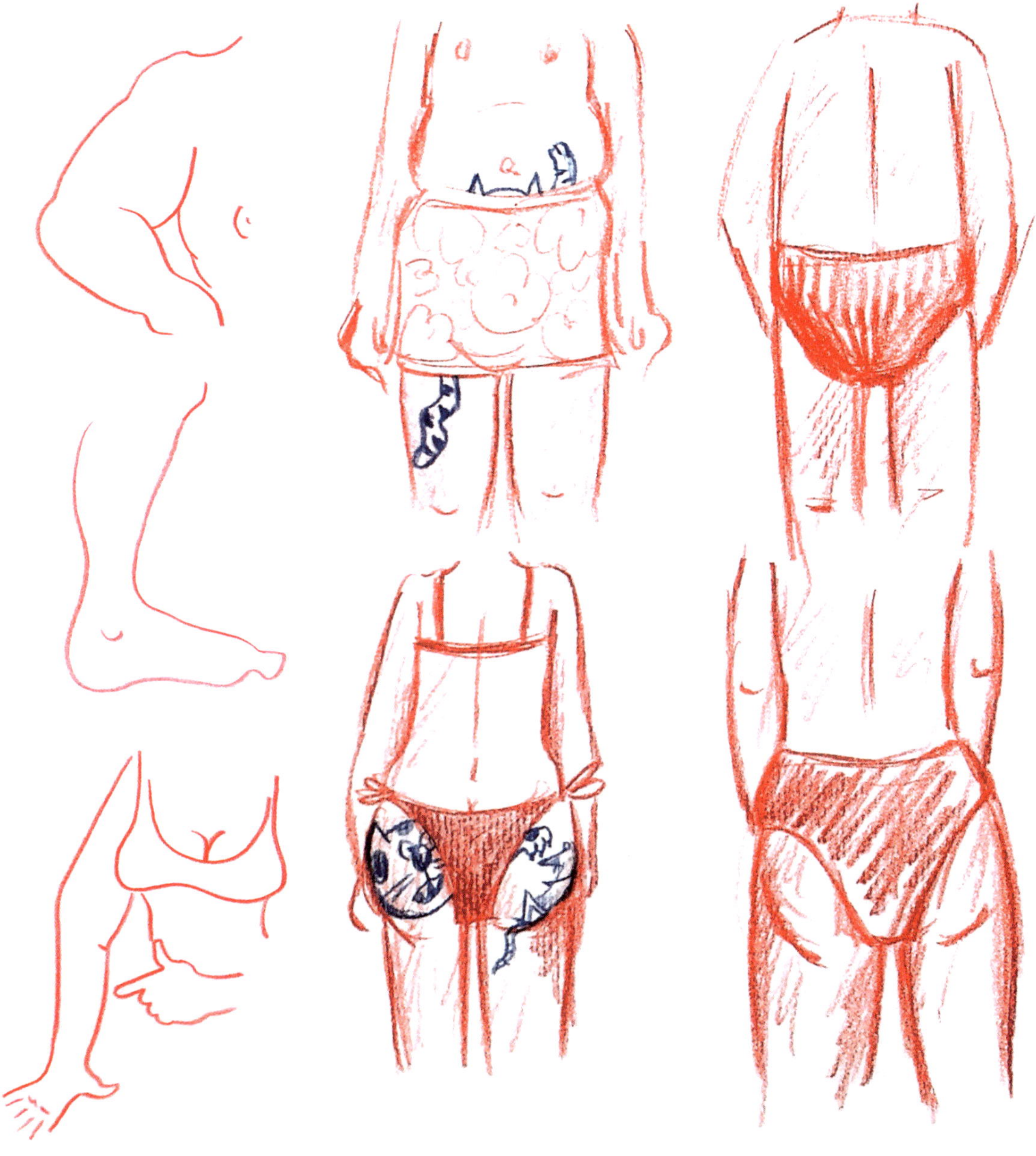

KATZEN UND DIE ANDEREN

KATZ UND MAUS

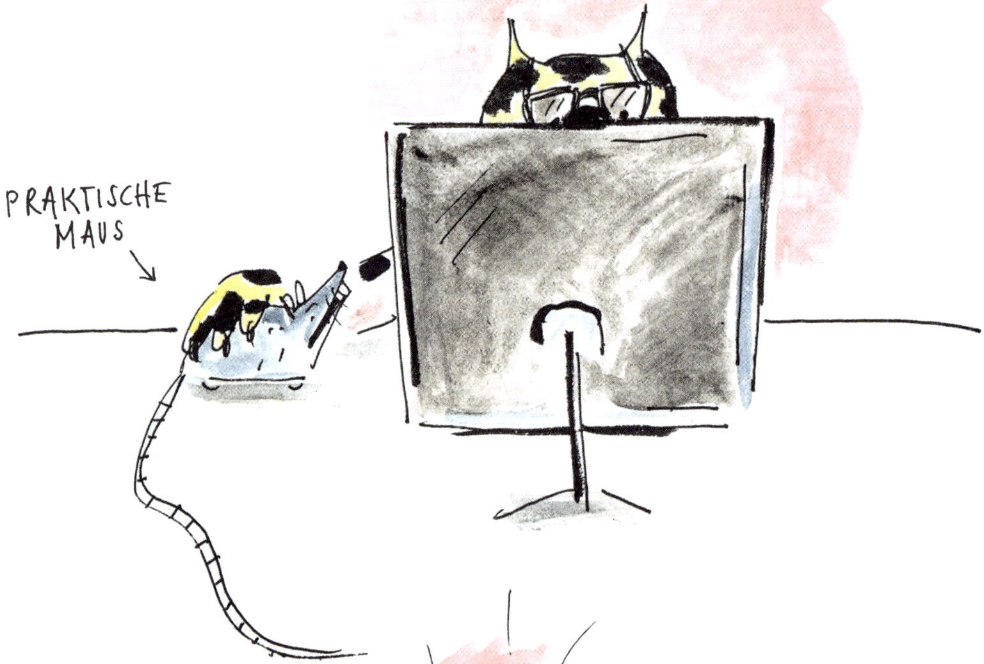

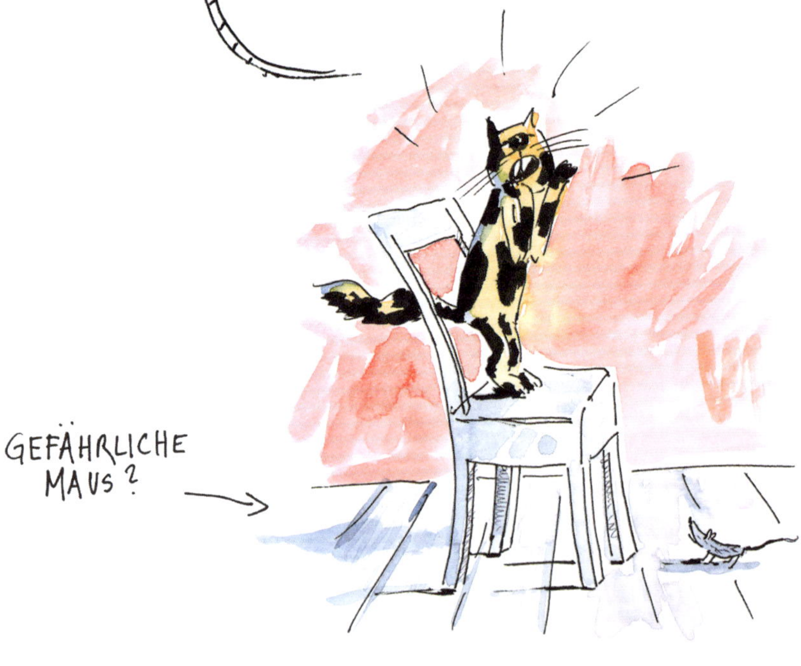

ERFINDE WEITERE LUSTIGE PAARE!

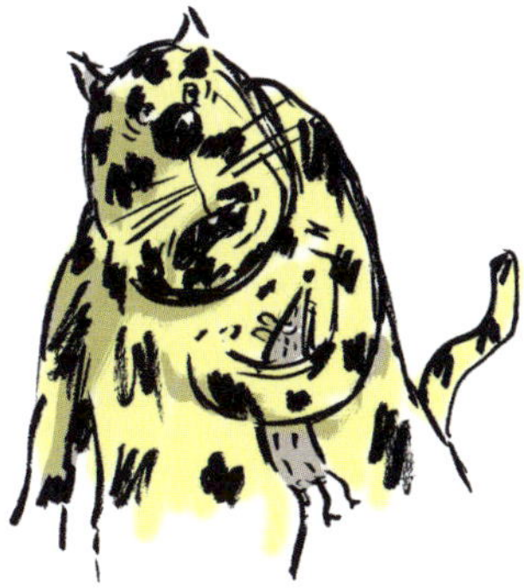

SCHNUCKELIGE MAUS

SO KANNST DU MÄUSE ZEICHNEN:

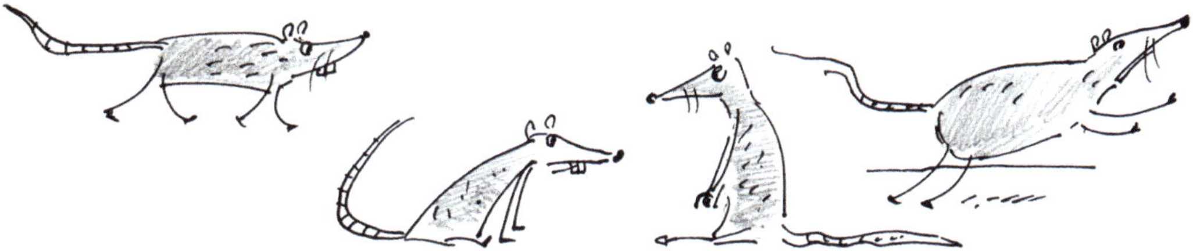

KATZEN UND IHRE GEHEIME LIEBE ZU VÖGELN

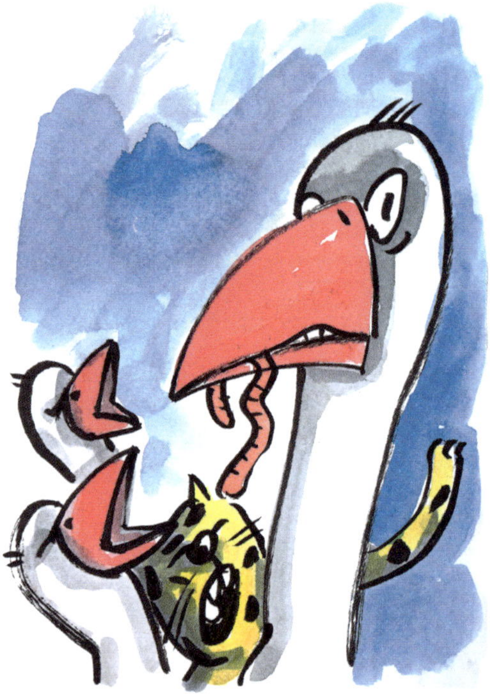

KUCKUCKS-
KATZE

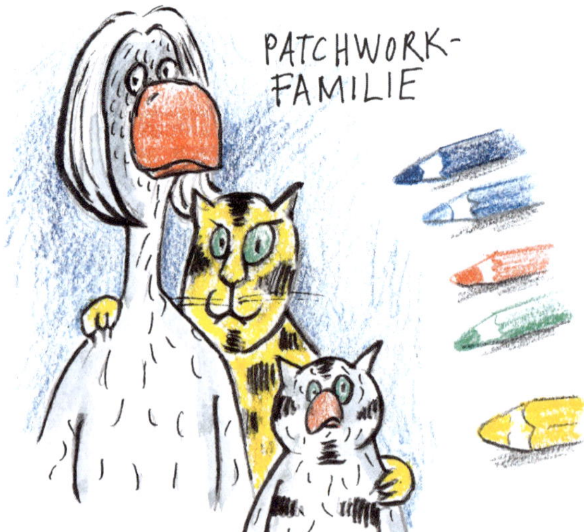

PATCHWORK-
FAMILIE

ZEICHNE NOCH MEHR LIEBESGESCHICHTEN …

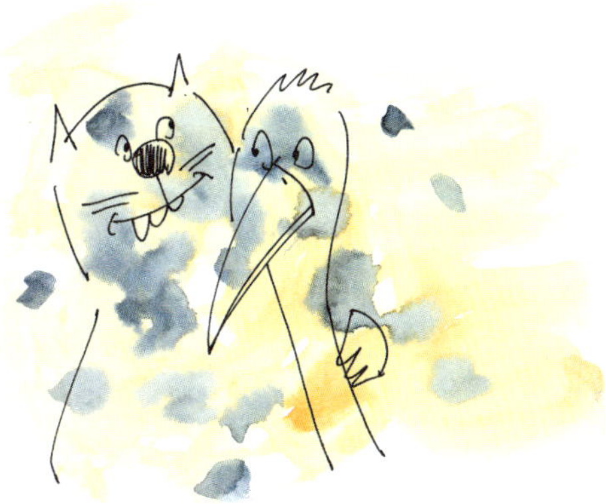

VÖGEL SIND EINFACH DARZUSTELLEN:

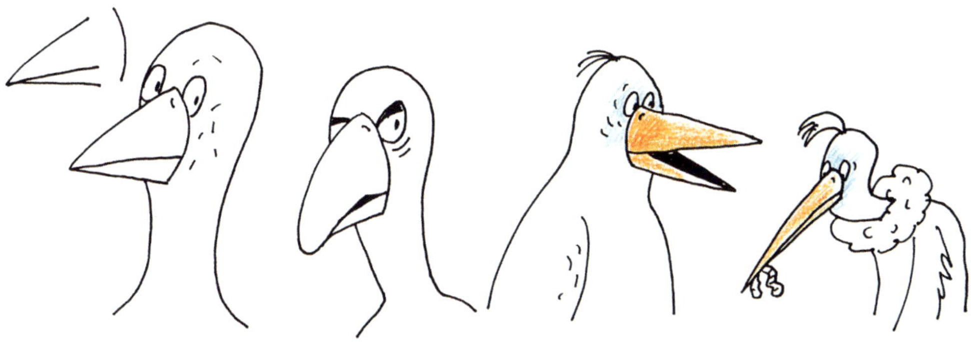

DIESER BÄR MAG KATZEN SEHR

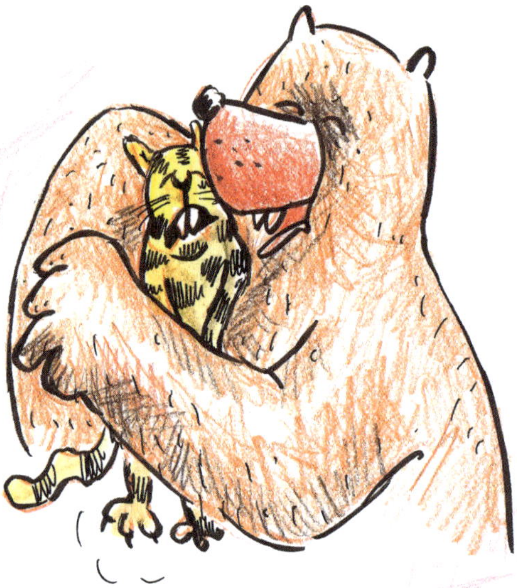

ZU SEHR!

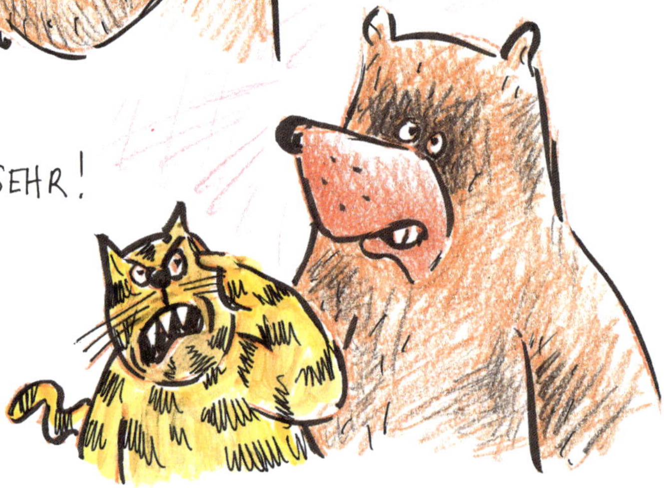

EIN BÄR GEHT SO ...

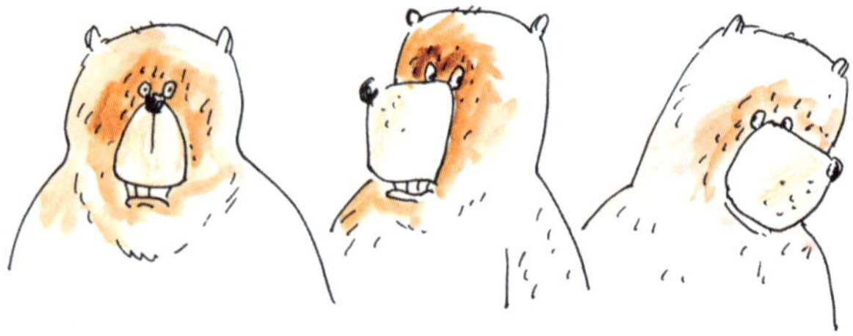

HIER GIBT ES EINIGE PLÄTZE,
WO KATZEN SITZEN ODER LIEGEN KÖNNTEN ↓

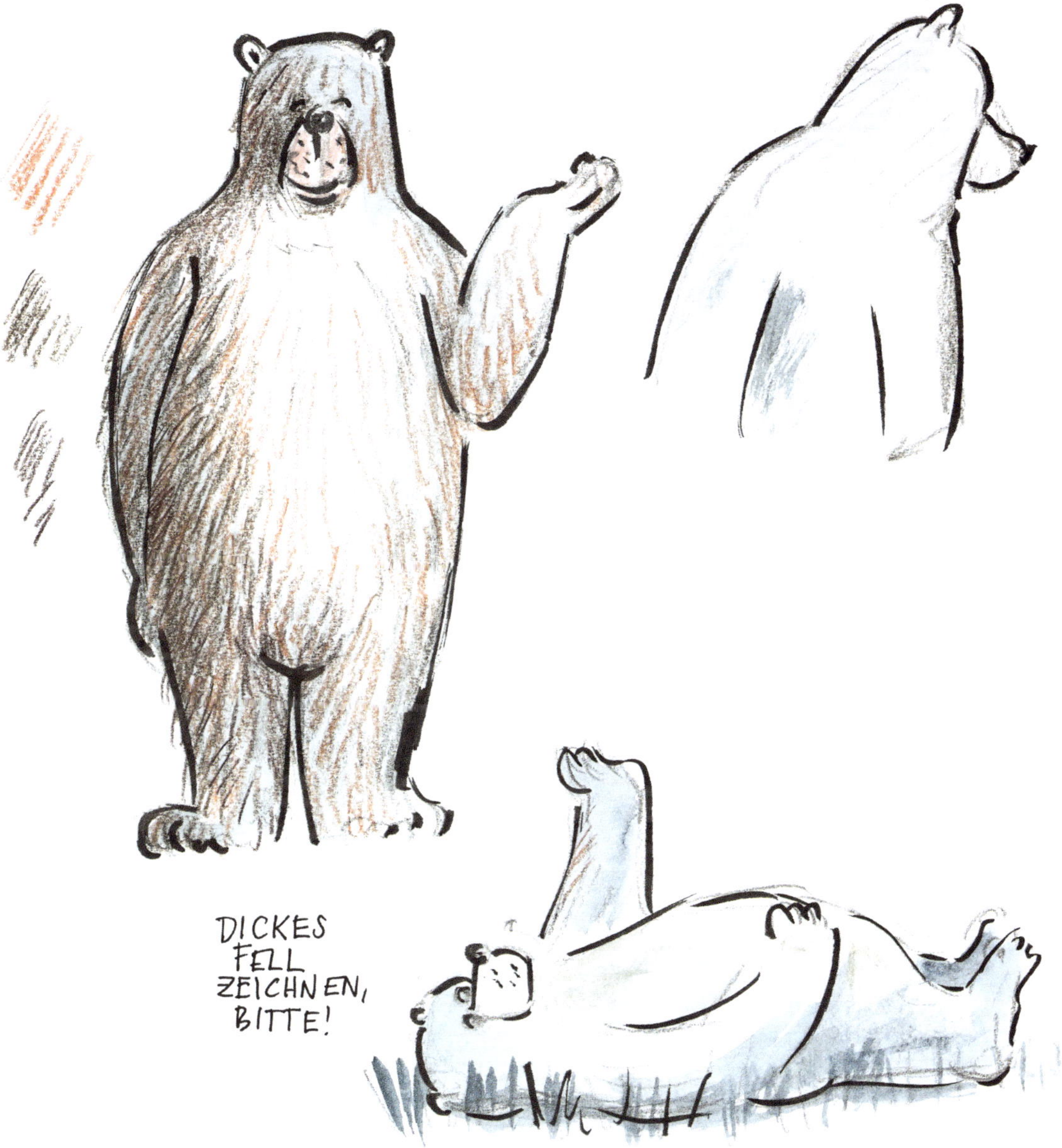

WIE HUND UND KATZ

DIESER SPRUCH STIMMT DOCH GAR NICHT!

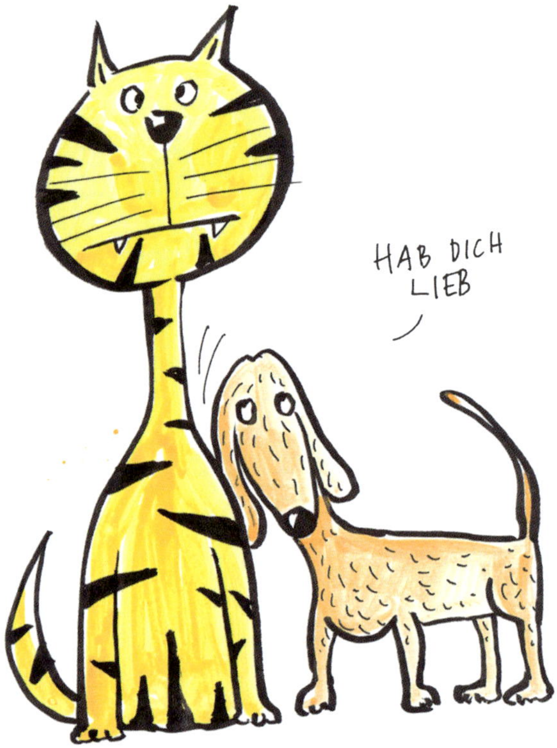

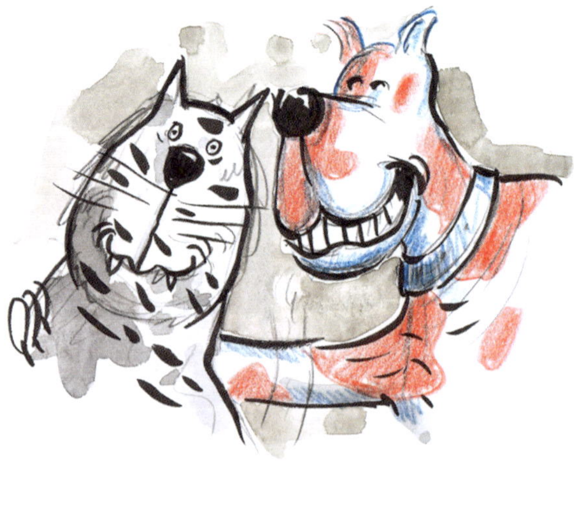

DAZU HAST DU SICHER EIGENE IDEEN!

SO ZEICHNEST DU EINEN HUND:

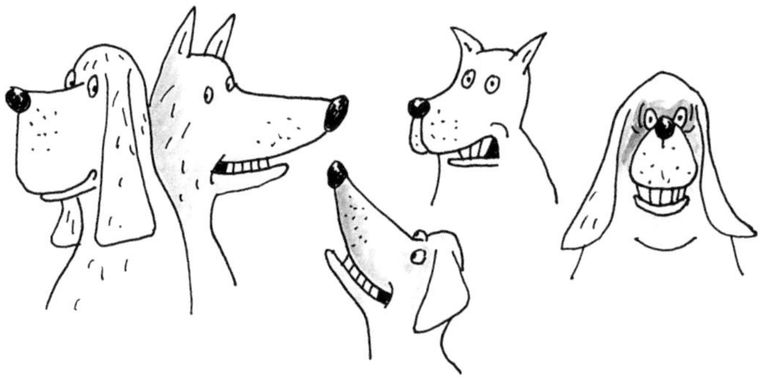

BEKANNTE VERWANDTE

LÖWE UND TIGER – REAL UND VEREINFACHT

ONKEL LEO

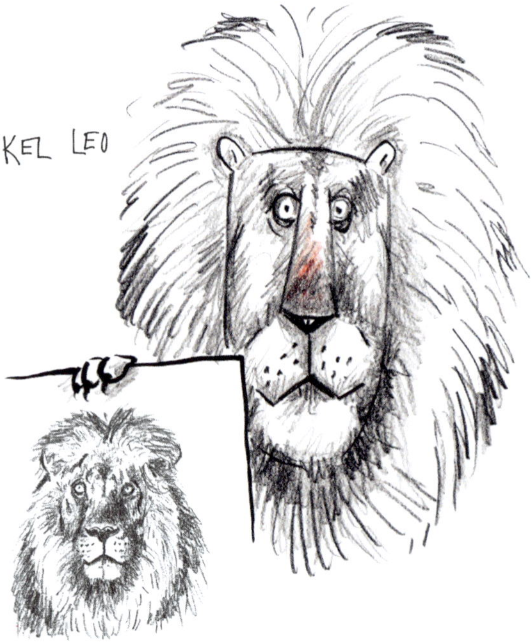

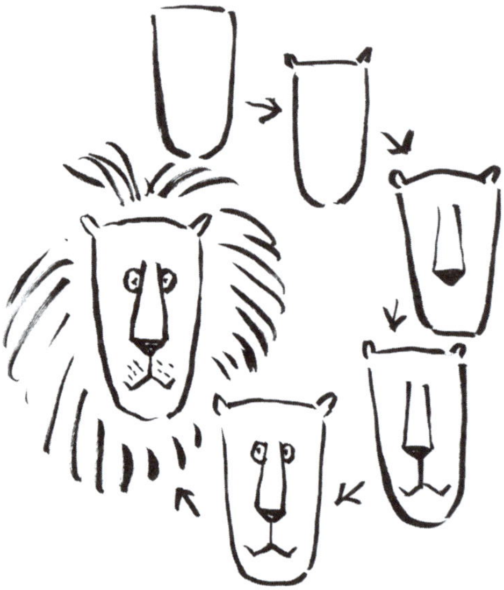

ZEICHNE EINEN LÖWENKOPF ...

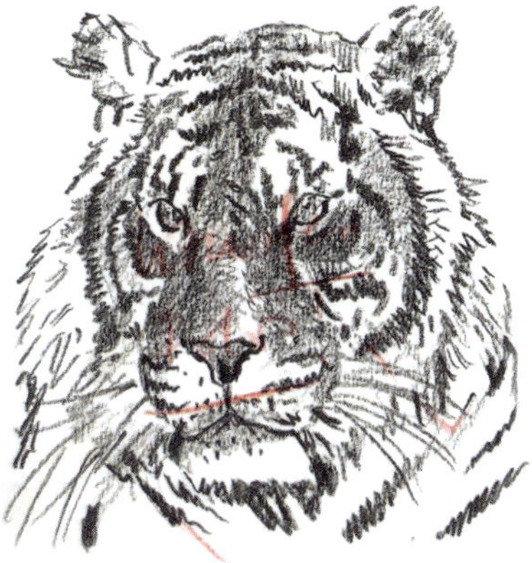

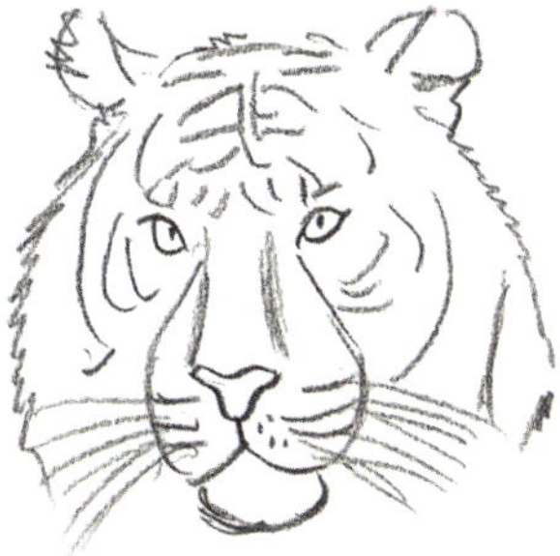

TANTE TIGA

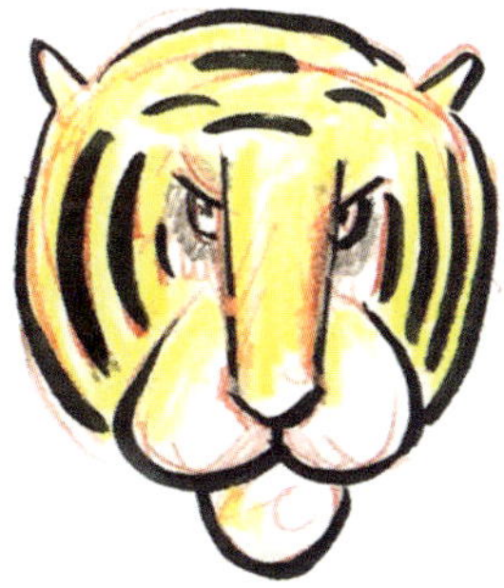

... UND HIER DEN VOM TIGER!

... UND NUN DIE KÖRPER!

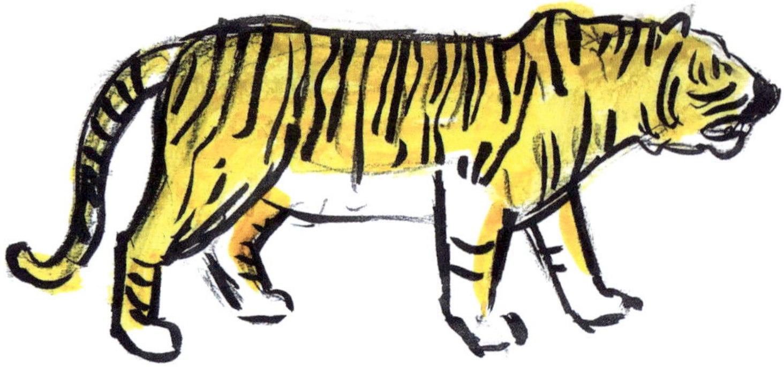

AUCH DIE LASSEN SICH VEREINFACHEN –
VERSUCHE ES MAL!

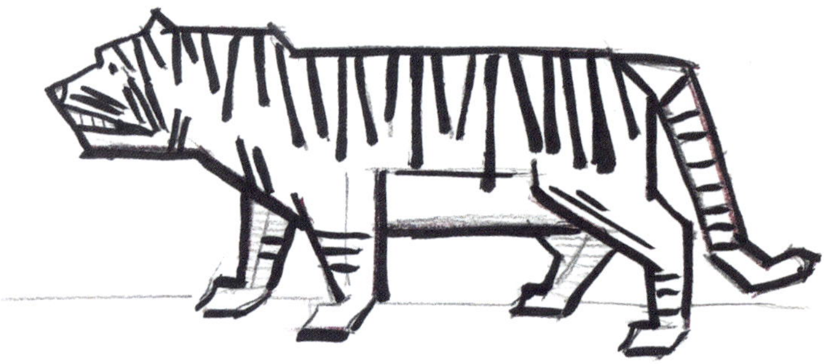

ERGÄNZE HIER DIE FEHLENDEN KÖRPERTEILE ...

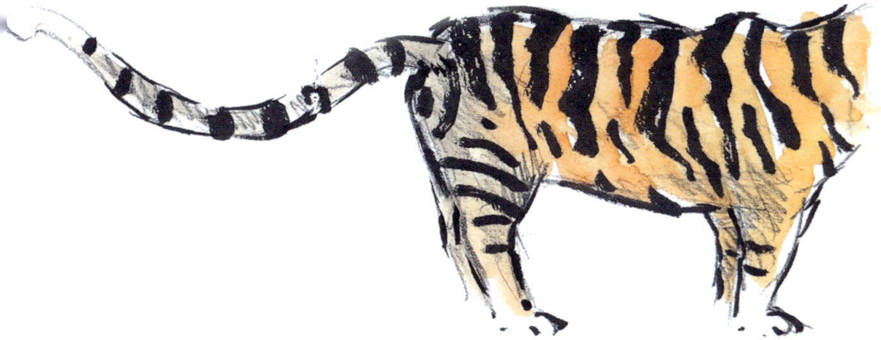

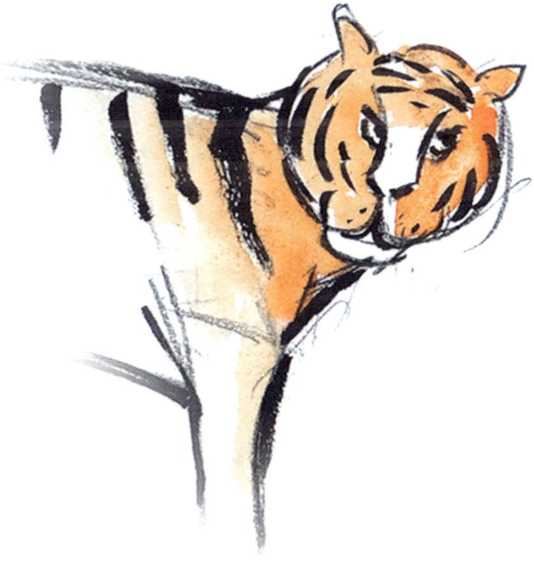

WIE SICH EINE LUSTIGE ZEICHNUNG ENTWICKELT

(1) AM ANFANG STEHT IMMER EINE IDEE FÜR EIN THEMA. ZUM BEISPIEL: ÄHNLICHKEIT ZWISCHEN MENSCHEN UND IHREM HAUSTIER – WIRD JA BEHAUPTET!

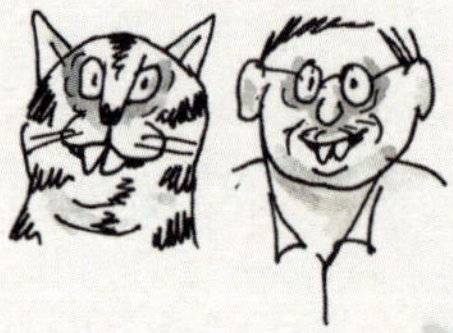

SKIZZEN DAZU ANFERTIGEN!

(2) DAZU BRAUCHT MAN NUN LUSTIGE BILDIDEEN. DAS IST GAR NICHT SO EINFACH – HIER SIEHST DU DREI VERSUCHE:

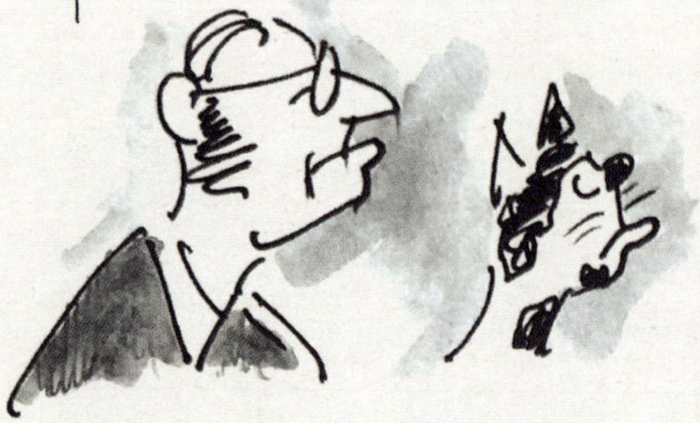

• BEIDE SCHAUEN IN DEN SPIEGEL

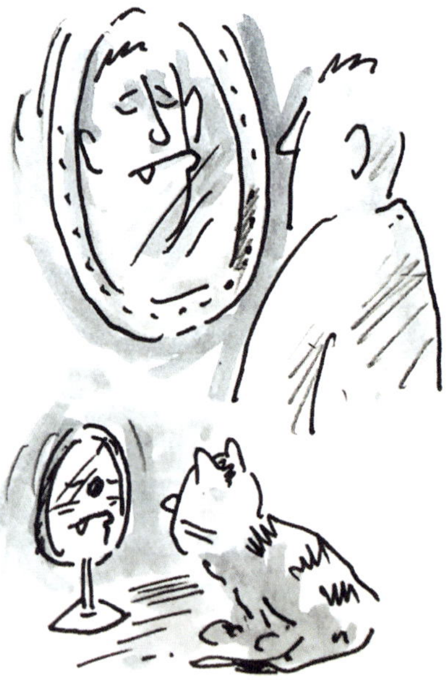

• SITZEN (Z.B. BEIM TIERARZT)

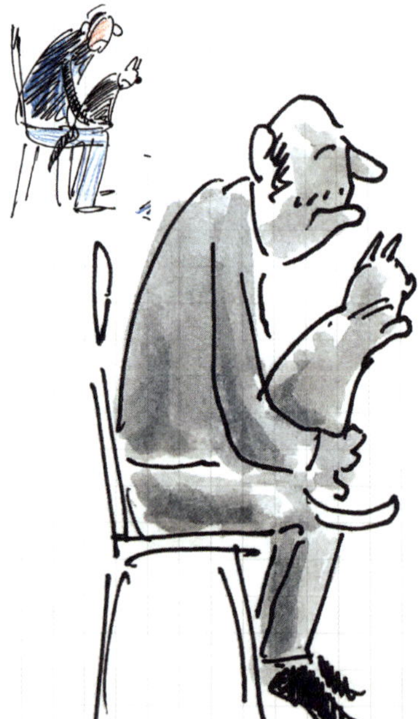

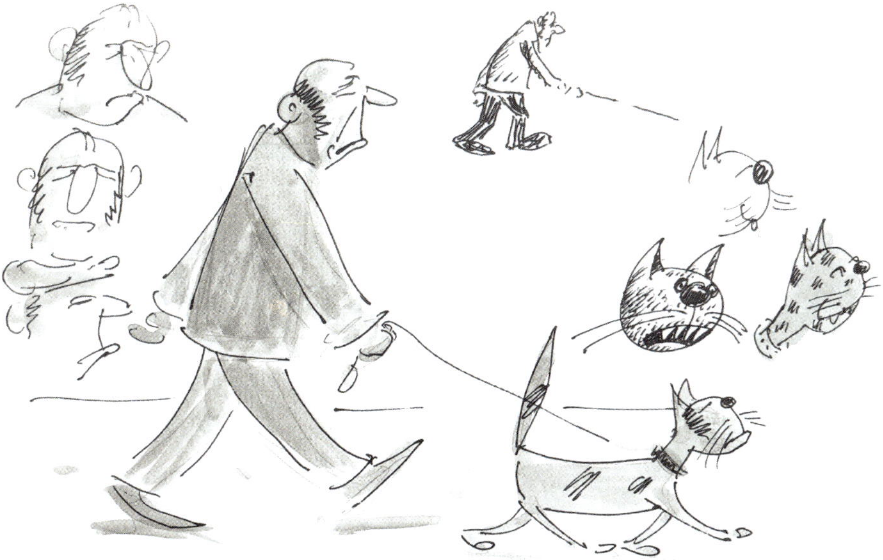

• ODER: GASSI GEHEN!

(DA WÄRE AUCH NOCH EINE ANSPIELUNG AN HUNDE VERSTECKT)

③ FINALE: DIE REINZEICHNUNG! EINFACH HALTEN!

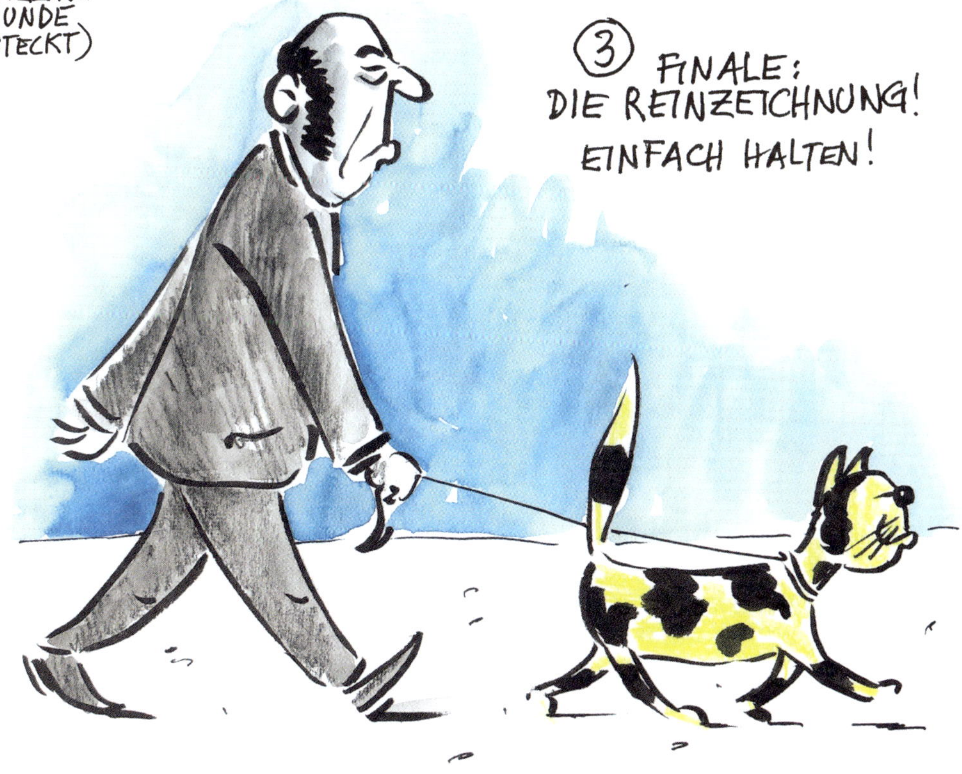

DIESE ZEICHNUNG KOMMT OHNE TEXT AUS

PENGS SKIZZENBÜCHER

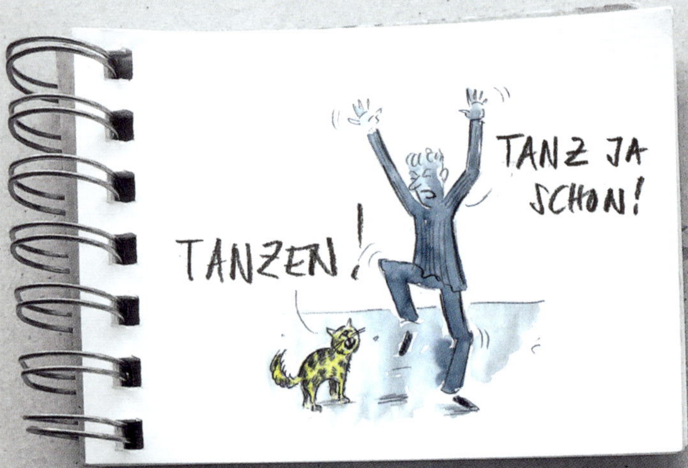

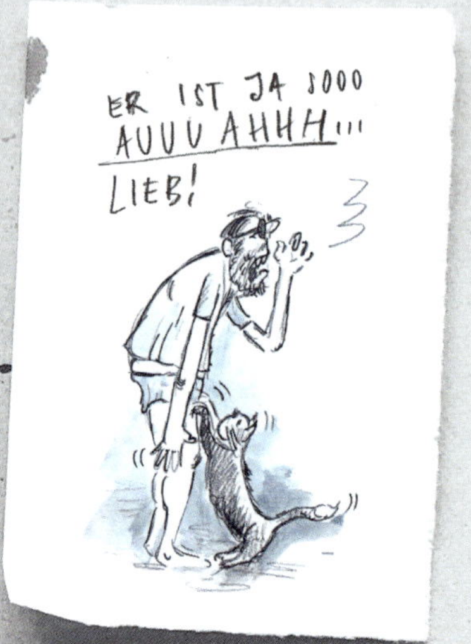

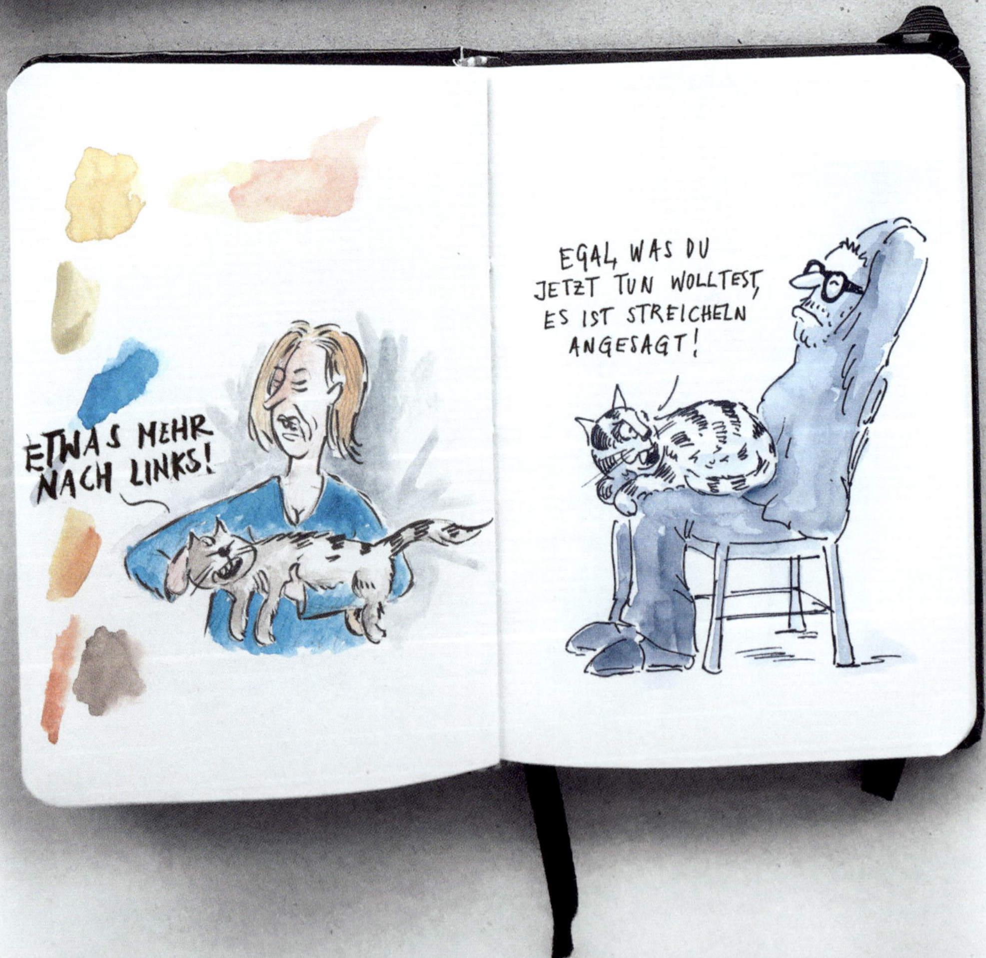

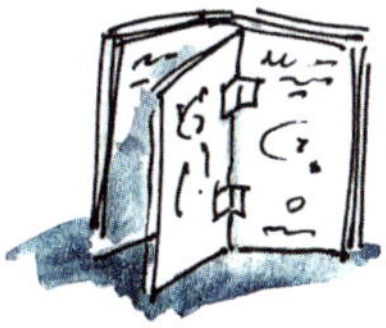

KLEBE HIER DEINE LUSTIGSTEN
SKIZZEN EIN!

POSTKARTEN-MOTIVE

ZUM NACHZEICHNEN

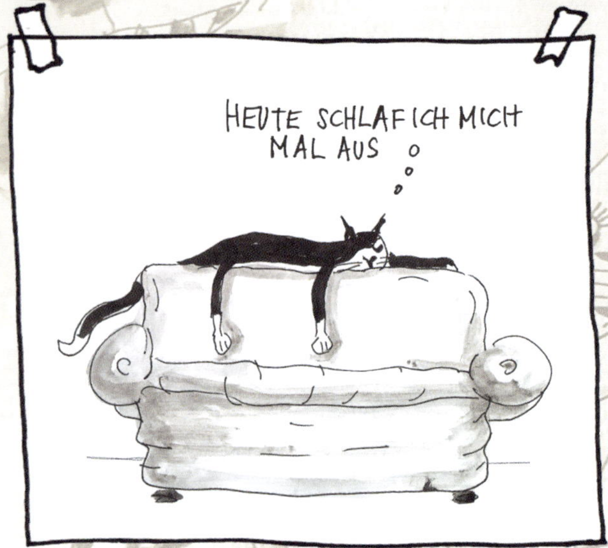

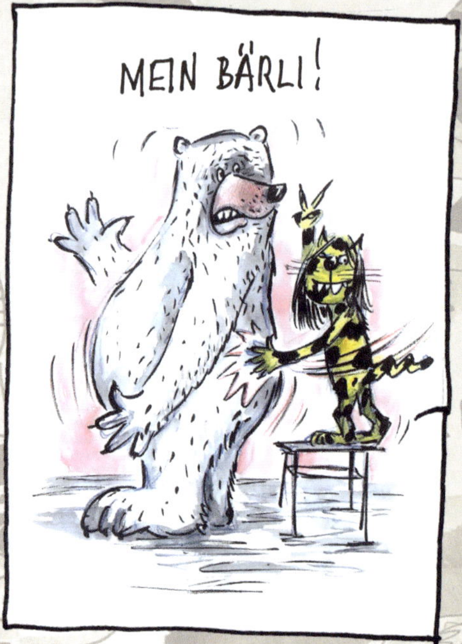

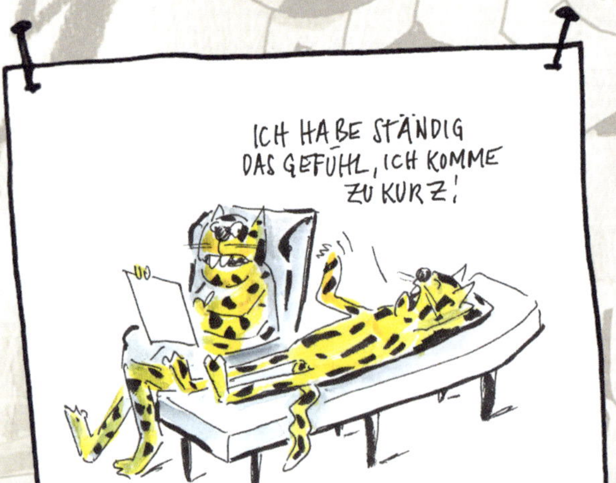

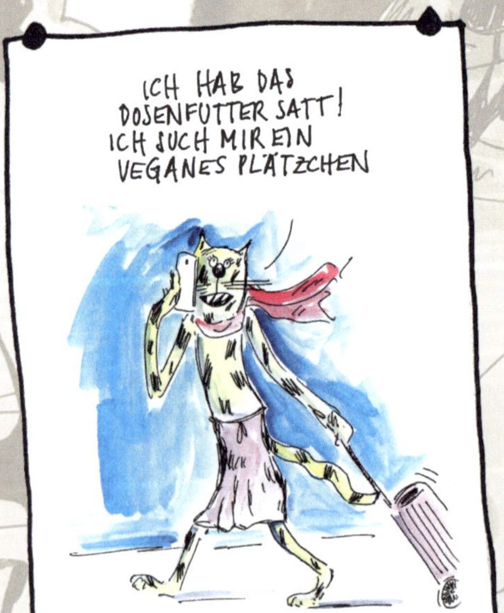

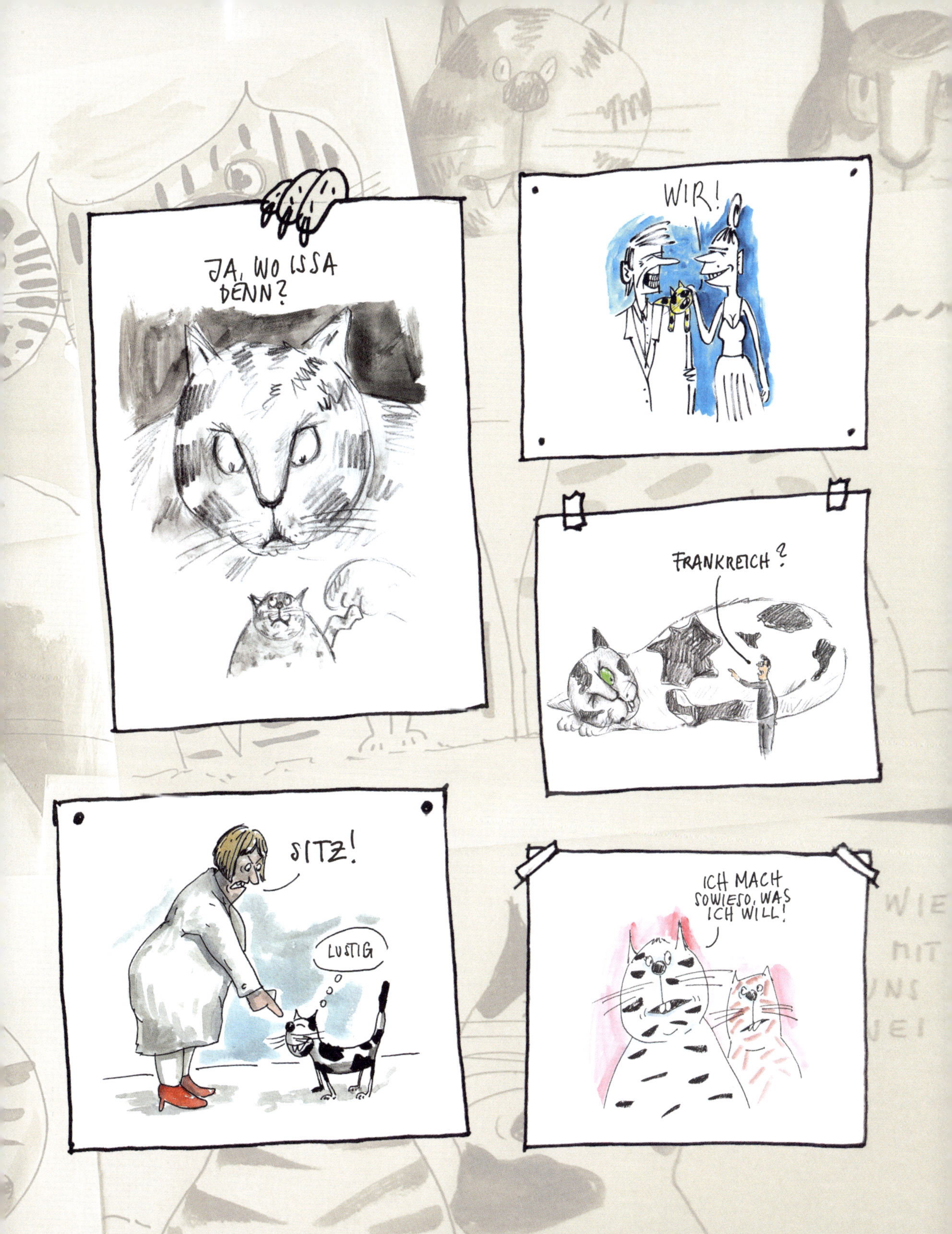

JA, WO ISSA DENN?
WIR!
FRANKREICH?
SITZ!
LUSTIG
ICH MACH SOWIESO, WAS ICH WILL!

MASKENSPIEL

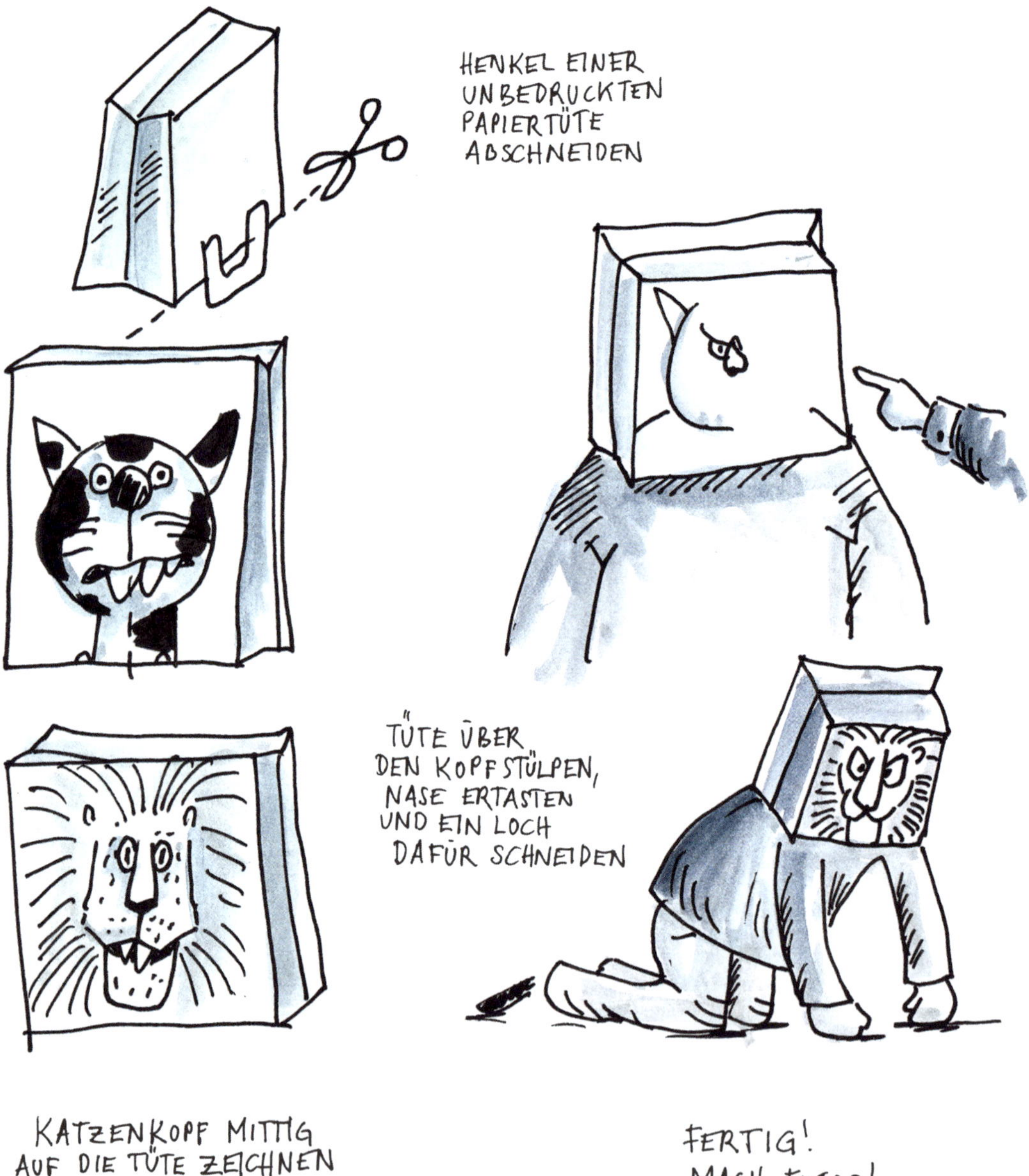

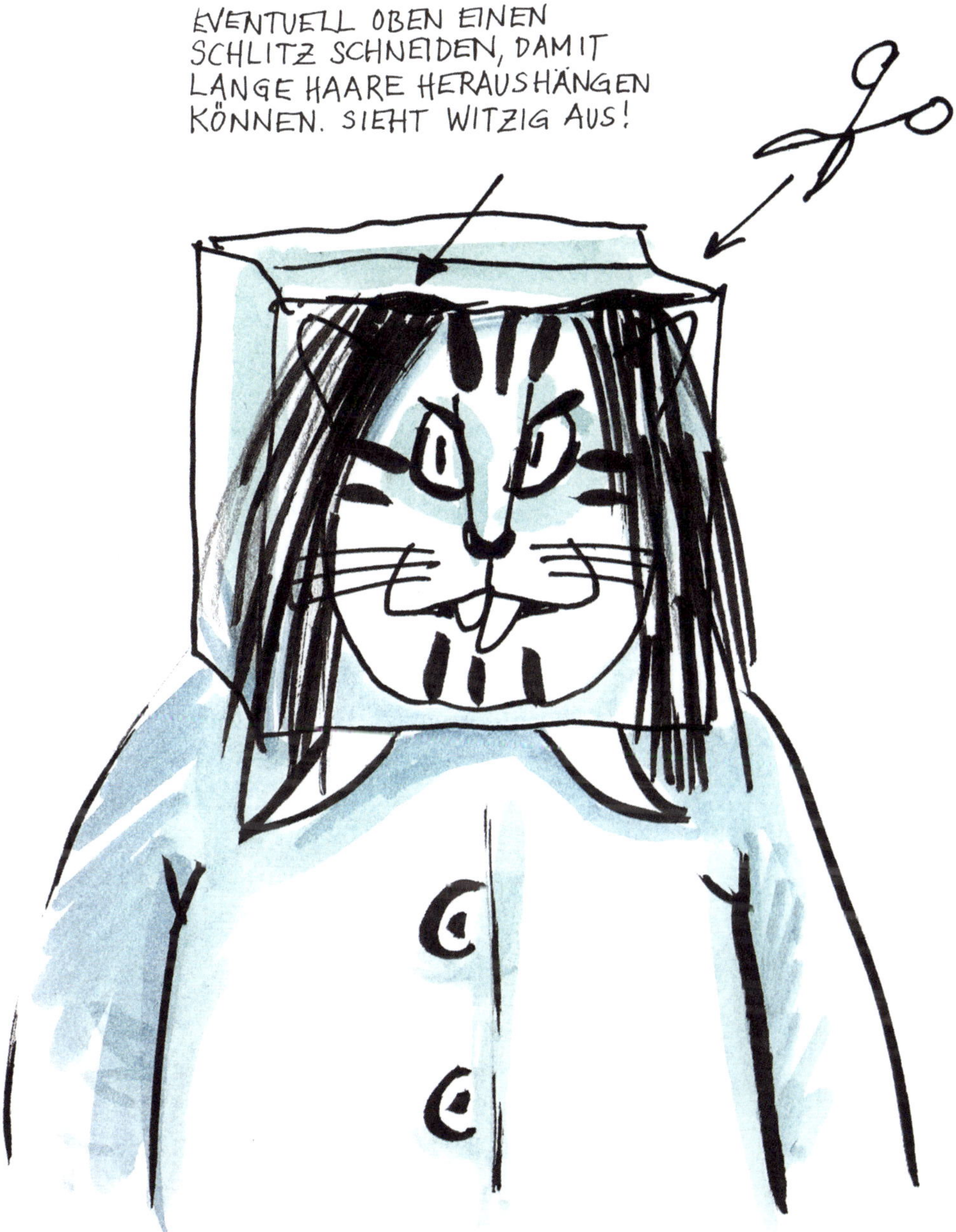
EVENTUELL OBEN EINEN SCHLITZ SCHNEIDEN, DAMIT LANGE HAARE HERAUSHÄNGEN KÖNNEN. SIEHT WITZIG AUS!

DIE SPRECHENDE KATZE

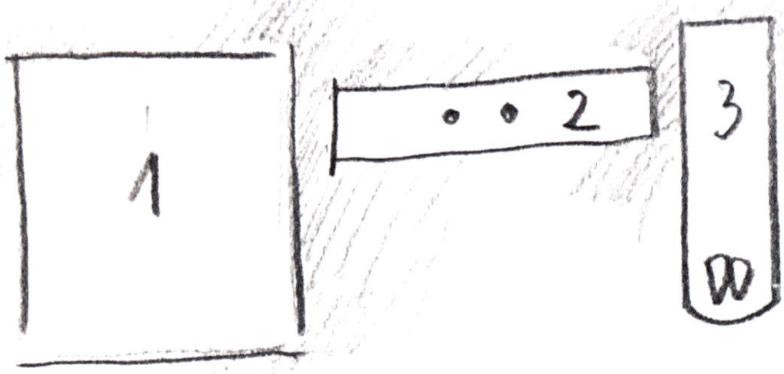

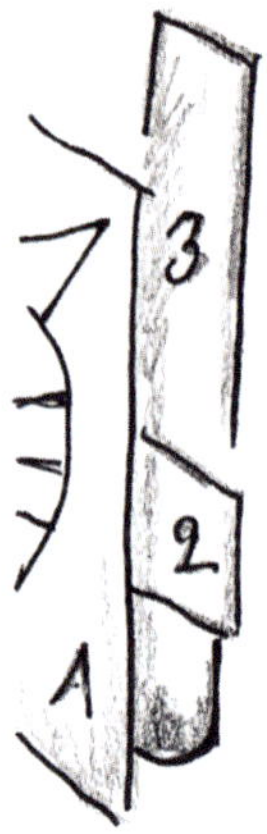

DU BRAUCHST:
DICKES ZEICHENPAPIER, SCHERE, ZEICHENMATERIAL

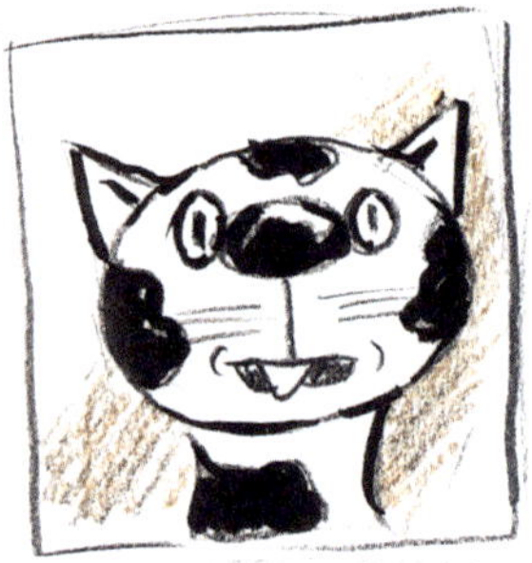

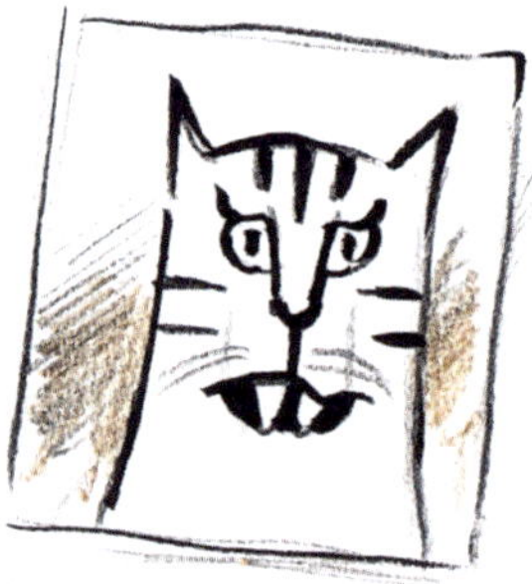

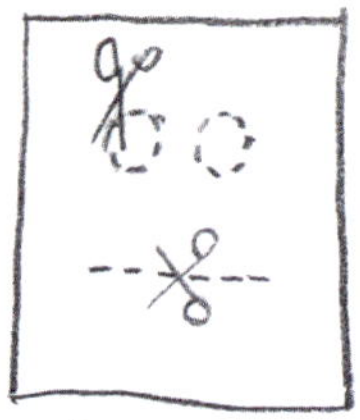

AUF- UND AUSSCHNEIDEN

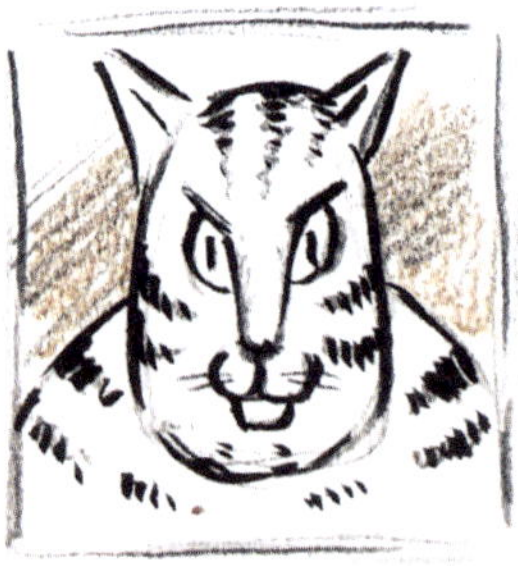

VORLAGEN ↑

ARBEITSSCHRITTE:

- KATZENKOPF ZEICHNEN
- AUGEN AUSSCHNEIDEN
- SCHLITZ FÜR DEN UNTEREN TEIL DER SCHNAUZE SCHNEIDEN
- DIE ZWEI STREIFEN FÜR DIE BEWEGLICHEN TEILE (PUPILLEN UND SCHNAUZE) AUSSCHNEIDEN
- PUPILLEN UND SCHNAUZE AUF DIE STREIFEN ZEICHNEN
- STREIFEN ③ DURCH DEN SCHLITZ STECKEN, PUPILLENSTREIFEN ② SO PLATZIEREN, DASS DIE AUGEN SICH BEWEGEN KÖNNEN

WICHTIG:
ZEICHENBLATT MIT KLEBESTREIFEN AM TISCH FIXIEREN

UND SO ERWECKST DU DIE KATZE ZUM LEBEN:

BEIDE STREIFEN GLEICHZEITIG BEWEGEN UND DAZU SPRECHEN (ODER AUCH SINGEN). ZIEMLICH LUSTIG!

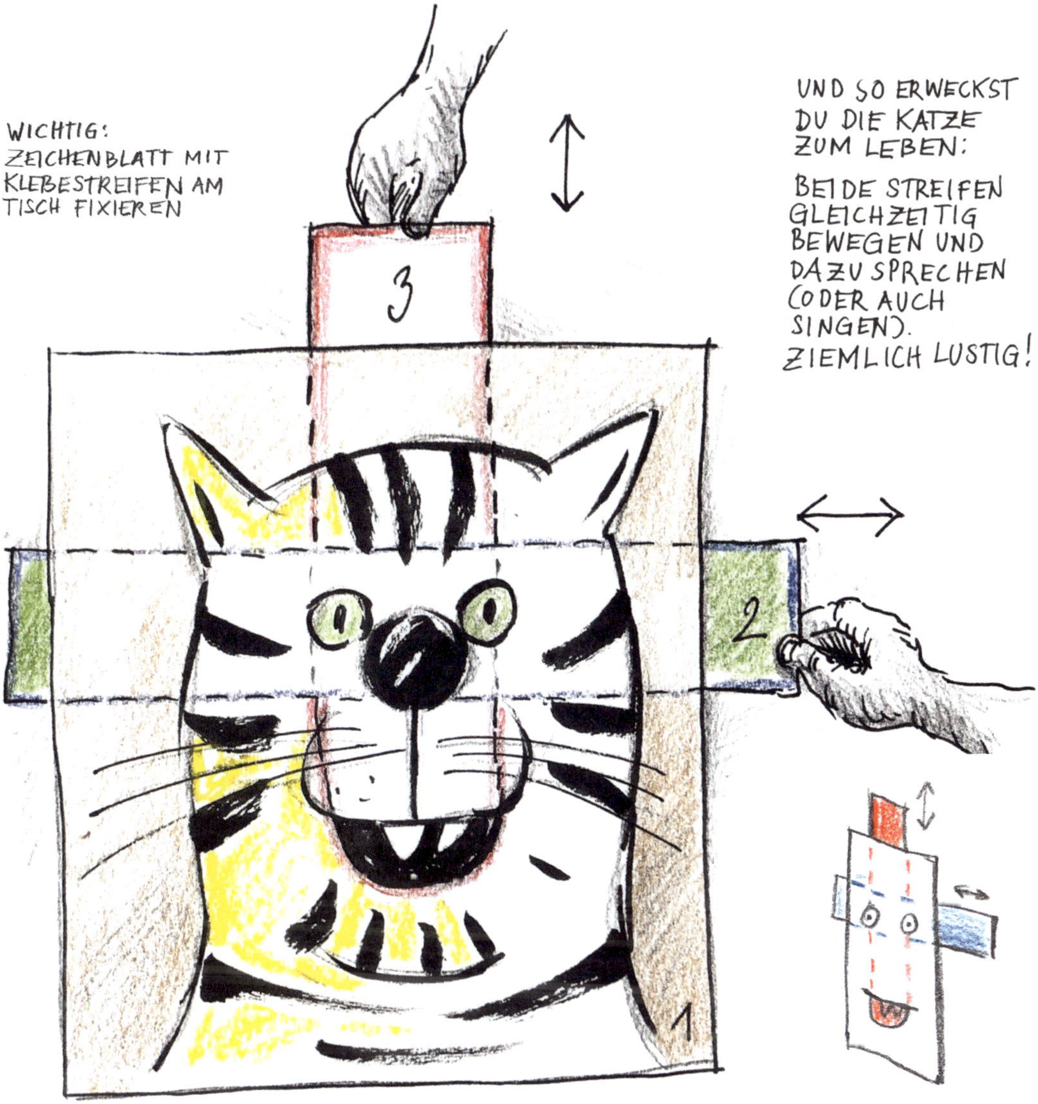

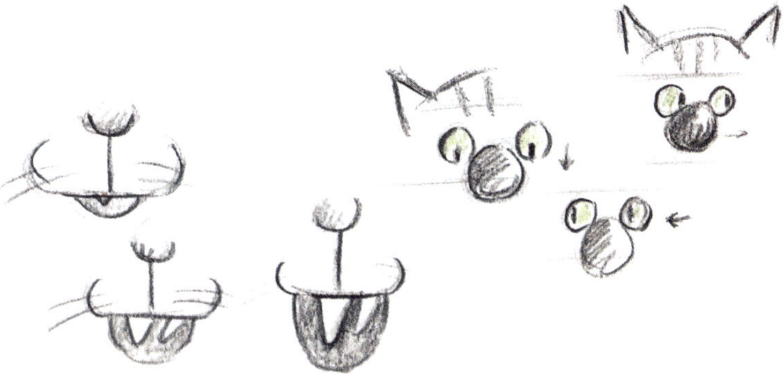

MACH MIT DEM HANDY EIN VIDEO DAVON!

(DU BRAUCHST DAZU EINE 2. PERSON ALS HILFE)

KAPITEL III

WIE DIE ALTEN MEISTER

DER WEG ZUM KATZENGEMÄLDE

DER KRÖNENDE ABSCHLUSS – HERAUSFORDERND, ABER REALISTISCH!

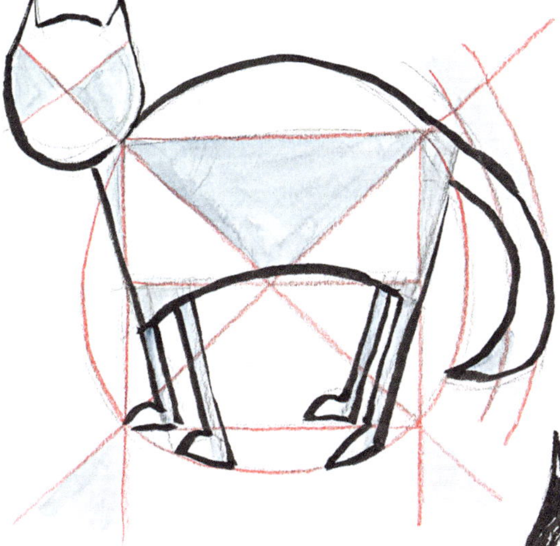

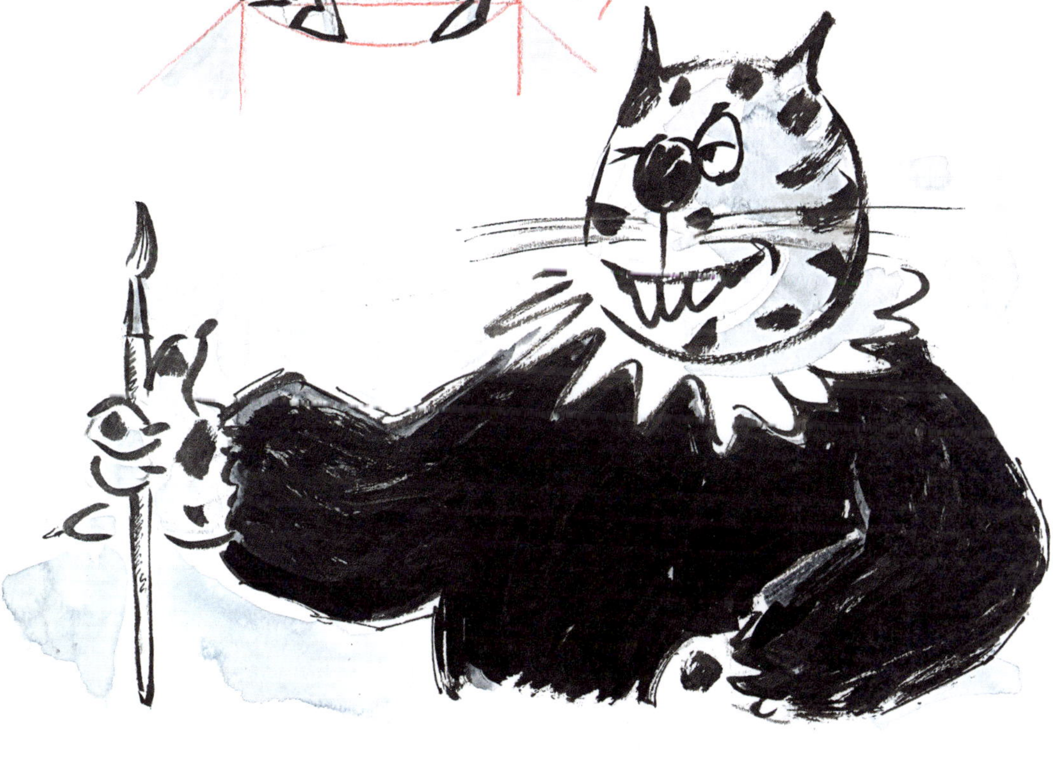

SKIZZIEREN

EIN WICHTIGER ERSTER SCHRITT

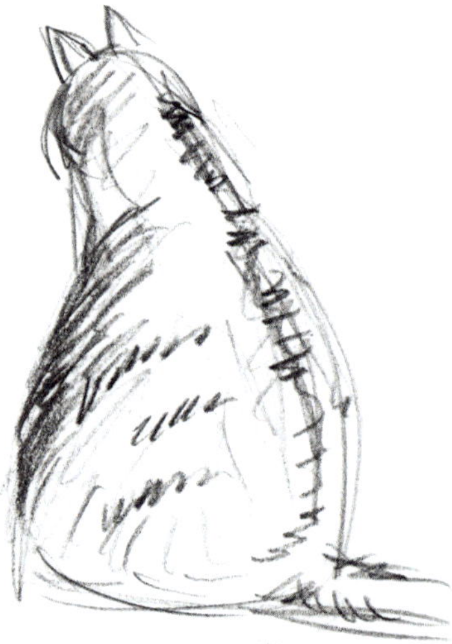

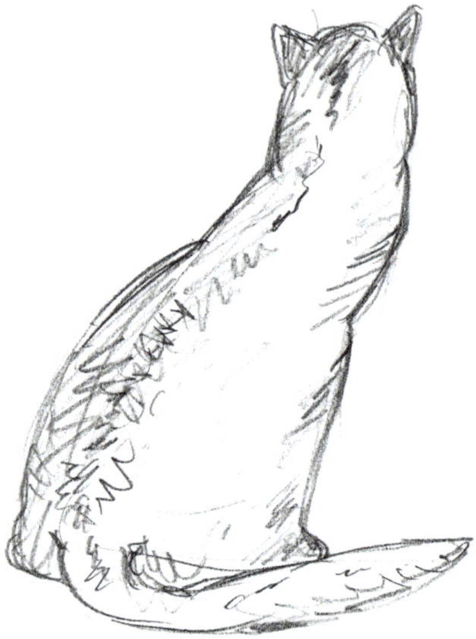

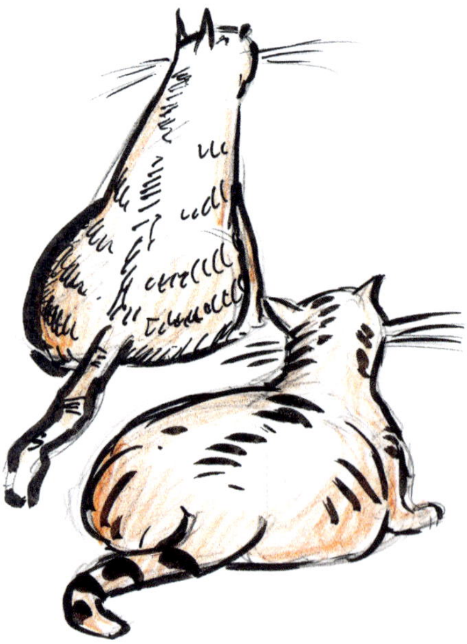

DARAUF KOMMT ES AN:

- GENAU HINSCHAUEN
- DIE FORM ERST MAL ALS GANZES ERFASSEN
- DANN DETAILS HINZUFÜGEN

TASTE DICH LANGSAM HERAN UND MACH MEHRERE VERSUCHE!

GELUNGENE SKIZZEN KANNST DU HIER EINKLEBEN →

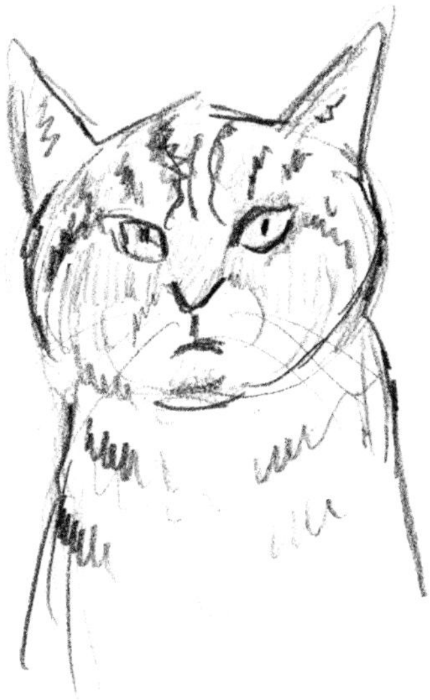

VERSUCHE NUN, EINFACHE, FLOTT
GEZEICHNETE SKIZZEN ANZUFERTIGEN!

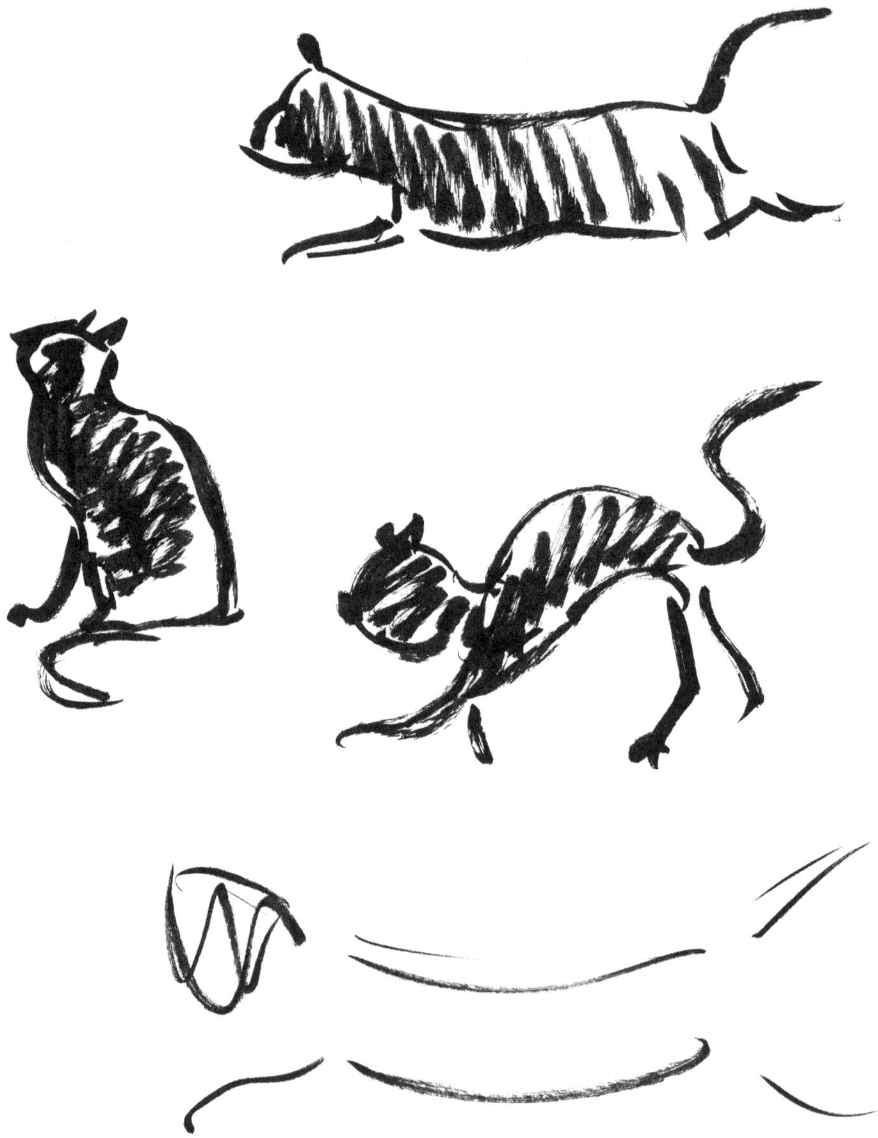

NIMM DAZU EINEN HAARPINSEL ODER
EINEN FILZSTIFT (SO WIE BEI DEN BEISPIELEN)

MALEN AUF KARTON

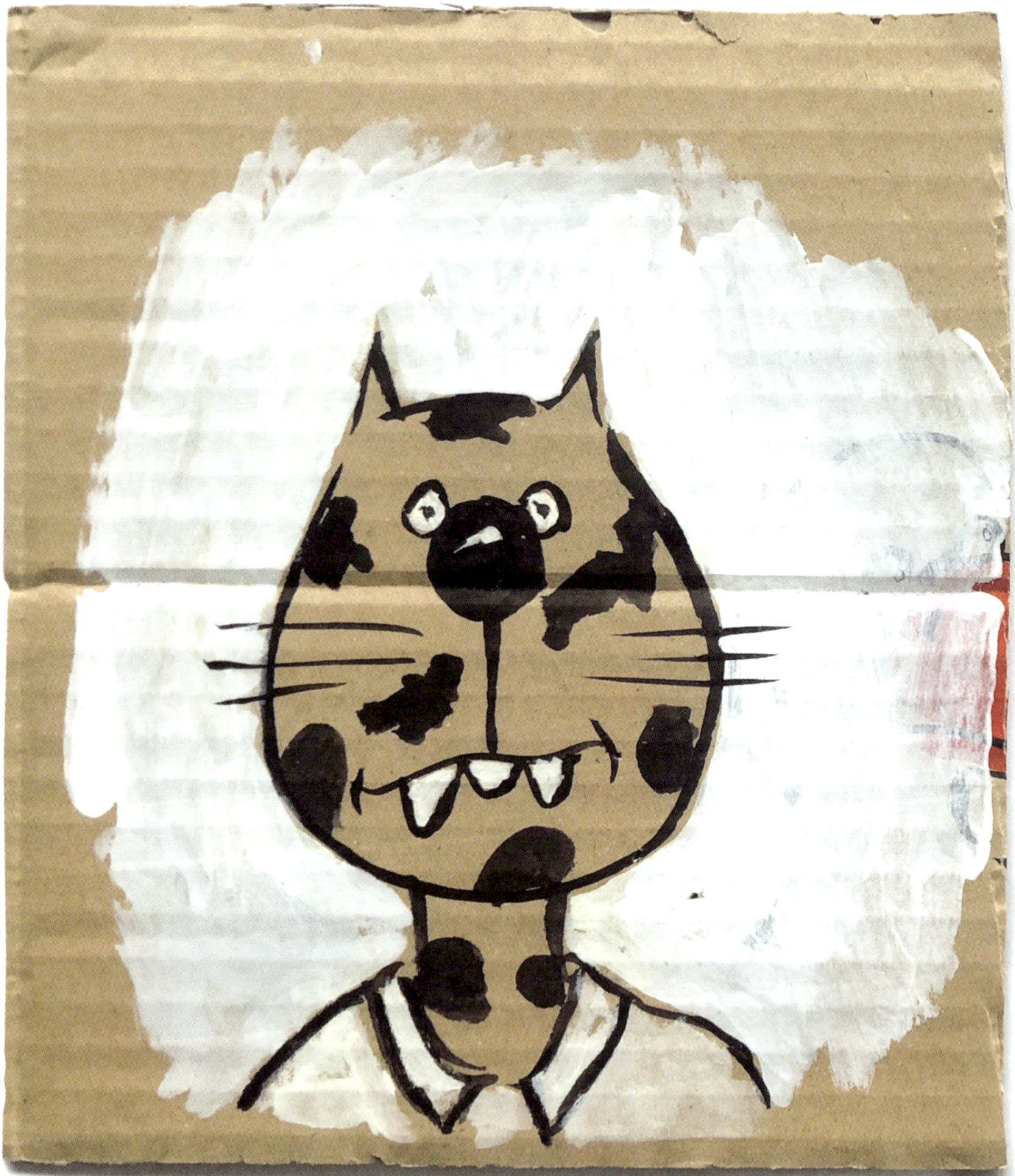

DAFÜR BRAUCHST DU:
KARTON, TUSCHE, PINSEL,
ACRYLFARBE (WEISS)

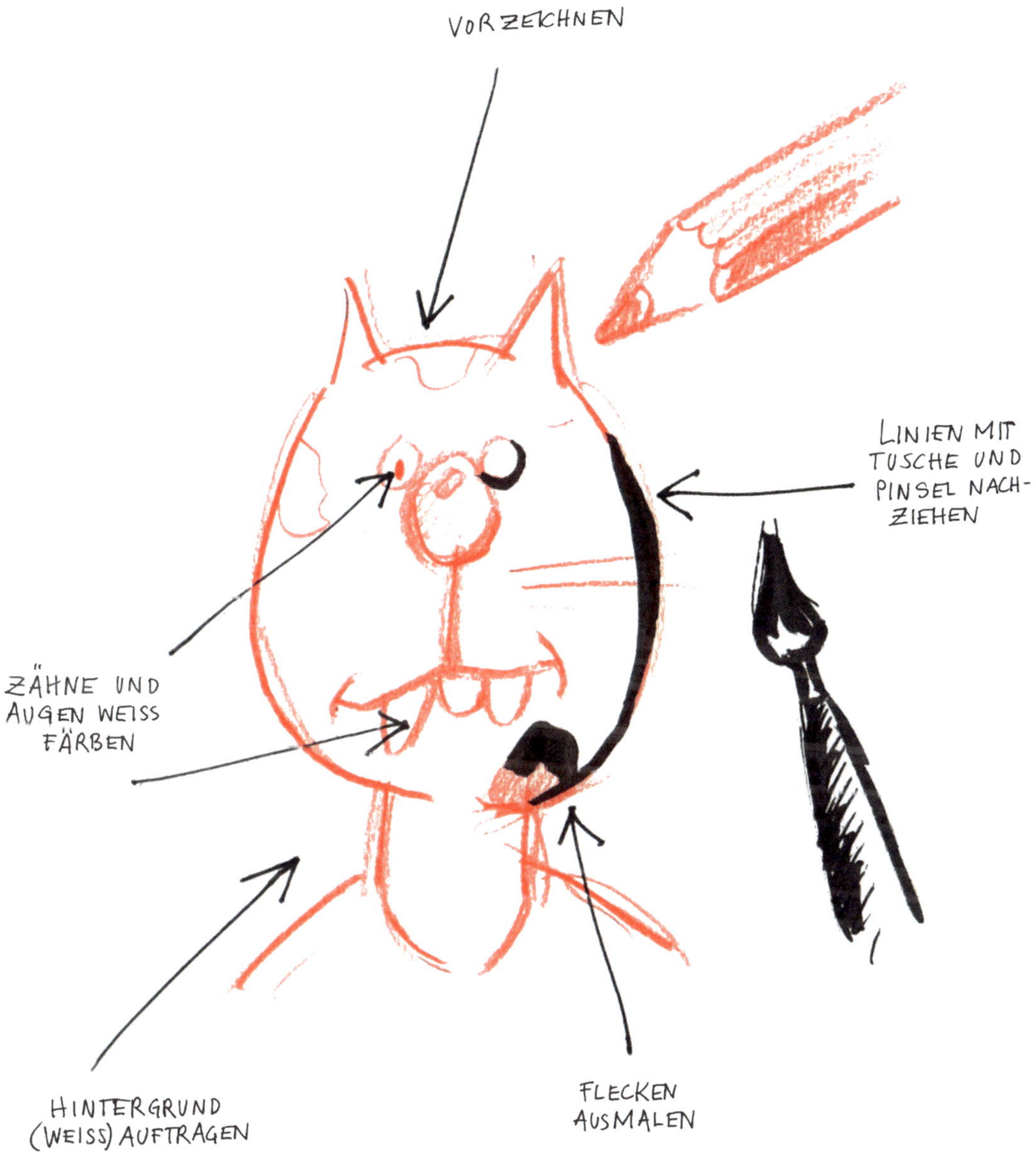

UND JETZT WIE DIE ALTEN MEISTER:

VOM DUNKLEN INS HELLE

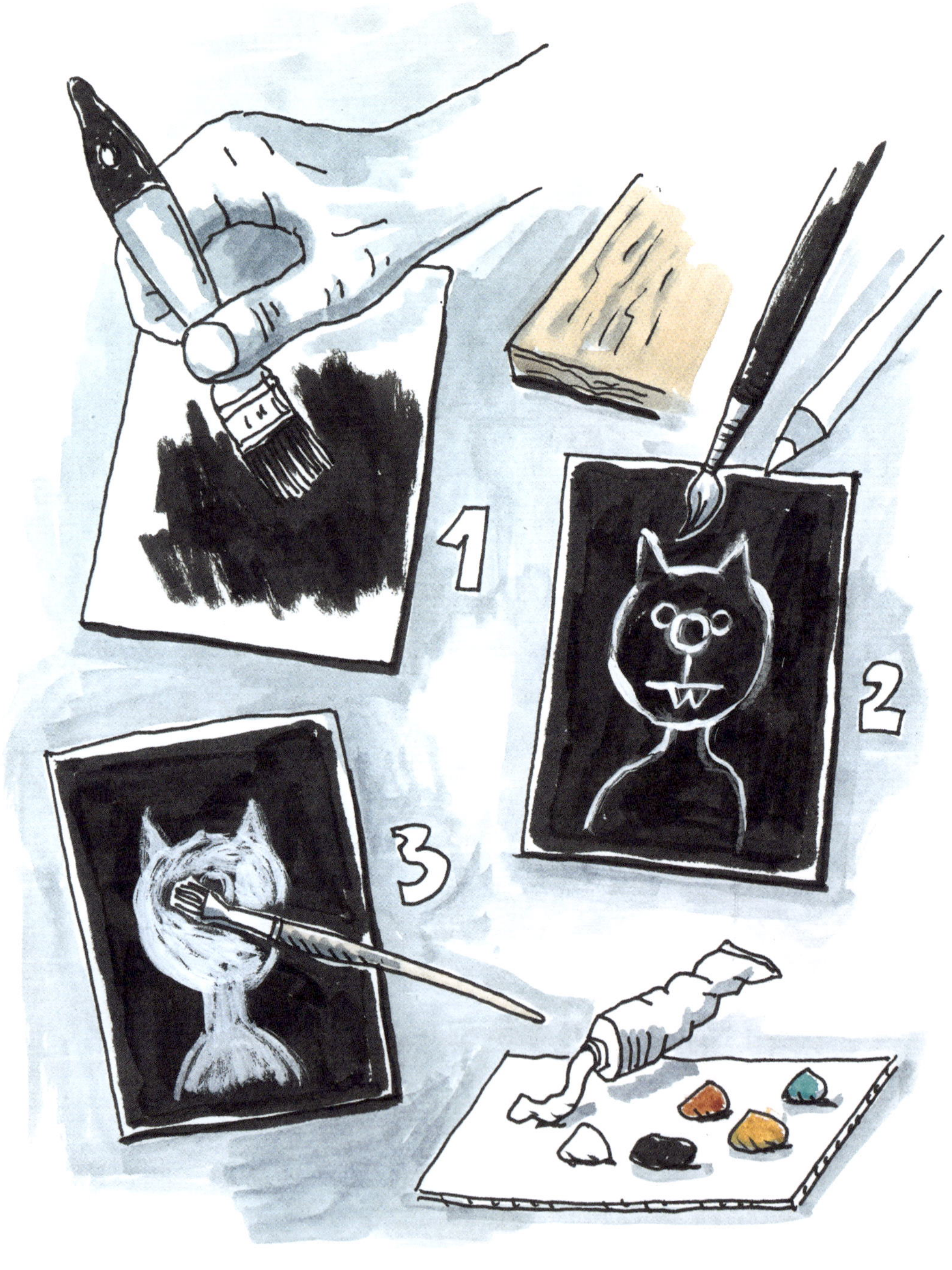

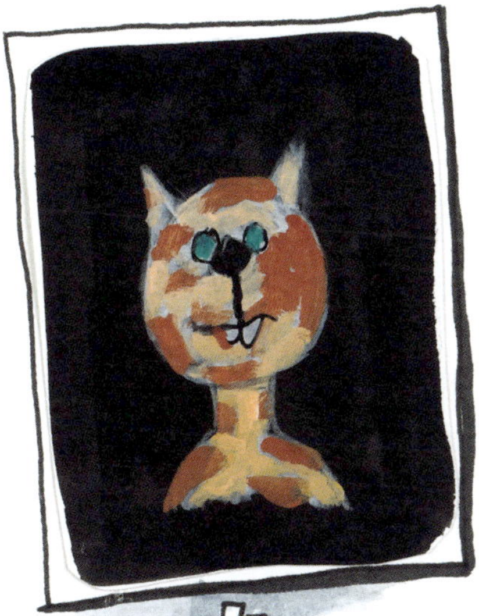

4

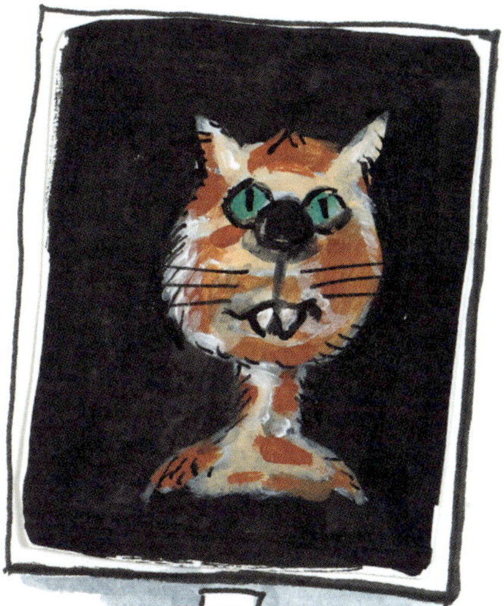

5

1 SCHWARZ GRUNDIEREN - TROCKNEN LASSEN
2 KONTUREN MIT WEISSER FARBE VORZEICHNEN
3 MIT MITTLEREM FARBTON AUSMALEN
4 FLECKEN IN AUSGEWÄHLTER FARBE PLATZIEREN
5 MIT DUNKLER FARBE KONTUREN HERVORHEBEN
(SCHNAUZE, NASE, AUGEN...)

⑥ FEINTUNING

NACH DEM TROCKNEN

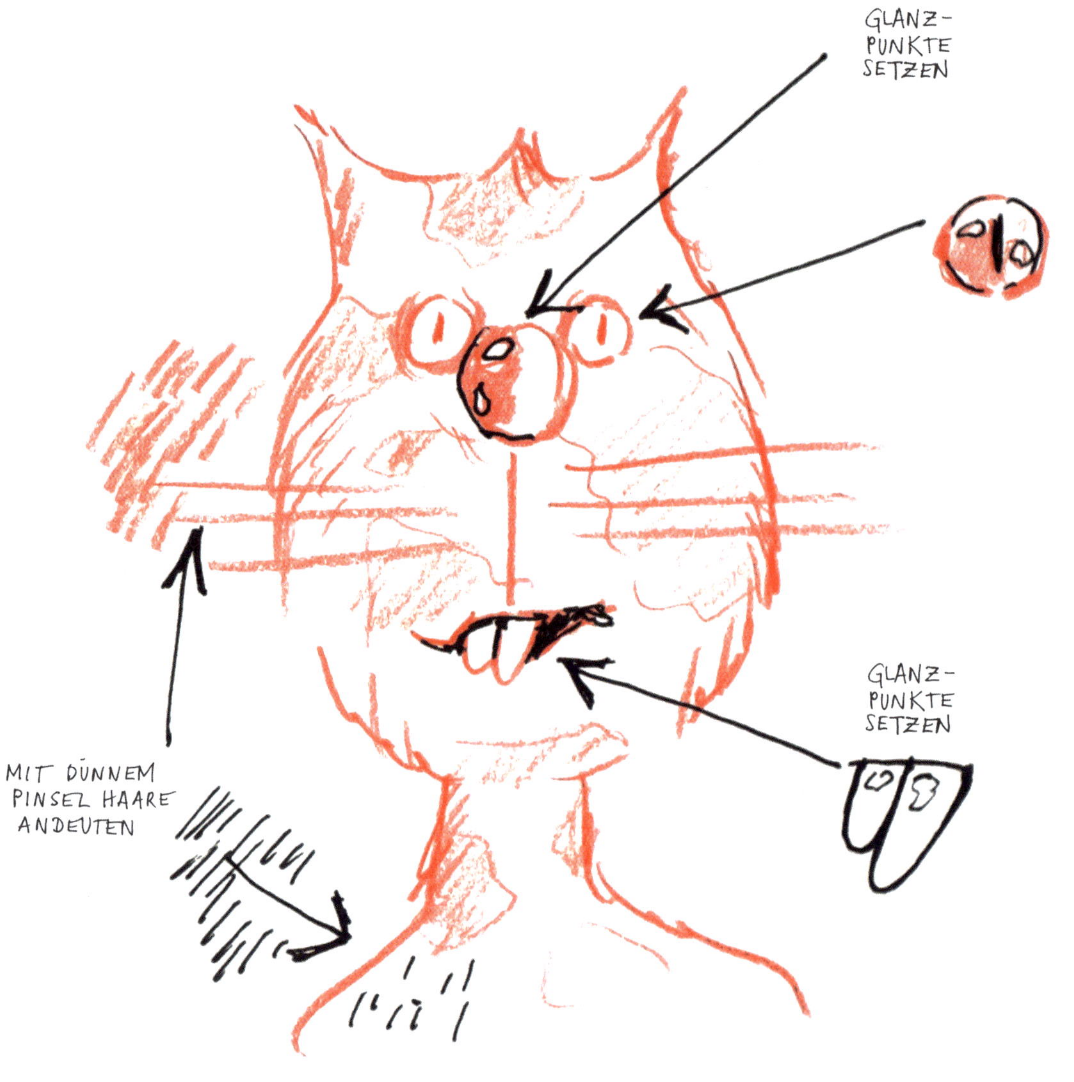

ORIENTIERE DICH AN DIESEM BILD →

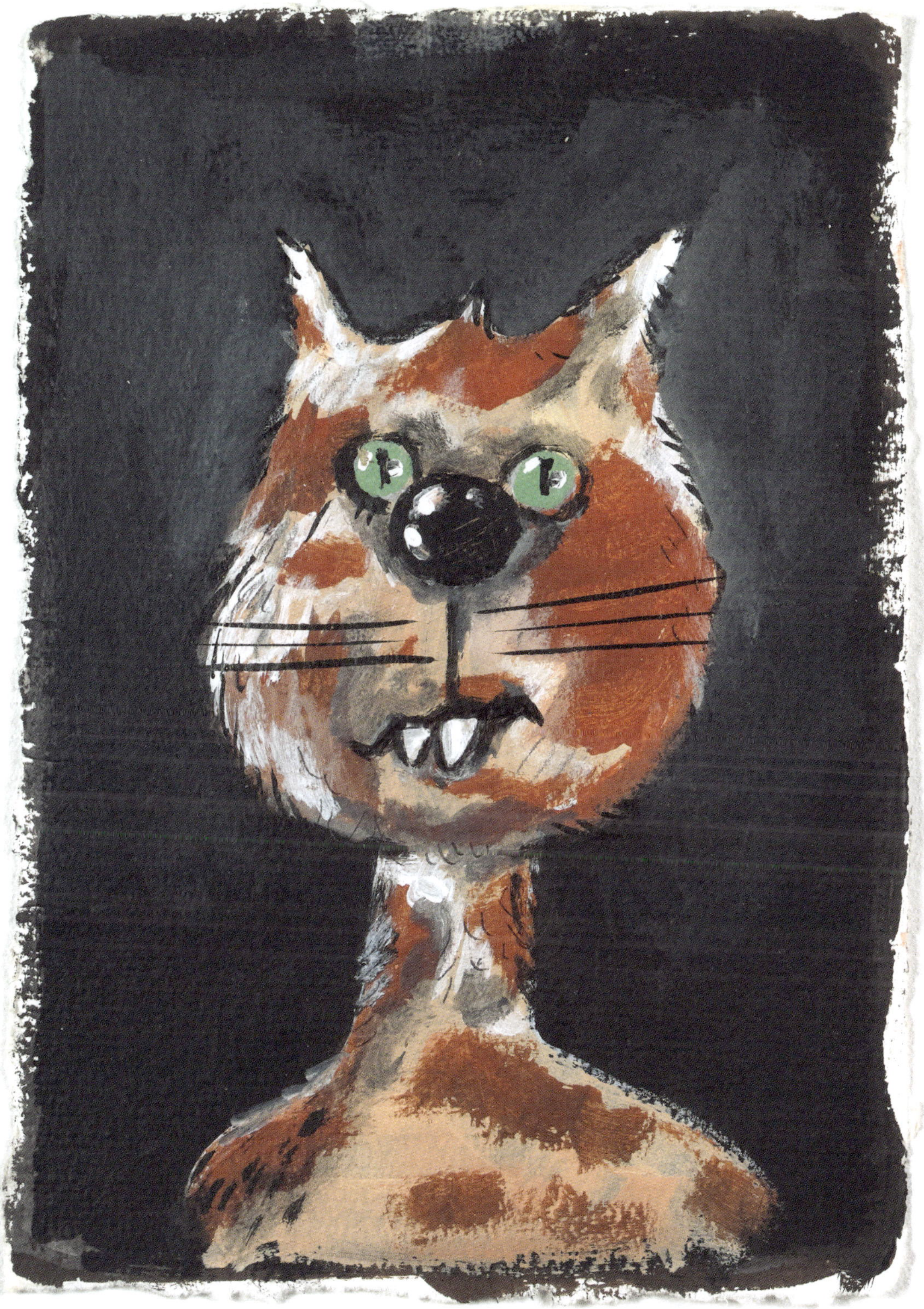

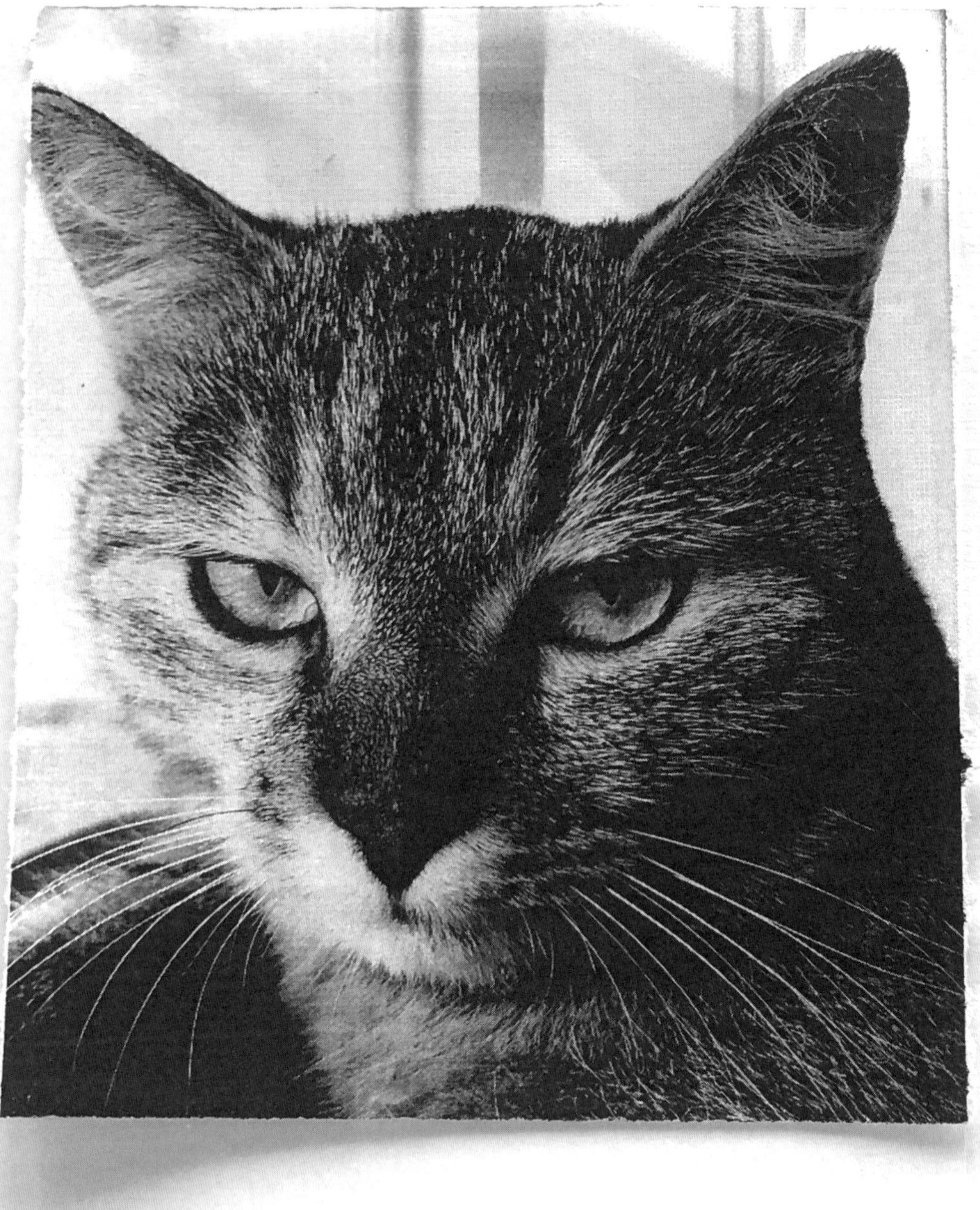

BEGINNE IN DER MITTE UND ARBEITE DICH NACH AUSSEN VOR. ORIENTIERE DICH AN DEN DUNKLEN UND HELLEN ZONEN. ZEICHNE DAS FELL IN HAARRICHTUNG. ALS VORLAGE IST EINE SCHWARZ-WEISS-KOPIE IDEAL

STUDIEN NACH BILDVORLAGEN

SIND EINE GUTE VORBEREITUNG FÜR
DIE NÄCHSTEN SCHRITTE!

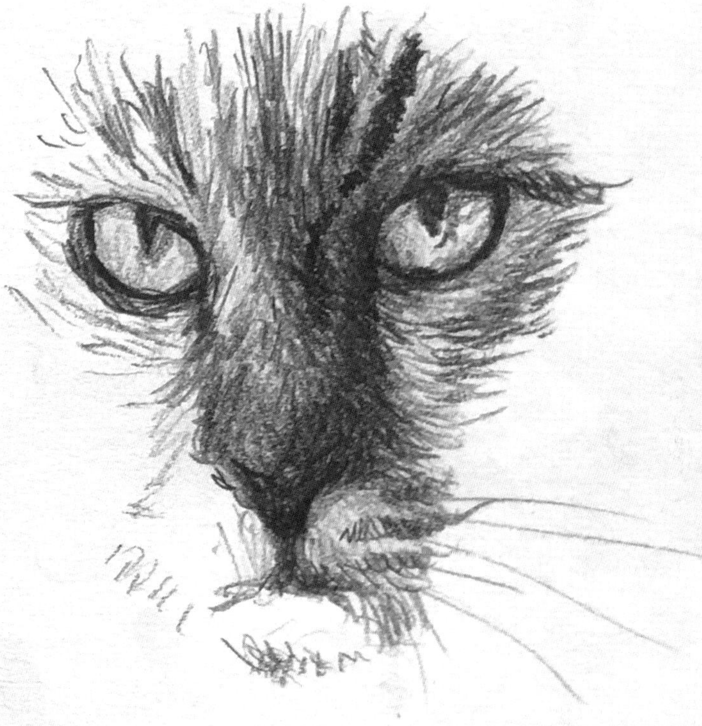

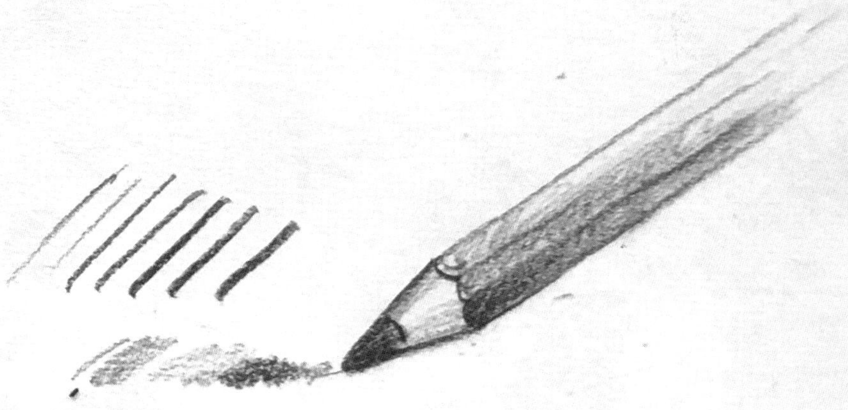

DEINE ÜBUNGSSEITE

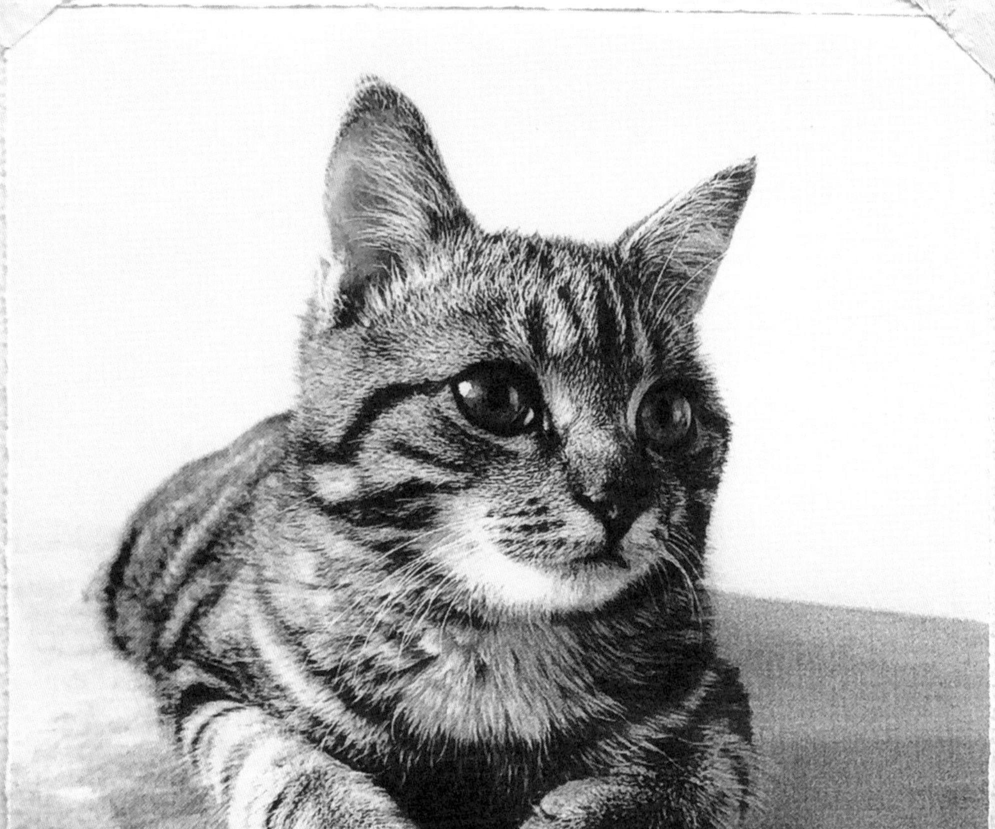

DAS MEISTERSTÜCK

KATZENPORTRÄT AUF HOLZ

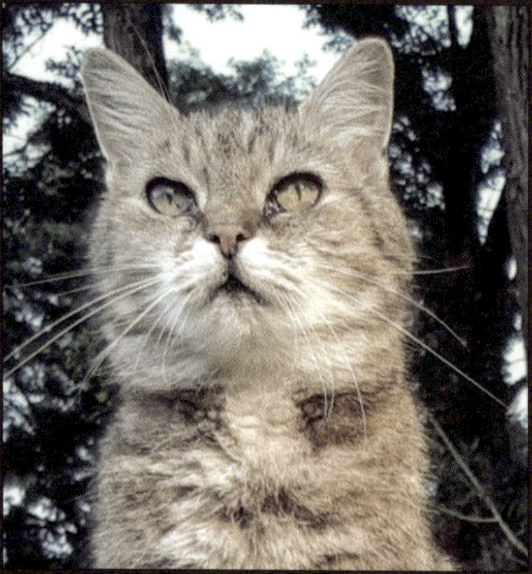

DAZU BRAUCHST DU:

- HOLZBRETTCHEN ODER SPERRHOLZ (CA. 15 × 20 CM)
- SCHLEIFPAPIER
- ACRYLFARBEN (SCHWARZ, WEISS, ROT, BRAUN, OCKER ...)
- VERSCHIEDENE PINSEL
- EINE BILDVORLAGE (FOTO ODER KOPIE)

SO GEHT'S:

- MACH ZUERST SKIZZEN VON DEINER VORLAGE
- SCHLEIFE DANACH DEN HOLZUNTERGRUND
- GRUNDIERE IHN MIT SCHWARZER ACRYLFARBE
- TROCKNEN LASSEN
- ÜBERTRAGE DEN KOPF MIT PINSEL UND WEISSER FARBE AUF DEN UNTERGRUND (→ 1)
- MACH SCHICHT FÜR SCHICHT WEITER (→ 2–4)

DU WIRST SEHEN, WIE DEIN BILD IMMER MEHR GESTALT ANNIMMT. LASS DICH VON DEN ZWISCHENSTADIEN NICHT IRRITIEREN!

1

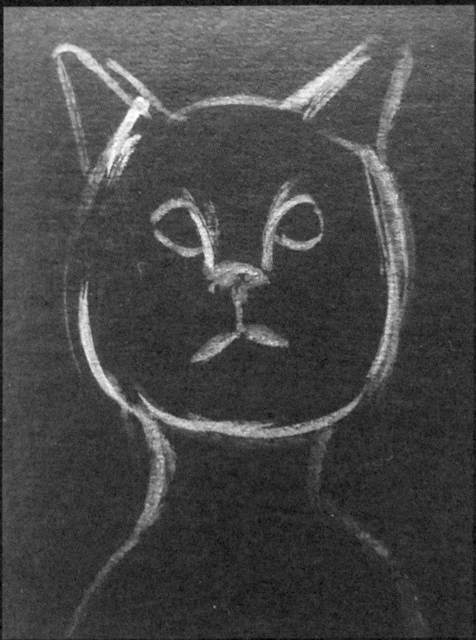

2

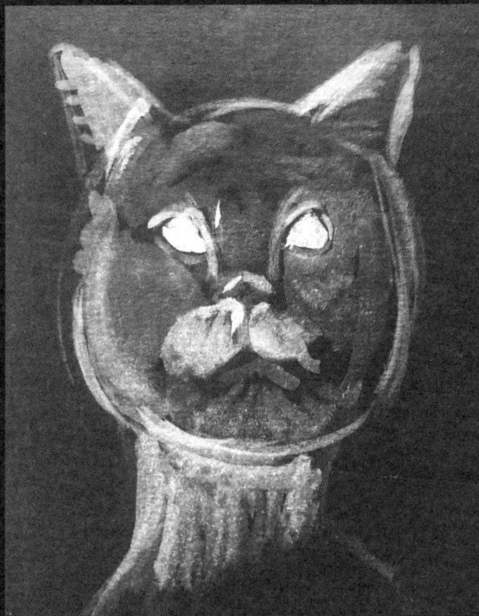

3

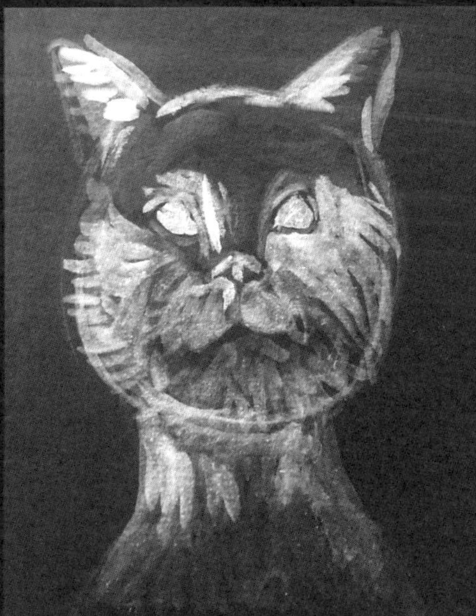

4

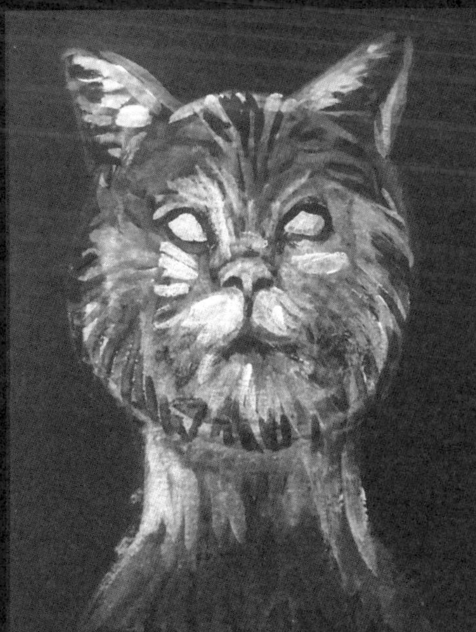

5

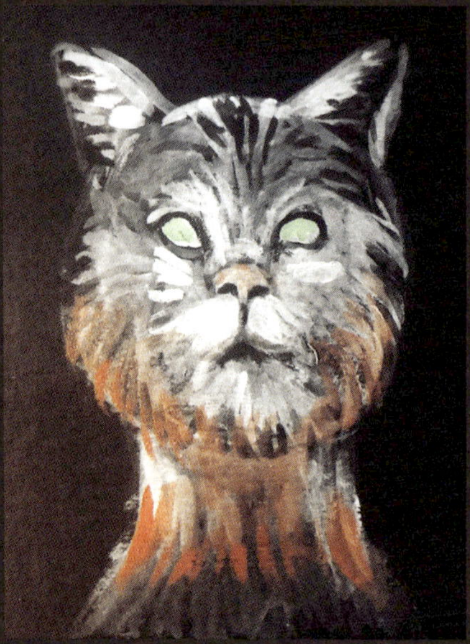

6

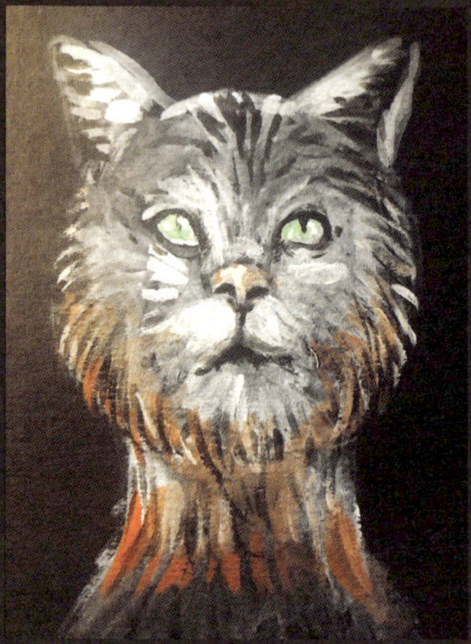

7

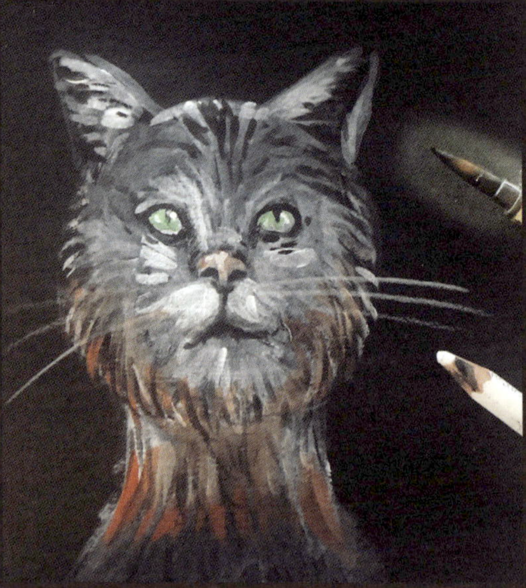

- NUN KOMMEN WEITERE FARBEN ZUM EINSATZ: BRAUN, OCKER … (→ 5–7)
- HALTE DICH AN DIE VORLAGE. DIESE STADIEN MACHEN RICHTIG FREUDE, DENN DAS BILD BEGINNT ZU LEBEN!

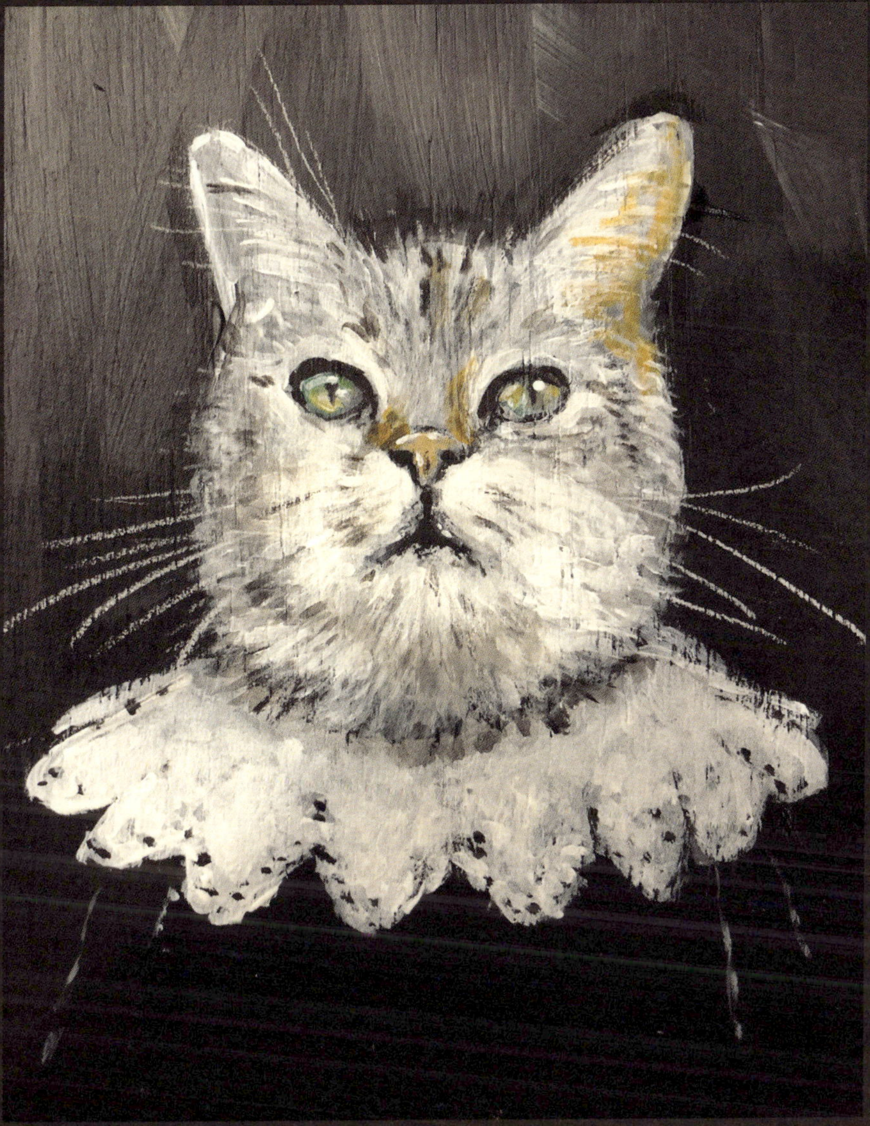

LETZTER SCHLIFF:

- FÜGE LETZTE DETAILS HINZU UND SETZE AM ENDE MIT WEISS GLANZPUNKTE

DIE IDEE ZUR HALSKRAUSE STAMMT VON HISTORISCHEN PORTRÄTS UND GIBT DEM BILD EINE INDIVIDUELLE NOTE. ZEICHNE DIE FORM MIT WEISS VOR, MALE SIE DANN AUS UND HEBE AM SCHLUSS DUNKLE UND HELLERE STELLEN HERVOR

GESCHAFFT!

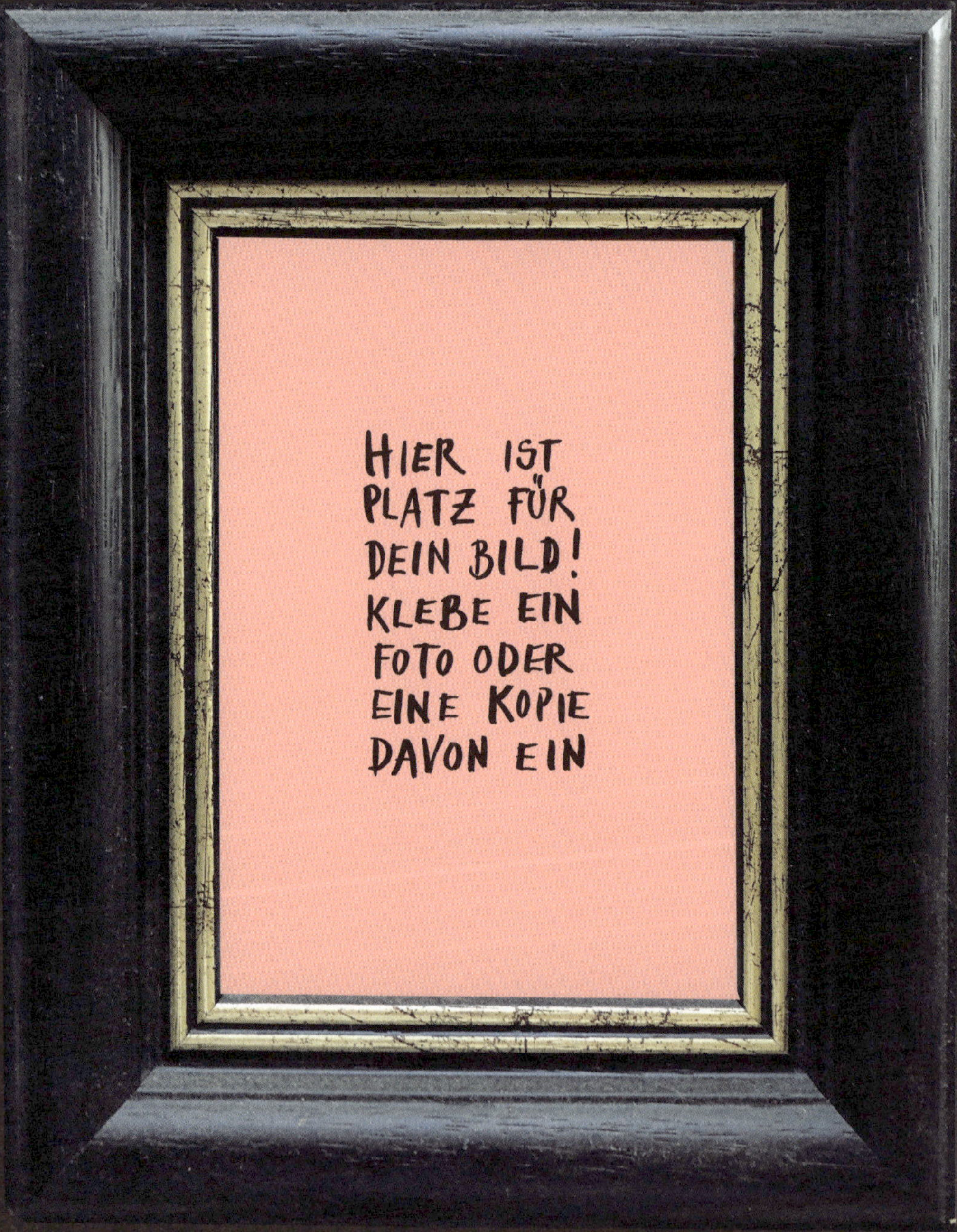
HIER IST
PLATZ FÜR
DEIN BILD!
KLEBE EIN
FOTO ODER
EINE KOPIE
DAVON EIN

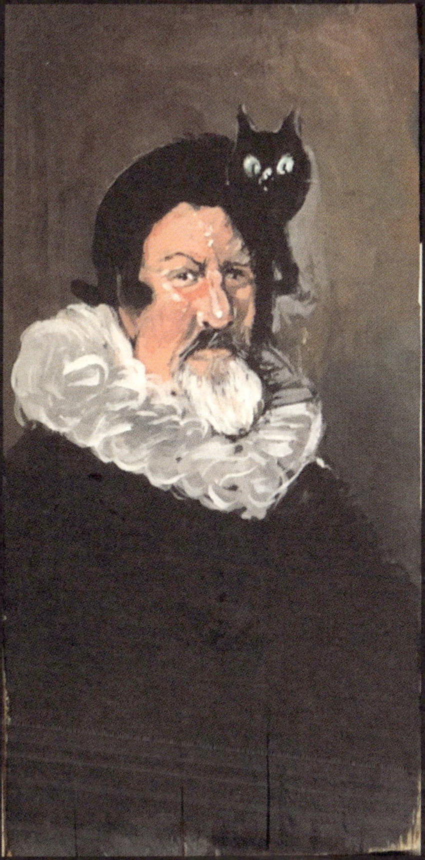

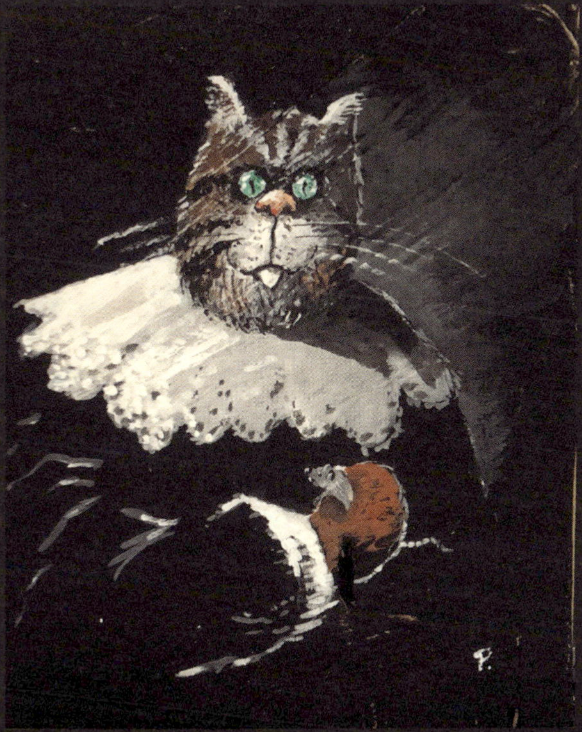

EINIGE BEISPIELE –
ALS INSPIRATION
ODER AUCH ALS
VORLAGE

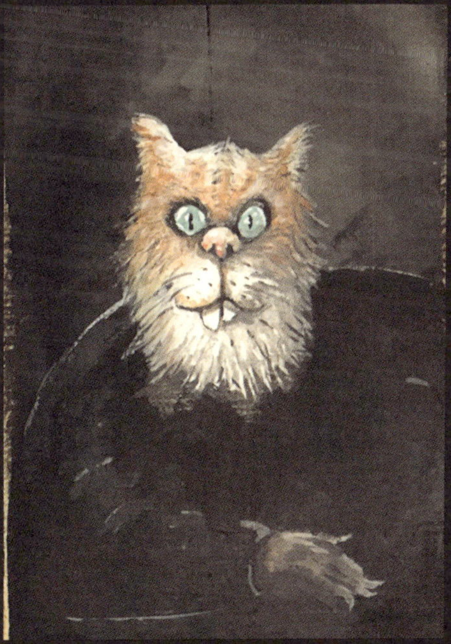

DAS WAR'S!

AB JETZT HEISST ES ALLEINE WEITER ÜBEN ... VIEL SPASS DABEI!

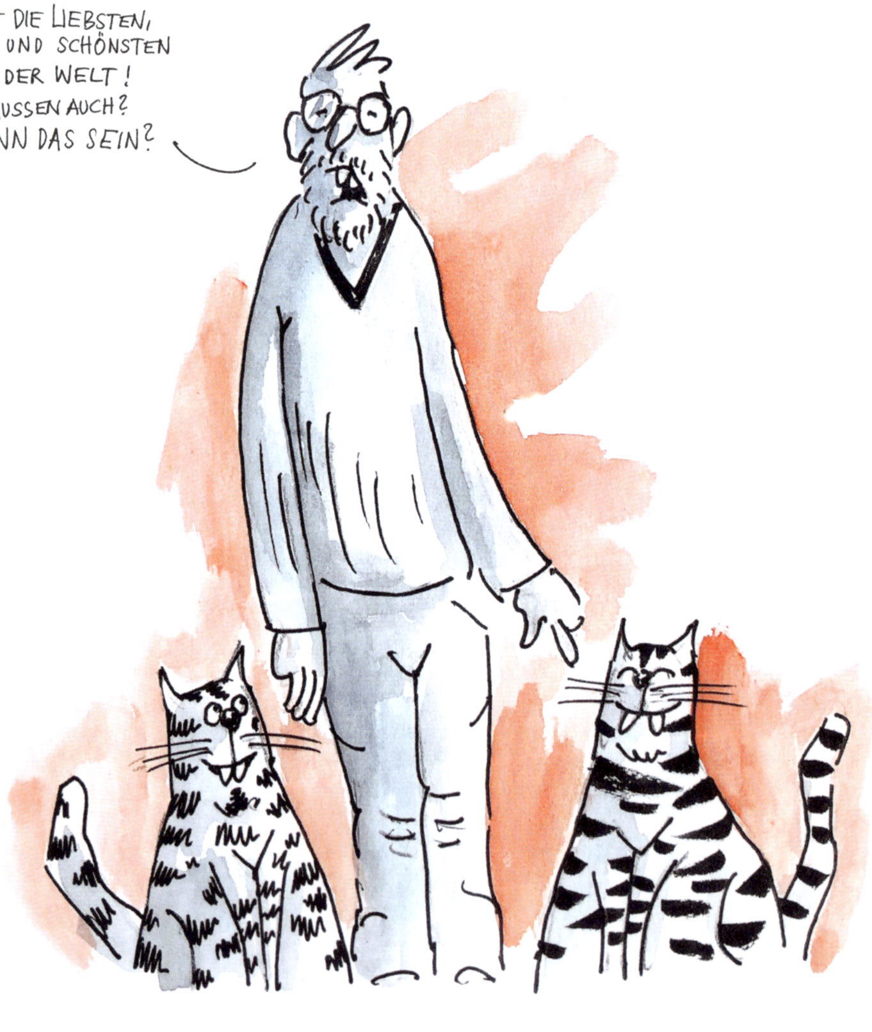

ÜBER DEN AUTOR:

PENG ARBEITET SEIT VIELEN JAHREN ALS CARTOONIST, ILLUSTRATOR UND KUNSTVERMITTLER. ER IST CO-AUTOR DES BESTSELLERS >HIRAMEKI< UND GEWINNER DES DEUTSCHEN KARIKATURENPREISES. ZULETZT ERSCHIEN BEI DUMONT >ICH KANN ~~NICHT~~ ZEICHNEN<, DAS MIT DEN BRITISH BOOK AWARDS AUSGEZEICHNET WURDE.

PENG LEBT IN DEN ÖSTERREICHISCHEN VORALPEN. SEIN ATELIER BEFINDET SICH IN EINER SACKGASSE AM WALDRAND – IDEAL FÜR SEINE LIEBLINGE COSIMO UND MOMO (VIELE MÄUSE UND WENIG VERKEHR).

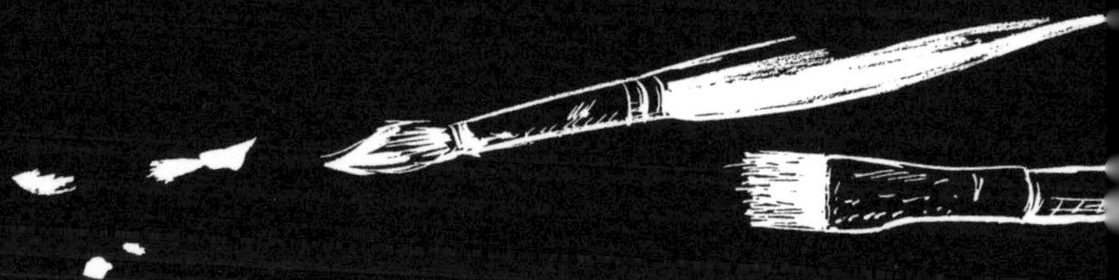

HERZLICHEN DANK DEM TEAM VON DUMONT, ALLEN VORAN VERA MAAS UND BIRGIT HAERMEYER FÜR DIE TOLLE BETREUUNG DIESES AUFWENDIGEN BUCHPROJEKTES, SOWIE HERMAN SEIDL, JOHANN WIMMER UND ISABELLA GRÖDL FÜR DIE MENTALE UND FACHLICHE UNTERSTÜTZUNG.

DANKE AUCH AN NADIA KHIARI (WILLIS FROM TUNIS) UND VANIA SANTI (THE SKETCHING BANANA) FÜR IHRE KATZEN AUF SEITE 66/67.

BEREITS BEI DUMONT ERSCHIENEN:

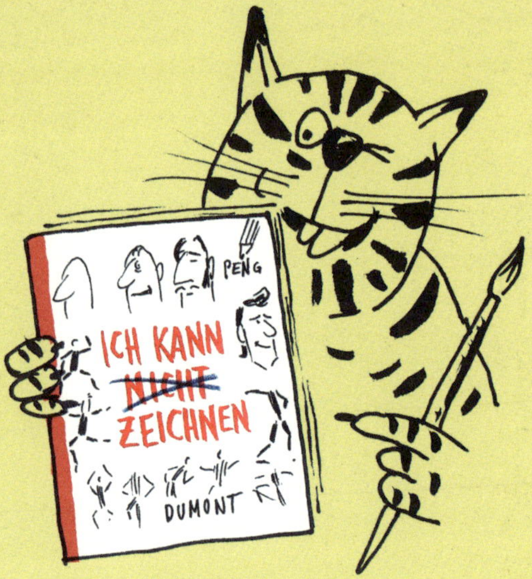

ISBN 978-3-8321-9998-2

DAS BEI DER PRODUKTION DIESES BUCHES
ENTSTANDENE CO_2 WURDE DURCH DIE FINANZIERUNG
VON KLIMASCHUTZPROJEKTEN KOMPENSIERT:
CLIMATE-ID.COM/17531-2110-1001/DE

1. AUFLAGE 2023

SATZ UND LAYOUT: ISABELLA GRÖDL
MITARBEIT: LAURA HEITHER
LITHOGRAPHIE: PPP PRE PRINT PARTNER, KÖLN
DRUCK UND VERARBEITUNG: PLUMP DRUCK & MEDIEN,
RHEINBREITBACH

PRINTED IN GERMANY
ISBN 978-3-8321-6933-6
WWW.DUMONT-BUCHVERLAG.DE